"十三五"国家重点图书出版规划项目

明清实录藏族史料类编丛书

名誉主编◎顾祖成　　主编◎孔繁秀

清实录藏族史料类编

第六集

孔繁秀　主编

·广州·

版权所有 翻印必究

图书在版编目（CIP）数据

清实录藏族史料类编．第六集／孔繁秀主编．—广州：中山大学出版社，2019.10

（明清实录藏族史料类编丛书／孔繁秀主编）

ISBN 978-7-306-06695-4

Ⅰ．①清… Ⅱ．①孔… Ⅲ．①藏族－民族历史－史料－中国－清代 Ⅳ．①K281.4

中国版本图书馆CIP数据核字（2019）第196227号

QINGSHILU ZANGZU SHILIAO LEIBIAN DILIUJI

出版人：	王天琪
策划编辑：	嵇春霞　熊锡源
责任编辑：	熊锡源
责任校对：	廖丽玲
封面设计：	林绵华
装帧设计：	曾　斌
责任技编：	何雅涛
出版发行：	中山大学出版社
电　　话：	编辑部 020-84110779，84111996，84113349，84111997
	发行部 020-84111998，84111981，84111160
地　　址：	广州市新港西路135号
邮　　编：	510275　　传　真：020-84036565
网　　址：	http://www.zsup.com.cn　E-mail: zdcbs@mail.sysu.edu.cn
印　刷　者：	常州市金坛古籍印刷厂有限公司
开　　本：	787mm×1092mm　　1/16
总 印 张：	176.375印张
总 字 数：	2800千字
版次印次：	2019年10月第1版　　2019年10月第1次印刷
总 定 价：	1350.00元（全九集）

如发现本书因印装质量影响阅读，请与出版社发行部联系调换

○《清实录藏族史料类编》编辑委员会

顾　　问： 杜建功　　扎西次仁
主　　任： 欧　珠　　刘　凯
委　　员： 邹亚军　　扎西卓玛　　史本林　　袁东亚　　王沛华　　张树庭
　　　　　　顾祖成　　索南才让　　张宏伟　　王斌礼　　陈敦山　　袁书会
　　　　　　丹　曲　　徐　明　　孔繁秀

○《清实录藏族史料类编》由西藏民族大学承编

名誉主编： 顾祖成
主　　编： 孔繁秀
编辑人员： 赵艳萍　　张若蓉　　崔　芡　　陈鹏辉　　顾浙秦　　李　子
　　　　　　马新杰　　冯　云　　马凌云

目 录

大小金川之役，第二次用兵，两金川平定（续三）/1411

  阿桂、明亮等率军会剿，攻克勒乌围、噶喇依，索诺木等出降，金
    川全境平定 /1411

  军糈挽运，台站移设，饷银续拨 /1470

  凯旋班师，郊劳官兵，献俘惩凶及沃克什、绰斯甲布诸土司头人进京
    入觐 /1482

  对将领弁兵、土司土兵议赏、议叙、议恤 /1496

  办理军需报销、台站并撤等事宜 /1516

  设镇安营，安插降人，屯垦驻防等 /1535

  蠲免、缓征官兵经过地方及旁近州县钱粮 /1562

  查处站员冀国勋亏缺脚价银两事件 /1564

  查处参赞富德扣罚士兵粮饷，滥支赏需，侵冒肥橐 /1572

  通缉军营逃兵，勒限投首，罪谴木果木军营失事，改遣溃兵，对查缉不力之
    地方官议处 /1580

查处果洛克窃劫青海蒙古事件 / 1593

查拿里塘、巴塘、瞻对、三艾等处"夹坝"；成都将军特成额会同噶
 伦班第达进剿三艾 / 1598

六世班禅祝嘏入觐，圆寂于京师 / 1610

册封八世达赖，赐金册金印、玉册玉宝 / 1622

调遣金川屯练番兵讨剿甘肃回民滋事，进剿台湾林爽文起事 / 1624

乾隆帝谕令确勘促浸、偿拉二水源流；派员前赴青海，穷溯河源，编纂《河源纪略》/ 1629

六世班禅转世灵童迎入扎什伦布寺 / 1632

酌订达赖、班禅年班朝贡贡使过境章程 / 1633

廓尔喀借端侵入西藏，清廷调派军队进藏堵剿 / 1636

  廓尔喀侵扰聂拉木、济咙、宗喀等地，鄂辉、成德率满汉兵丁、屯练番兵进藏 / 1636

藏族僧俗官员的袭封 / 1649

  川陕等土司头人袭职 / 1649

  西藏贵族袭爵、袭职 / 1651

驻藏大臣及其他驻藏官员的任免、奖惩 / 1653

朝贡与封赐 / 1657

  八世达赖 / 1657

  额尔德尼诺们汗阿旺簇勒提木 / 1658

  金川土司等 / 1658

赈灾、免赋 / 1665

大小金川之役，第二次用兵，两金川平定（续三）

阿桂、明亮等率军会剿，攻克勒乌围、噶喇依，索诺木等出降，金川全境平定

○乾隆四十年（乙未）六月辛巳（1775.7.2）

定边右副将军广州将军明亮奏："查有额尔替一山，上与基木斯丹当噶相连，下界平坡。贼人据此山顶，前则设立石城，周围木栅，其外深挖濠沟，旁有战碉拥卫，其后复安大石卡、战碉各一座，为并力聚守之计。臣等随派德赫布等由右手压梁，以防曲硕木贼人救援之路，舒景安等由左手压梁，以防克尔玛、斯底叶安贼人救援之路，随令和隆武等攻其前，奎林等攻其后，于十九日黎明分队前进。和隆武所领官兵呼声并起，抢近石城，贼众枪石如雨，游击范宜申阵亡，我兵力攻愈急，夺取两碉，番贼全行杀毙。其时左右两旁之贼舍死来援，俱为德赫布、舒景安等四面截杀，旋即溃窜。至奎林所攻石卡战碉，因贼番救援愈聚愈多，俱窜入碉内，抵死拒守，攻至未刻，臣等恐致多伤，令官兵撤回。其所得地方，赶建木城，派兵驻守。现运大炮轰摧未得之碉卡，俟少有残毁，即乘势抢夺，由此下拿木栅十五六座，即穿过平坡，捣其腹心，无难立破。"

谕军机大臣曰："明亮等进攻额尔替山梁，抢夺石城碉座，并痛歼贼众，虽未即行攻克，亦足以壮官军声势而破贼人之胆。此次和隆武所领之众尤为出力，明亮当查明记档，俟攻得勒乌围，一并交部议叙。至游击范宜申身冒枪石踊跃直前，以致阵亡，甚为可悯。著查其有无子嗣，另行加恩。现今大功告成在迩，凯旋后当照平定准部、回部之例，于紫光阁图画功臣像，并绘战图，以垂示永久。番地山川险隘之处未能悉其形势，难于著笔，著传谕阿桂，将节次打仗攻获之贼寨，如近时攻得之逊克尔宗及前

次攻得之谷噶、喇穆喇穆、色朋普、康萨尔、木思工噶克等及明亮一路之达尔图至茹寨一带，凡有经将士等实在出力奋勇剿杀而得者，查明各画一图。并将带兵大臣及勇锐将领于图内注明。附便进呈，俟朕阅定。"

（高宗朝卷九八四·页四下～六下）

○乾隆四十年（乙未）六月乙酉（1775.7.6）

谕军机大臣曰："富德在绒布一路，原不过为牵缀贼势之计，未必即能攻进，此时亦不宜轻举妄动。俟阿桂、明亮攻至噶喇依，其南路一带之贼自必窘迫，富德若察见马尔邦等处贼人有抽撤慌乱情形，即相机设法打进。又可添一路攻剿噶喇依，自属有益。富德可借此立功，务当努力。"

（高宗朝卷九八四·页八下）

○乾隆四十年（乙未）六月己丑（1775.7.10）

谕军机大臣曰："阿桂等奏连次攻打巴占碉寨，尚未能克。贼人日就穷蹙，竭力自护，冀缓须臾之死，势所必然，亦断不能久拒，而我官兵乘胜深入，扫穴擒渠，无难立待。又称河西沙尔尼一带碉寨，若明亮处移往炮位自上下轰，并令伍岱在赤布寨以前赶拿木栅，运大炮隔河夹击，贼必不能存站。此计甚善。朕前此展阅阿桂进到地图，曾指沿河一带似可进兵，随传谕商酌办理。今阿桂于奉朕旨以前所筹适与朕意相合，自可望其有成。又据明亮等奏攻克额尔替碉寨，现拟于平坡之下赶立木栅，办理亦好。明亮所称平坡之下似即沙尔尼一带，若能如阿桂所筹隔河夹攻，自为得力。明亮等即妥速为之。"

（高宗朝卷九八四·页一五上～下）

○乾隆四十年（乙未）六月丙申（1775.7.17）

谕军机大臣曰："阿桂等奏称现拿木栅九座，距贼碉不过半箭之地。并称在巴占下手贼人木城对面逼近拿栅两座，运炮轰摧，官兵攻逼渐近，自可迅速得手，乃因大雨阻滞未能即克。又奏到盘获逆酋遣赴西藏之喇嘛等犯，在事番目等甚属可嘉，明亮等分别赏给。所办甚是，自应如此奖励。因思贼酋既从此路遣人赴藏，或于我师攻剿噶喇依时，逆酋穷蹙无计，竟亲身由此投藏求生，亦未可定。著传谕永平、李本加意严防，毋使免脱。"

又谕："据阿桂等奏，领队大臣额尔特目无法纪，在参赞大臣额森特前持刀妄动，甚属乖张，请将额尔特革职治罪等语。额尔特以乾清门侍卫，且系副都统领队大臣，乃敢持刀妄动，实属乖张，漫无法纪，断不可留于军营。额尔特即著革职锁拿，委妥实人员驰驿押解来京。"

（高宗朝卷九八五·页六上～七上）

○ 乾隆四十年（乙未）六月乙巳（1775.7.26）

又谕（军机大臣等）："贼人此时守拒益坚，不过因距巢甚近，自护其死，无足为异。现在各处败回之贼退聚一处，又无积粮可恃，势必不能经久。今明亮等奏，拟从石真噶山腿乘虚进击，亦是一策。至军营因雨稍阻，亦无足虑。六月本大雨时行之候，向来番地情形秋令雨水较少，明日已入新秋，天气高爽，晴霁必多，自可克期奏绩，将军等毋负朕悬望。"

（高宗朝卷九八五·页二三上）

○ 乾隆四十年（乙未）七月庚戌（1775.7.31）

谕："据阿桂等奏：讯据脱出之刘均祥供称，系甘肃兵，前往四川军营充当德尔森保亲随，在木果木后山防守，贼众前来冲突，德尔森保被围尚射贼五六名，又有一贼拉伊马尾，德尔森保仅余一矢，仍将此贼射死，后被贼枪伤咽喉，旋即堕马，被贼众砍死，经伊亲见等语。前因德尔森保系特派驻防木果木后山之人，所守山梁被贼夺去，以致将军大营溃乱，情罪重大。且贼人冲突之时究不知伊作何下落，恐系被贼擒获，是以将伊子俱拿交刑部监禁。今览刘均祥供词，德尔森保于溃乱之际打仗阵亡属实。德尔森保如果失陷紧要地方，又不奋勇打仗，纵捐躯亦不足蔽辜，即将伊子一并治罪，亦属当然。今伊打仗阵亡属实，其罪止于失陷地方。不过停其议恤，尚不至将伊子一并治罪，著加恩将刑部监禁德尔森保之子即行释放。伊等既属无罪之人，所有应当差使，著交该旗大臣，照闲散满洲例一体挑取行走。朕办理庶务，一秉大公，功罪皆由人自取。即如德尔森保前此失陷地方，情罪重大，身死又不分明，即将伊子监禁。今既阵亡属实，不至将伊子一并治罪,即施恩宽免,毫无偏倚。将此交将军阿桂通行晓谕军营官员、兵丁外,并著通谕八旗知之。"

谕军机大臣等:"巴占一道山梁实系勒乌围紧要门户,贼人于此舍死护巢,或恐猝难得手。前此阿桂曾奏,若从沿河直上攻占,亦属可办,但河西沙尔尼沟一带碉寨,明亮处尚未扫除。若攻得沙尔尼,即可于河东攻抢巴克图仰木半山碉卡,亦能截出第八、九峰之后直压贼巢等语。似亦系进攻捷径,何以尚未见如此办理?想因明亮未能攻至河沿之故。今阿桂一路屡攻巴占未克,若不另办分剿,徒致耽延时日。阿桂此时若已攻克巴占,则勒乌围可席卷而得,自属甚善,否则派兵数千,令海兰察、丰升额带领往助明亮,将沙尔尼一带碉卡尽行攻克,亦可合阿桂沿河进捣贼巢之计,较为便捷。著即速妥酌而行。"

又谕:"前据投番供索诺木住甲杂官寨,阅图内地形,甲杂通吉地一路。现据供称索诺木搬回噶喇依,贼酋往来无常,正为将来脱逃地步,其逃窜必不能离此一路。因思吉地惟有副都统永平及道衔李本在彼驻守,虽曾盘得逆酋遣赴西藏之喇嘛等解营,但喇嘛等同行不过四人,无难缉获,若索诺木欲从此路脱走,其随行之贼必多,且必携能打仗者以自卫,妄冀遇见官兵尽力冲出,现在吉地兵数无多,永平、李本亦尚不足堵御,竟当令舒常带兵四五百往彼驻扎。"

(高宗朝卷九八六·页四下~八下)

○乾隆四十年(乙未)七月丁巳(1775.8.7)

谕军机大臣曰:"阿桂奏,现于薔则大海山梁之西探有昆色尔及章噶两处,若能直占其地,可绕出勒乌围之南,以断噶喇依往来之路。所筹甚好,海兰察已统兵前往进剿,自可迅望得手。又据奏,军营马匹自将军、参赞、领队大臣而下,各有自备之马,约计追擒贼酋贼目时可得二百余匹,无虞临时拮据。所办甚是。明亮等处昨岁即经阿桂知会,自必遵照办理。舒常一路亦然。至富德南路情形大略相仿,自应照阿桂处章程一体妥办。阿桂筹办军营大小诸务实为尽心,今时当盛暑,统众攻坚,贤劳足念,因御制诗六韵,亲书笺头赐之,以示嘉奖。诗曰:掌握师行抡俊杰,事无巨细一心操。功成九仞尤应慎,志洽诸军实所襃。探路欲因乘怠隙,攻碉直可压危挠。我居避暑原无暑，卿效贤劳真是劳。嘉予七言锡书扇，凯歌三捷换征袍。勉之指日亲郊劳，紫阁铭勋崇爵叨。"

(高宗朝卷九八六·页一五上～一六上)

○ 乾隆四十年（乙未）七月己未（1775.8.9）

定边右副将军广州将军明亮、参赞大臣副都统舒常奏："石真噶为守护沙尔尼要口，碉卡严密，官兵每当前进少有声息，贼即枪石如雨。因思向来运炮人声喧杂，贼习惯而不设备，适新铸大炮成，饬令星夜运赴石真噶，乘运炮声嚣之际分兵前进，连克碉卡，遂进据该处石包。虽山腿贼碉联络，亦不忧下压之难，是沙尔尼一带贼已无险可恃。"

谕军机大臣等："明亮等自攻额尔替以来久未能进，甚为廑念。今乘运炮人声喧杂之时，派兵分路潜进，奋勇直入，连占大碉，追歼贼众，自足令贼人丧胆。且官军连据石真噶石包，其下山腿贼碉无难攻压而得，即沙尔尼一带之贼亦俱可趁势扫除，其距勒乌围虽隔一河，而为地甚近，自可即与阿桂等合力奋剿。看来贼势日益穷蹙，今降番男妇各路纷纷投出，贼中乏食慌乱情势大概可知。惟在各路将军等设法上紧妥办，迅奏肤功，共膺茂赏。"

(高宗朝卷九八六·页二二上～二三上)

○ 乾隆四十年（乙未）七月壬戌（1775.8.12）

谕军机大臣曰："阿桂等奏，从舍图枉卡绕截围攻，将昆色尔山梁夺据，并将果克多山峰战碉攻克，旋进克拉枯喇嘛寺及萫则大海各碉。此次官兵等绕道奋攻，夺碉歼贼，实属勇锐可嘉。所有将军、参赞等，统俟攻克勒乌围时，一并从优议叙。其打仗出力之将领弁兵等，著阿桂查明咨部议叙。额尔特出力尤多，功罪足以相抵，著赏给三等侍卫，令其益加感奋，以励后效。至攻夺碉卡，将士踊跃倍常，其中多有勇锐出众之人，著阿桂查明如系未得巴图鲁号者，即奏请赏给，其已得者，奏明量加赏赉，俾将士倍加鼓舞，速成大功。又阅进到地图，已经攻克者颇为不少。若能将章噶速行攻获，即可截出勒乌围以南，固属甚善。或贼人守拒尚坚，未免略需时日，阅图内新得之鲁克塔尔地方，可通勒乌围大路。若从鲁克塔尔山沟而出，至托古鲁对面过河，由布勒一带至勒乌围，可顺压而下，似属直捷。今用朱笔点出，著发交阿桂，令其悉心酌办。"

（高宗朝卷九八七·页三上～四上）

○乾隆四十年（乙未）七月癸亥（1775.8.13）

谕军机大臣曰："明亮奏，由石真噶分路下压，连克碉卡、木城，并攻获噶西喇嘛寺，将士等奋勇直进，均属可嘉。而和隆武尤为超众，国家又得一出力好大臣，为之喜慰。明亮等现在乘胜下压，自可迅剿沙尔尼一带，进捣贼巢，伫盼捷音。又据奏金川头人阿布僧格太携眷来投，随营打仗，实出至诚。其所属之霍尔甲、阿咱拉俱经赏给蓝翎，此人竟应赏给二等侍卫，以示嘉奖，俾其益生感奋。番人男妇各路投出者纷纷，而头人来降，则自此人始。今加恩授职，并赏花翎，贼众闻知，或应相率来降，未尝不可以此为招徕之计。前次传谕，以头人如有出降者，俱当解京治罪，原指大头人如丹巴沃咱尔等党助恶逆者而言。若如阿布僧格太辈果能竭诚投降，原可恕其已往。若再能出力，并当逾格施恩。且不独此时为然，即攻克勒乌围以后有头人望风来降者，尚可一体收用。若大兵已抵噶喇依，贼众窘迫之时始出投降，则非此时可比，只应暂留营中，解京办理。"

（高宗朝卷九八七·页四下～五下）

○乾隆四十年（乙未）七月乙丑（1775.8.15）

参赞大臣副都统富德奏："探察贼势，此时河水渐涸，显露石滩。若暗刨地道直抵噶咱普，用火药轰陷贼碉，抢据要隘，进取马尔邦，最为得力。现选兵密办，功已及半。"报闻。

（高宗朝卷九八七·页一二下）

○乾隆四十年（乙未）七月丁卯（1775.8.17）

定西将军尚书阿桂、定边右副将军尚书公丰升额、参赞大臣内大臣都统海兰察、副都统额森特奏："攻克章噶等处碉寨，歼贼甚多。又，额洛木寨头人革什甲木参、喇嘛科尔头人雍中、什尔德寨头人丹比西拉布等三人率领户众来降，经臣等面询，均称金川地方民多乏食，而伊等口粮尚不至乏绝，实出诚心纳款。即将该番众发往附近内地土司安插，其尚可用者，将伊眷属迁移向内，留该番随营剿贼。"

谕军机大臣等："此时章噶既得，已拊勒乌围之背，或先截断勒乌围通噶喇依之路，或自上下压直捣勒乌围，均可计日而待。设或贼众自揣力不能支逃回噶喇依，即未能多歼贼众，而业已扫其一穴，自益见窘蹙。看来贼众即或聚守一隅，而败回之贼愈多，口食愈形竭蹶，其势断难久拒。但恐贼人外窜，未免又羁时日，不可不多方设法广为拦截。又据奏，头人等率领户众来降，其慌乱情形大概可见，自是极好机会。至该头人三名诚心纳款，尚非窘急求免，情较可原。如果认真出力，应赏以蓝翎顶带，俾倍加感奋报效，且使番众闻知，益坚其投出之心，贼势更易于溃散。阿桂等即当妥酌而行。"

（高宗朝卷九八七・页一三上～一四上）

○乾隆四十年（乙未）七月庚午（1775.8.20）

又谕（军机大臣等）曰："阿桂等奏：将直古脑、荣噶尔博一带碉寨及冷角寺等处悉行攻克，已直压勒乌围之上。现派官兵围其两面，势若建瓴，自可唾手而得，惟据杨中尔甲木灿供称，老土妇阿仓及僧格桑之妻得什尔章用皮船过河而去，莎罗奔等随后亦从各路逃窜等语。贼酋、贼妇谅不能逃回噶喇依，计官军扫穴擒渠，自断不能漏网，惜此时未能即行擒获耳。又阅图内甲尔日碻桥一处在勒乌围西南，通噶喇依要路，若能先将此处攻得，断贼往来之路，贼众自无可逃。阿桂现尚未能得，必须设法先行攻占，则勒乌围之贼更难自存，剿之尤易为力。朕于图内用朱笔标记，发交阿桂，速为筹办。同日明亮等奏现在已攻扎乌古山梁，随将丹扎木寨落焚烧等语。明亮若能攻得扎乌古，即可与阿桂并攻勒乌围，更为得势。伫盼捷音。"

（高宗朝卷九八七・页一九下～二〇下）

○乾隆四十年（乙未）七月乙亥（1775.8.25）

定西将军阿桂等奏："西路受伤患病各兵留营调治，转需官兵照料，且縻粮饷，应分别查验，令各回旗籍调理，现已分起启程。"

得旨："嘉奖。"

（高宗朝卷九八七・页二九下）

○乾隆四十年（乙未）八月丁丑（1775.8.27）

又谕（军机大臣等）曰："阿桂等奏攻克隆斯得贼寨，系贼藏贮铅药之所，现获其火药一百余篓，其枪子堆贮屋内，自数寸至二尺余深。此必系贼人前岁在木果木劫取者，今经官兵收得，实为快意。此寨一得，贼人铅药无资，自更难于守拒，官兵攻剿尤当迅捷。至明亮处攻夺扎乌古山梁，派委之屯土兵丁及引路之降番阿布僧格太、霍尔甲、阿咱拉等甚为出力，自应予以奖励。著明亮即传旨将阿布僧格太、霍尔甲、阿咱拉三员酌赏缎匹，其屯土勇锐兵丁，著各赏一月钱粮，俾伊等益知鼓舞。至于番地路径，土兵固所熟悉，然用为向导则可，若攻坚越险，则索伦、吉林兵丁皆所优为，即绿营中亦有可供驱策者，遇攻打碉寨之事，自应将满、汉兵丁与屯土各兵一体选派，业已节次传谕，何以明亮此次进攻，仍专选屯土兵四百名独当一面，并不派令索伦、吉林及绿营精锐兵丁合力前往，殊属非是。又明亮折内称：后队官兵进攻，倘少存畏难之见，则在内屯土兵丁竟无一人得脱等语。是明亮未尝不知此地之危险，而令降番土兵前往尝试。倘使若辈窥破，必私相抱怨，谓将军不惜伊等身命，令其前驱冒险，岂肯复安心出力？且同系番人，其为贼死守抗拒者，实堪切齿，必当歼戮无遗，若既已投诚，即与内地之人无异，自当一视同仁。至屯土兵众，均系效力随征，尤不应稍存歧视。将军等若专于满、汉兵丁优加体恤，而于降番、土练视为无足重轻，不稍顾惜，如此即为不公。此事甚有关系，著传谕阿桂等一体遵办。"

（高宗朝卷九八八·页三下～五上）

○乾隆四十年（乙未）八月癸未（1775.9.2）

谕曰："富德奏刨挖地道，运贮火药，将噶咱普山腿下碉卡、木城立时轰塌，毙贼甚众。富德调度有方，将弁等亦各实力奋勉，均属可嘉。富德俟大功告成一并优叙。所有在事出力之将领弁兵等，并著交部查明议叙。"

（高宗朝卷九八八·页一二下）

○乾隆四十年（乙未）八月甲申（1775.9.3）

定西将军尚书阿桂、定边右副将军尚书公丰升额、参赞大臣内大臣都统海兰察、副都统额森特奏："官兵连夜攻勒乌围、转经楼附近寨落，贼窘迫抗拒，官军连拿木栅，抢占贼寨。其地有高碉五层，须逐层攻克，现已至第四层碉下，拟用枪炮轰击。"

谕军机大臣等："贼众当此窘迫之时尚敢舍死抗拒，实为可恶，然亦不过护巢情急，暂缓须臾，官军奋力围攻，蚁辈岂能经久？况我兵接拿木栅，已至第四层碉下，用炮轰摧尤为得力，自可克期而得。"

（高宗朝卷九八八·页一七上～一八上）

○乾隆四十年（乙未）八月丙戌（1775.9.5）

定边右副将军广州将军明亮奏："扎乌古之北为琅谷，如得据此，则后路已俱肃清，现派兵进剿。"

又奏："舒常奉旨令其带兵赴吉地驻扎，业已起程。但舒常在绰斯甲布日久，难以骤易生手，可否另委员前往更替回营，或恳另派参赞前来。"

谕军机大臣等："明亮奏设法从琅谷一路进兵，果能如此办理，则后路尤觉肃清，于攻取自更有益。又据奏舒常在绰斯甲布日久，得驾轻就熟之益，或另委大员更替回营，或恳另派参赞等语。现在大功指日告成，自不值另派参赞前往，且更易生手亦未必悉合机宜，是北路军营应令舒常仍回参赞为妥。但吉地防守匪逆外逸之事亦甚紧要，必得可恃之人，独当一面方妥。因思桂林熟悉番地情形，遇事亦能筹度，其所驻之章谷现无必需应办之事，该处又与吉地相近，且前据称尚有兵七八百名，莫若即令桂林于此内选兵三四百名，迅速带往吉地驻守。其章谷、僧格宗一带地方，即交哈清阿同李世杰照桂林所办章程妥协经理。舒常于桂林到彼时，将一切要领面为讲究交办，仍即回北路军营，与明亮迅速商同进剿。"

又谕："美诺、布郎郭宗等处几如内地，可不似从前之防守，长清此时无庸仍驻布朗郭宗。著抽兵一千带领前往至僧格宗暂驻，察勘情形。若功噶尔拉、当噶尔拉两处贼人不似从前之看守，长清竟可带兵直进，出其不意歼贼克碉，亦足令逆酋丧胆。即使不能深入，而添此一路之兵，使贼人猜疑惊怖，亦可夺贼人之气而分其势。富勒浑屡次折来，俱系随阿桂军营行走，今大功指日告成，富勒浑随营并无必需伊专办之事，莫若令其在布朗郭宗代长清驻守。将此一并谕令知之。"

（高宗朝卷九八八·页二〇下～二二下）

○乾隆四十年（乙未）八月己丑（1775.9.8）

定边右副将军广州将军明亮奏："琅谷上连扎乌古，臣派兵进击，碉内贼人枪石如雨，适降番阿布僧格太喊谕守卡之贼，贼奔溃，遂克琅谷。"

谕军机大臣等："明亮之兵若能从扎乌古下至河沿，即与勒乌围紧对，于隔河用炮轰击，贼众自难久支，亦足为阿桂之助。阿桂此时如已攻得勒乌围自属甚善，否则带兵速往河西北岸，将沿河一带碉寨尽行攻克，即在隔河攻打勒乌围，可不虞贼人隔岸枪炮阻挡，即扎乌古贼众亦难占据，并可引明亮之兵下至河岸合力进攻，实为两便。阿桂等当即妥速为之。至明亮攻打琅谷贼碉时，降番阿布僧格太喊谕守卡之贼，甚为出力，著明亮即传旨赏给缎二匹，以示奖励。"

（高宗朝卷九八八·页二五下～二六上）

○乾隆四十年（乙未）八月甲午（1775.9.13）

谕军机大臣曰："阿桂等奏连夜分攻各碉寨，沿河接拿木栅，已与勒乌围东西平对。如此两面合围，贼众断难支御，谅可立时攻克。乃贼人犹复悉众死守，固属护巢力拒，亦由其罪孽深重，必待尽歼而后已。至既得勒乌围，则转经楼之贼自难存住，即甲尔日磙桥亦当自溃。其科布曲贼寨，据脱出番人供称，莎罗奔弟兄三人现俱在彼，自即应乘胜攻克，悉行擒获。从此进攻，更不虑后路有贼滋扰。至于索诺木现住甲杂，阿桂进攻时自当分兵两路，一由雍中喇嘛寺攻打噶拉依，捣其巢穴，一派兵径赴甲杂官寨，擒其逆酋，方为妥协。"

（高宗朝卷九八九·页七下～八上）

○乾隆四十年（乙未）八月丁酉（1775.9.16）

谕曰："明亮一路正当用人，押送喇嘛达固拉僧格之副都统噶塔布，俟到京二三日，仍著由驿驰赴明亮军营。"

（高宗朝卷九八九·页一一上）

○乾隆四十年（乙未）八月戊戌（1775.9.17）

定边右副将军广州将军明亮奏："琅谷之上为斯底叶安，再上为甲索，层层高碉与纳木迪相为犄角。臣等本拟从甲索下攻，实为正办。因前此和隆武所带官兵半途雨雪阻滞，又贼人防守甚严，是以中止。今斯底叶安、纳木迪既难力取，若不将扎乌古山梁攻克，截出其前，无以肃清后路。俟甲索贼人稍退，即当进兵。"

谕军机大臣曰："明亮奏和隆武一路之兵既属正办，即应令其相机直进，因何忽而中止？行军固当慎重，而过慎则葸。今阿桂统领官兵已直压勒乌围，计日可驰捷报，而明亮至今未能下至河沿，岂甘心让西路独成大功，而北路竟不思稍展寸长乎？至阿桂处攻剿勒乌围，前以其久攻未下，谕令派兵渡河前往勒乌围对面遥为犄角。昨阿桂已从福康安等驻兵之所接拿木栅，直与第四碉官兵遥对，业将勒乌围四面围攻，此时正需多兵会剿，自无庸复分兵渡河。但既得勒乌围以后，阿桂仍即须派兵过河，帮同明亮将扎乌古山梁及纳木迪、斯底叶安一带贼卡悉行扫荡，引令明亮至河沿会同进剿，则后路更觉肃清，尤可安心直进。"

（高宗朝卷九八九·页一三下～一五上）

○ 乾隆四十年（乙未）八月己亥（1775.9.18）

谕："据定西将军阿桂等驰奏红旗报捷，于八月十六日已攻得勒乌围贼巢，此实仰赖上天眷佑，成功迅速，而将军、参赞实心宣力，调度得宜，将领、弁兵各奋勇集事，均属可嘉。所有将军阿桂、副将军丰升额、参赞大臣海兰察、额森特及在事将弁等，著交部从优议叙。其出力之满汉官兵、屯土兵练俱各赏给一月钱粮，以示奖励。"

又谕曰："将军阿桂等奏报攻克勒乌围贼巢，红旗于八月十六日自军营驰发，今于八月二十四日丑时递至木兰行在，计沿途仅行七日，实为迅速。所有办理台站驿递文武官员均属可嘉，著该部查明同兵部捷报章京一并议叙。各站差弁兵夫并著该部查明，照例议赏。其驰送红旗到行在之各站员等，同捷报章京等，著行在兵部查明，先行赏给缎匹，兵部员外郎额尔克图自办理军务以来承办捷报，颇属勤勉，现系该员赍递红旗，著赏戴花翎，并交该部遇有郎中缺出，即行升补。"

又谕："前明亮奏，据永平、李本报解盘获金川差往西藏之喇嘛达固拉僧格及霍尔章谷番人雅满三珠布、那玛太等，讯供具奏。彼时以永平等在吉地、丹东一带防守尚能留心盘获贼番奸细，是以降旨赏给缎匹示奖。今据解到喇嘛达固拉僧格及番人雅满三珠布等到行在，令军机大臣审讯，据雅满三珠布供：土妇扎什纳木私嘱我到丹东一带卡子，遇有官兵即行告知，将喇嘛擒拿，勿令其得至西藏，是以我到丹东二道桥，看见守卡兵，我先去告知来历，官兵就将达固拉僧格拿住。复诘讯喇嘛达固拉僧格，据供：我到丹东二道桥时，卡子上官兵已经睡熟，雅满三珠布说，此处有我认识之人，我去要了路票，好往前去，及他一见官兵，即同众人将我拿住等语。彼时若非雅满三珠布向官兵告知，则该喇嘛等业已偷越潜赴西藏，所谓巡防要隘者竟属何事？达固拉僧格与雅满三珠布等分起解送，无从串供，且喇嘛方恨其将伊献出，岂肯转为附会，所供自属实情。雅满三珠布尚属效顺有功，即扎什纳木亦当从轻宥。幸而问明此情节，若照永平、李本等所报，将雅满三珠布即行正法岂不枉屈？是永平等不但无盘获劳绩，且几因官兵睡熟误事，乃转为捏饰冒功，不可不加惩创。永平、李本俱著交部严加议处。明亮既经提讯，仍未研审实情，辄据虚词入告，亦属非是，明亮并著传旨申饬。朕于诸臣功过务期平允，况在行军之际赏罚尤宜严明。如永平等初则因其盘获奸番，量予赏赉，今既讯得确情，亦必加以谴责，悉视其人之自取，不肯稍涉颠顶。"

谕军机大臣等："官兵攻克勒乌围，已降旨将将军等从优议叙，并遣阿弥达赍红宝石帽顶至军营赏给阿桂，以示优眷，俾益奋迅集勋。此次攻取勒乌围，官军声势益盛，扎乌古山梁等处仅一河之隔，贼人隔岸望见，其势自难复支，理应不攻而溃。计明亮闻阿桂捷音，自应统兵直进，迅扫贼人寨落，以期两军会合，何以未见明亮奏到。或其所发之折不及阿桂捷报八百里驰递之速。著谕询明亮，将近日剿贼情形若何迅速具奏。"

（高宗朝卷九八九·页一五下～一八下）

○乾隆四十年（乙未）八月壬寅（1775.9.21）

谕军机大臣曰："阿桂等奏防守吉地一带截拿逆酋事宜。据称：舒常已先令带兵百余前往布置。至额森特所得之伤虽已渐愈，尚不能马上远行，且于土境情形及调度驾驭之处又逊舒常远甚，似可毋庸令其前往。因复再四熟筹，富德昔在西陲，于追贼事宜较舒常多为阅历，若令舒常前往绒布，换富德至吉地，自尤可恃等语。所计甚是。前以明亮奏尚需舒常帮办，因谕舒常将吉地一带部署妥协，令桂林前往代其防守，舒常仍回北路。今阿桂已攻得勒乌围，乘胜前进，明亮自可将后路之贼搜剿肃清，即与阿桂会兵进剿。彼处可同商办之人甚多，舒常毋庸复往北路，著传谕舒常，即速驰赴绒布，代富德驻守。富德接奉此旨，俟舒常一到，即带兵驰赴吉地妥协办理。其吉地现在情形，将远卡移近，并在正地派兵攻打，使贼酋畏惧不敢窜逸之处，令舒常一并告知富德，令其实心筹办。"

（高宗朝卷九八九·页二二上～二三上）

○乾隆四十年（乙未）八月乙巳（1775.9.24）

又谕（军机大臣）："前因明亮一路隔滞不进，曾谕阿桂或派海兰察、丰升额带兵千余过河，帮同明亮将纳木迪至扎乌古一带全行攻克，合力进剿勒乌围。今勒乌围既经攻克，无须河西协助，但阿桂现在乘胜进兵，扎乌古一带皆在其后，恐扎乌古之贼让阿桂前进，复渡河占据勒乌围，邀我后路，所关不小。即或贼人计不出此，而扎乌古一带与甲杂擒捕渠魁，及欲进剿噶喇依捣其巢穴，均须将河西贼寨尽行洗荡，使后路肃清方为万妥。著传谕阿桂，即速抽拨胜兵千余，于海兰察、丰升额内酌令一人带领过河，帮同明亮将纳木迪及扎乌古之贼即速剿洗净尽，再行统兵进剿。"

湖广总督署四川总督文绶奏："北路解到番犯应行监禁，但聚集一处尚恐滋事。查省城司府及成、华二县共有四监，应分为数处羁禁，以便防范。"

得旨："嘉奖。"

定西将军尚书阿桂、定边右副将军尚书公丰升额、参赞大臣内大臣都统海兰察、副都统额森特奏："勒乌围为贼人巢穴，臣等分兵进攻，至甲尔日磋桥，用炮轰摧，并选楚兵内善于泅水者，令其潜由水底系巨索于桥柱拽倒，以断其要路。至八月十六日，遂攻克勒乌围贼巢及转经楼喇嘛寺，并攻获碉房、寨落、木城、石卡六十余座，杀贼数百人，夺获枪炮、刀矛无算。"

得旨："此皆由上天垂佑，尔等同心宣力，方能成此大勋，嘉悦之外，几欲垂泪。更当合力前进，速成大功，以俟厚奖。"

（高宗朝卷九八九·页三一下～三六上）

○乾隆四十年（乙未）九月己酉（1775.9.28）

谕军机大臣曰："阿桂等奏通筹直捣噶拉依贼巢一折。该处进兵路径，阿桂躧探已久，自系成竹在胸，实有把握，方如此筹办。且自十七晚官兵已陆续起程至昆色尔，而海兰察同各领队现俱奋迅进攻，可望得手，自应听其照所拟妥速剿办。阿桂现既并力直捣贼巢，自不能复有多兵派帮明亮，且阿桂如即能攻得噶喇依，则其余各处碉卡贼众断难再拒，必皆自行溃解。况阿桂节次所筹俱有成效，今大功已届垂成，更惟阿桂是恃，一切悉听其调度。第阿桂等统兵进攻以后，恐扎乌古等处贼人潜至勒乌围挠我兵后路，其事甚有关系。阿桂现派额森特在转经楼前科布曲山腿之下驻扎攻打，以牵贼势。额森特虽尚未能上马远涉，而防守是其所长，著阿桂即札知该参赞，令其在勒乌围一带小心看守，勿使隔岸之贼得乘隙过河滋扰，或至稍有疏虞。"

（高宗朝卷九九〇·页五上～下）

○乾隆四十年（乙未）九月庚戌（1775.9.29）

谕军机大臣等："昨阿桂奏因勒乌围已得，整兵直取噶喇依贼巢，为捣其心腹之计。所筹甚是。果能将贼人巢穴攻破，其余碉栅必皆不攻而溃。即逆酋贼党亦更无由窜遁，自属正办。况索诺木之姑阿青现在噶喇依居住，阿青即系与丹巴沃咱尔等倡谋抗拒之人，尤为首恶重犯。而索诺木母、妻亦俱在彼，一经攻克噶喇依，务即将各犯搜擒捕获，献俘诛磔，毋使漏网。阿桂现既筹办及此，以期迅速藏功，自不得不注以全力，势难复分兵帮助明亮。设或拨兵渡河，先助明亮攻打扎乌古、阿尔古一带，俟攻克后，再回东岸图取噶喇依，往返耽延，未免多需时日。万一贼酋得预为之备，转于公事无益。是阿桂之不分兵帮助明亮，理势宜然，亦无足怪。第恐明亮见阿桂攻得噶喇依，自忖未能寸进，及向阿桂求助，又不肯应允添兵，未免有碍颜面。而奎林、和隆武亦各怀勇往好胜之心，设或因愧忿所激，毅然不顾，轻率一往，于事甚有关系。虽云'不入虎穴，焉得虎子'，但亦须审度机要，权其利害而行，切不可冒昧攻扑。非但将军、领队等各宜自慎，即旗、营、屯、土各兵，亦不可令其轻冒枪石。今大功已逮垂成，一切倍宜保重。若明亮等不论利害，促令弁兵轻率扑碉，或至稍有闪挫，明亮等转不得辞咎，惟当斟酌妥为之。又，昨阿桂奏，明亮于伊等进攻达思里之次日亦即进剿。明亮此时自已相机攻剿，或竟得其碉栅，亦未可定。设或尚未能进，惟期留心体察相机而前，或贼人力不能抗，弃碉遁逸，明亮等一面抢占，一面领兵往甲杂围打。若能擒获索诺木及有名贼目，即其大功。但须试探明确而行，不可转为贼人诡狡所惑。再，阿桂一路军声甚壮，贼人自不敢撄锋。恐其见明亮处兵力稍单，或从扎乌古及纳木迪等处偷出，或从甲索一带潜来，皆足挠明亮军营后路，所系非小。明亮等务须实力严防，不可稍堕贼人诡计。勉之，慎之！"

（高宗朝卷九九〇·页六上～八下）

○乾隆四十年（乙未）九月辛亥（1775.9.30）

又谕（军机大臣等）："据明亮奏：'调兵由碾占下压，并与西路约期会剿。'自应如此办理。因展阅阿桂处前此进到地图内有碾占之名，就其形势而论，若果能从彼下压，则扎乌古、阿尔古一带贼人皆拦截在内，自可不攻而溃。况与阿桂订期进攻，彼此为犄角之势，更可互相照应。著传谕明亮，总须相度机宜，妥速办理。若已攻至沿河，而阿桂一路之兵亦已绕出，又可夹攻科布曲贼碉，以期必克，明亮仍当统兵前赴甲杂，擒捕逆渠，务须必获。明亮之立功即在于此，当努力妥为之。"

（高宗朝卷九九〇·页一〇上～下）

○乾隆四十年（乙未）九月乙卯（1775.10.4）

又谕（军机大臣等）："昨阿桂奏，拟令舒常与富德对调，因照所请，传谕舒常即赴南路代富德驻守马尔邦，换富德至吉地同桂林堵截逆酋，并酌从正地派兵袭击，使贼知此路有兵，不敢从彼越窜。此旨于八月二十七日发往，九月初十日左右方到军营，舒常谅已早至明亮处会同进剿，自不必令其仍赴南路，徒事往来仆仆。且桂林曾任四川总督，向亦带兵剿贼著有功绩，其于防堵逆酋袭击正地之事尚所能为，似可即令其在吉地驻防。或阿桂计及逆酋等穷蹙时必从此一路窜走，而堵截追擒之事，富德阅历尤深，桂林尚不及其干练，则竟令桂林往南路驻守马尔邦，换富德至吉地一带堵截，亦无不可。但军营事宜难以悬定，著传谕阿桂悉心妥酌，务策万全。至前以官兵进剿勒乌围久未攻得，因思功噶尔拉、当噶尔拉两处贼人若不似从前看守，或令长清带兵千余直进歼贼克碉，以摧贼胆而分其势，是以谕令富勒浑代驻布朗郭宗。今阿桂已攻得勒乌围，绕兵由昆色尔进剿，又以筹办随营军粮、军火为重。兵事移步换形，务期妥善，岂可因事前未定之旨过涉拘泥，想阿桂必能为之妥酌指示也。近因大功将蒇，检各路屡次立功奏稿，以备亲撰碑文之用。偶阅初次攻克僧格宗等寨折内，有守备刘俸、崔文杰带兵压至僧格宗寨后，绕截攻打，追杀贼人。又攻克美诺折内称，攻打美都喇嘛寺，有游击谷生炎、都司佘之格直从山梁冲压，都司刘俸、守备李植善由寺东进攻各等语。此皆绿营汉员中之奋勇出众者，何以近日不见此诸人之名，现今俱在何路，是否如前勇往，抑或退缩不前，及当日曾否加恩鼓励之处，并著阿桂查明，附便复奏。又，前后两次攻取美诺时，德赫布及海禄均属奋勉出力，今海禄尚有随征打仗之事，而德赫布久未见其名，因何不复派用，或派用而不肯向前，亦著明亮查明，据实复奏。"

（高宗朝卷九九〇·页二二上～二四上）

○乾隆四十年（乙未）九月丙辰（1775.10.5）

谕军机大臣曰："阿桂等奏，官兵攻得勒乌围，移营高处，河水陡涨数丈，若涨在数日以前，则沿滩木栅必致被冲等语。实仰赖上苍嘉佑，惟当额手敬谢。即此天心助顺，可征成功之速。"

（高宗朝卷九九〇·页二四下）

○乾隆四十年（乙未）九月戊午（1775.10.7）

谕军机大臣等："前谕舒常至南路换富德往吉地一带同桂林堵御，昨据舒常等奏，桂林已于八月二十六日至丹东，舒常将应办之事向其告知，即于八月起身往北路明亮军营。若再更调，未免往来仆仆。莫若即令桂林在吉地驻守，经理堵擒逆酋事宜，并酌量派兵从正地袭击，使贼知我此路有兵，不敢从此路窜出，其事尚属桂林力所能为。富德著仍在绒布驻兵，舒常仍在北路参赞，均毋庸更调。"

（高宗朝卷九九〇·页二七下～二八上）

○乾隆四十年（乙未）九月壬戌（1775.10.11）

定西将军尚书阿桂、定边右副将军尚书公丰升额、参赞大臣内大臣都统海兰察、副都统额森特奏："前拟从达思里、噶拉宇进兵，今因阴雨阻滞，达思里一带贼俱增修碉卡，恐未免多烦兵力。复躐探得什尔德山梁之南过沟为达乌达围，再上为安布鲁木，顺梁而下即至聂乌，过勒乌沟而上正对则朗噶克丫口，一经攻占即已截科布曲贼人之后，而噶喇依更为震动。至现在天色自九月初四日午后渐晴，拟即日发兵。"

谕军机大臣曰："阿桂等奏觅路绕截进攻情形，所筹甚好。且据称初四午后天气渐晴，拟于今明日发兵，务期迅速占据等语。今节令已当九月，向后自应晴爽，阿桂等绕道进攻必能有益，伫听捷音。再，阿桂昨曾与明亮相约，令其俟河东进攻达思里时即从碾占下压，今阿桂拟从达乌达围一带进攻，又在达思里之北似不与碾占相对，或阿桂处另行通知明亮，相订会办，亦未可定。军营之事移步换形，难以遥为揣度。阿桂长于谋计，于筹画军务机宜尤所谙悉，明亮等惟当听其妥酌行之。"

（高宗朝卷九九一·页七上～八上）

○乾隆四十年（乙未）九月丙寅（1775.10.15）

谕军机大臣等："据明亮奏，碾占、巴札木两路贼人拒守甚严，未能即进，拟亲赴西路，与阿桂并力以图。又据舒常奏，接奉谕旨，令赴绒布寨更替富德，现由沙尔尼起程前往等因。均属大谬。看来明亮竟系因北路现无可进之机，而阿桂一路自攻得勒乌围以来，绕兵前进，声势甚盛，遂欲舍此就彼，甚属非是。各路分派将军、参赞，责有专司，自应各就本路调度熟筹，以期集事。即彼此有应关照之处，亦不过声息时通，订期夹击，互相犄角，断无舍己从人之理。况西路有阿桂为将军，又有丰升额为副将军，尚何借明亮之相助。即欲添阿桂兵力，亦止须令奎林、和隆武统领前往，明亮何得轻率亲行。且三将军俱聚于西路，而北路竟无一总统之人，亦无此理。明亮既欲亲行，又不留舒常在营驻守，实为非策。至所称阿桂寄来折稿，西路可供打仗者止一万二千人，仅敷什尔德一带进攻，欲令带兵数千为续添力量，合势扫巢等语。若其事果出阿桂之意，则阿桂亦有不合。因检阅阿桂原折，据称西路兵虽共三万二千，因自梭洛柏古一带道路绵长，近于后路营卡内极力抽兵，止得一万二千，仅敷什尔德一带分路进攻，及为接续之用等语。此就现在抽兵情形而言，并非议令相助。又据称明亮前至军营面商，告以俟官兵绕进得手之后，或河西另有机会，再行筹办过河帮助，否则俟西路攻进噶喇依时，明亮带兵数千前来，为添力合势捣巢之举等语。此乃指攻围噶喇依将得之时而言，其时明亮或果由碾占一路乘机攻得，方令前往，并非令其舍河西一带不顾径往相帮，盖明亮误看阿桂折稿，并将上下文意错综误会，遂至于此。因复细阅明亮之折，据称届时统兵亲往，似此时尚未起身，果尔，则北路兵尚不至于遽涣。但恐舒常既行，明亮又冒昧即往，贼人窥见此路无人，潜从扎乌古而下，将沙尔尼、茹寨等处复行占去，则于全局大有关系，甚为可虑。总之，此事明亮、舒常所办太觉谬戾，非寻常错误可比，著传旨严行申饬。明亮此时断不可轻离北路，如或阿桂果有必须助剿之处，即令奎林、和隆武带兵数千前往，亦无不可。明亮若能即将河西一带及早攻夺，下至沿河，方可与阿桂关照会剿。否则将河西一带加意严紧守御，勿为贼人窥伺滋扰。阅进到之图，所有扎乌古山梁未克贼碉尚在勒乌围东北，明亮并未将沿河一带料理肃清，断其过河至勒乌围之路，万一贼人由彼偷越，于勒乌围甚有关碍，不可不极力严防。阿桂曾派令额森特在勒乌围转经楼、甲尔日磲桥一带驻守，此皆防西来之贼，非防北来过河之贼，此处大有关系。仍当谕令实力留心，处处照料，不可稍有疏忽。明亮后路未清之时，阿桂切不可将额森特调令他往，致滋贻误，阿桂并传谕额森特知之。至沙尔尼、茹寨一带，为军粮、军火台站所经，不可无妥干大员坐办。富勒浑昨奏，往抵木达经理粮台，原为功噶尔拉、当噶尔拉一路进兵，因思该处进兵不过牵缀，无庸富勒浑往彼相助。就现在情形而论，河西所关尤重，富勒浑自当在此一带留心妥办，或仍在梭洛柏古，或酌筹与明亮军营相近最要之处驻守。至功噶尔拉、当噶尔拉进与不进，无关大要。阿桂攻得噶喇依时，如欲添兵，或调长清处兵一千名，令其带往帮攻甲杂。盖噶喇依一经攻得，则功噶尔拉、当噶尔拉皆成内地，长清自可径行无阻。著阿桂妥酌行之。至于河西碾占一路，虽贼人坚拒难进，自应别探可进之途。即如阿桂处初拟由达思里一带进攻，继闻贼人知觉预防，即改由达乌达围经安布鲁木而进，程虽稍远，而攻其无备，自易得手。若如明亮之畏难辄止，何由所向克捷耶！又阅明亮图内官兵所设营卡太多，上下列布三层，似觉无谓。今既将达布依一带营盘拆毁前移，何不将石真噶一带及达思拉木方营向北一带小营盘移撤，又可抽添无数兵力，明亮何不计及于此？嗣后务宜诸事留心为妥。舒常较明亮稍有心计，是以前次派令往吉地驻办堵截逆酋之事。旋经明亮奏其于北路军务、番情熟习，仍欲得其相助，是以即令复回北路，而令桂林往代。至于袭击正地一事，原令舒常同桂林酌量办妥即回北路，嗣因阿桂奏请，令舒常往绒布换富德至吉地堵截，虽允所请，随据舒常奏已于八月二十八日自吉地起程径赴明亮军营，朕尚以其径去为是，是以谕令仍在北路，无庸前往绒布更换，而以吉地堵截之事交桂林办理。朕于七八千里外筹度机宜，只能如此。军营之事移步换形，或接奉后旨与前旨情形不符，果能揣度事势，择其妥是者奏闻而行，朕非惟不责其故违，并且奖其晓事。舒常岂尚不知而拘泥若此耶！舒常奏已于初十日起身，若至正地料理袭击之事稍就，即接奉前旨，仍回北路，自属紧要。若已驰赴绒布，而富德又自绒布前往吉地，彼此甫经更调，又只宜各就现驻之处作为定局，实力妥办。不可因有此旨，复行仆仆道途，徒劳跋涉。舒常、富德均当妥酌而行。"

（高宗朝卷九九一·页一四下～二〇上）

○乾隆四十年（乙未）九月戊辰（1775.10.17）

谕曰："明亮在军营不甚奋勉，成功后如何用伊之处，另降谕旨。所有广州将军员缺，著永玮补授。永玮正白旗蒙古都统员缺，著迈拉逊调补。王进泰年老，不胜提督之任，广西提督员缺另行补放。所有迈拉逊正蓝旗汉军都统员缺，著王进泰补授。其未回京之前，仍著迈拉逊兼管。"

又谕："前因旺保禄在天津镇总兵任内，看其尚知奋勉，是以令其往署四川提督，在军营后路驻扎巡防。乃伊自到任以来，诸事毫无措置，竟系一庸碌无能之人，难胜专阃重寄，只可授为副都统，应俟大功告成后，令其来京，仍为健锐营翼长，似得其长。其四川提督员缺，著桂林补授，伊于川省军务情形尚为熟悉，且现在吉地一带办理堵截贼酋之事，以提督大员在彼督办，呼应自必更灵。桂林应益加感奋，以副委任。其旺保禄所遗之天津镇总兵员缺，即著永昌调补。所有马兰镇总兵员缺，即著满斗补授。"

定西将军尚书阿桂、定边右副将军尚书公丰升额、参赞大臣内大臣都统海兰察、副都统额森特奏："达思里、噶拉宇一带因贼众固守，改道从达乌达围绕进奋攻。海兰察所带之兵分为七起，丰升额、额森特处亦分为三路。值风雨交作，涉险冲泥，克取当噶克底、绰尔丹、色木里各碉卡，并将原拟进攻之达思里、噶拉宇、莫鲁古各处碉卡寨落悉行攻克。"

谕军机大臣等："阿桂等原欲攻达思里等寨，因贼人知觉预防，须改从达乌达围绕进。今于绕进之时，不但将改道拟攻之当噶克底一路尽心攻克，并将原拟进攻之达思里、噶拉宇、莫鲁古一带尽皆抢占。将军、参赞调度有方，在事之将领、弁兵等皆冒雨冲泥，攀崖越险，所向克捷，甚属可嘉。所有阿桂、丰升额、海兰察、额森特及奋勇之领队大臣等，各分别赏给荷包，以示奖励。仍俟攻克噶喇依时，一并交部优叙，俾膺渥典。至阿桂统兵攻剿噶喇依为捣其腹心之计，深得綮要。现在督兵进攻，自断不容复行抽拨往助明亮，是以前谕阿桂令调长清所统之兵，但昔岭一带亦须有人牵缀，即长清之兵似亦不宜调动。著阿桂妥酌行之。至勒乌围及甲尔日礤桥一带甚为紧要，宜防扎乌古等处之贼过河滋扰，所系匪细。前据阿桂奏派额森特在彼驻守，颇为可恃。阅此次奏折，额森特业已带兵进剿，则勒乌围一带现派何人代彼，该处专防后路过河之贼，其责甚重，阿桂宜选派勇干之人驻办。仍将派委缘由，即行奏闻。"

（高宗朝卷九九一·页二〇下～二三下）

○乾隆四十年（乙未）九月甲戌（1775.10.23）

谕军机大臣曰："阿桂等奏进攻西里碉寨，痛歼贼人，并过沟攻打科布曲山腿。将军等董率将领、弁兵奋勇出力，均属可嘉。看来西里、科布曲两处为贼人紧要险隘，是以悉力坚拒。今阿桂现躐路径，或从达思里逾沟上攻，或抢上安布鲁木顺梁绕截，仍一面在科布曲山腿相机攻夺。如此多方布置，贼众自难处处堵御，可期迅速藏事。至朕所最廑念者，以甲尔日礤桥为通科布曲要路，恐贼众伺官军进攻后过桥至勒乌围滋扰，所关非细。已屡谕阿桂加意严防。今据奏甲尔日礤桥业经坍毁，此次往攻科布曲山腿，系潜搭浮桥而过，且于对岸施放枪炮击贼。所办甚好。甲尔日礤桥想即系攻克勒乌围时系巨索于桥柱拽倒。今桥虽拆断，仍防贼人泅水而来，额森特现已回至勒乌围，丰升额亦往该处督办，自可放心。若遇伊等应往他处进攻时，勒乌围一带必须酌留大员一人如额森特驻兵防守，方为妥协。又据长清等奏由功噶尔拉进攻，抢获平卡二座。此一路官兵久未攻打，今忽于此觅间进攻，贼众见之必皆惊惶支抵，自足牵缀贼势，所办亦好。但其地险峻，贼人便于踞守，若官兵冒昧进攻，恐难得力，并恐贼计狡谲，让官兵深入，在后潜行邀截，甚有关系。长清等此时不宜轻举妄动，或酌量于底木达等要处带兵驻守，以防后路，且可使贼常闻官兵声息不敢轻动，以掣其势。若阿桂处尚需兵力，或于长清处所有三千兵内酌调一二千名往彼助剿，亦无不可。著传谕阿桂，令其妥酌行之。"

（高宗朝卷九九一·页三〇上～三二上）

○乾隆四十年（乙未）十月庚辰（1775.10.29）

定西将军尚书阿桂、定边右副将军尚书公丰升额、参赞大臣都统海兰察、副都统额森特奏："臣等分路统兵攻克达思里山腿第二、三碉，并攻开碉卡寨落五处，所克碉寨悉行烧毁。此时达思里山腿上下碉寨已清，若下至沟边将雅玛朋寨落及科思果木往来路径竟行占住，又可添一进取之路。臣等现在督兵即于所烧各寨落处拿栅而下，相机攻抢。"

谕军机大臣等："阿桂等此次进攻虽未得贼人要隘，然已将达思里二、三碉攻克焚毁，且拟于所烧寨落处拿栅而下，相机攻抢。阿桂随地侦探部署，无一刻不切实用心，又且长于筹画，近亦思迅速蒇功，遇有应进之处自能经理得宜，此时自应及早得手。"

（高宗朝卷九九二·页一一上～下）

○乾隆四十年（乙未）十月甲申（1775.11.2）

定边右副将军明亮、参赞大臣副都统舒常奏："斯底叶安为纳木迪藩蔽，贼众死拒，难以力取。查贼人守栅俱于壕底潜伏，以避迎面大炮。现在相度形势，于额尔替之西、基木斯丹当噶之下赶拿木城、石卡，直接克尔玛山嘴筑起炮台，紧与贼壕相对。于此多设炮位，隔沟轰摧，则壕内贼不能藏匿，仍于迎面用炮击打木栅。一俟贼人慌乱，即派兵努力进攻。"

谕军机大臣等："明亮奏，进攻斯底叶安未得，拟于克尔玛从旁用炮轰击，所办尚好。其法于进攻甚便，朕曾屡降谕旨令将军等妥办。今明亮所筹与朕前旨相合，自能直击壕中之贼，使其无从匿伏，我兵越壕而过，便可无虞阻遏。但顺壕放炮，以贼人逃窜出壕为度，若我兵过壕时，枪炮即宜停止，不可误放。凡有贼人挖壕守拒之处，果然相度形势，妥协为之，自属事半功倍。即阿桂等亦当照此筹办。"

（高宗朝卷九九二·页一六上～一七上）

○乾隆四十年（乙未）十月丙戌（1775.11.4）

又谕（军机大臣等）曰："阿桂等奏，官兵由达思里山腿拿栅，业已下至河沿将科思果木与雅玛朋寨落截断，贼人不能往来接应，可立时攻克。至贼人当此窘迫之际尚敢潜出侵扰，实属可恨。幸官兵防守甚严，歼贼甚多，稍足使蚁众知警。但侵劫营卡乃逆贼鬼蜮长技，各路军营俱不可不实力防守，并须随时侦察，勿稍疏懈。"

（高宗朝卷九九二·页二二上～下）

○乾隆四十年（乙未）十月戊子（1775.11.6）

又谕（军机大臣）："前据阿桂等奏到投出金川番人供词，均称闻索诺木、莎罗奔兄弟及头人丹巴沃咱尔等相商，若大兵打到噶喇依时，算来无路可逃，惟有聚集大碉内，放火一齐烧死等语。此言断不可信。贼众狡狯异常，每为诳言欺饰。况番人性情与蒙古相似，以经典有自戕之人永远堕落，是以不肯轻生，非若山东逆匪王伦情急自焚者可比。伊等诡称一齐烧死之言，安知非故为扬布，使官军闻之不为防截，伊等于攻围窘急之际，焚烧空寨以掩饰耳目，因得乘间易服脱逃，势所必至。从前班滚烧毁空碉之事，乃贼番等所习闻，自必蹈其鬼蜮伎俩。阿桂等于班滚之事素所深悉，自不致为其所愚。其余副将军、参赞等亦当深以前事为戒，于攻破噶喇依时，务将逆酋索诺木、莎罗奔兄弟及阿青、阿仓并有名助恶头人如丹巴沃咱尔等一一生擒，槛车解京，献俘诛磔，以申天讨而快人心。设或见贼巢有焚碉之事，尤须各路堵截严密，遇有逸出之众，无论何项服色番人均即擒获，逆酋等自无从漏网。凡我将士有能擒获贼酋贼目者，必格外优赏，倘有疏纵，罪亦非轻，各宜凛遵毋忽。又，前阅投番供词：闻有百姓私议，若头人肯将土司投献，不但头人可以邀恩免罪，即我辈百姓亦得生全等语。可见番众之心渐散，或可随时设法诱谕：若头人中有能缚献逆酋兄弟及助恶之丹巴沃咱尔等来献者，不但免其抗拒之罪，并当奏闻大皇帝逾格加恩。如此晓谕，或稍有益，亦未可定。但正办总当相机尽力进攻，以期迅速藏事耳。将此随军报之便谕令知之。"

（高宗朝卷九九二·页二五下～二七下）

○ 乾隆四十年（乙未）十月壬辰（1775.11.10）

定西将军尚书阿桂、定边右副将军尚书公丰升额、参赞大臣都统海兰察、副都统额森特奏："官兵连日于达思里山腿极力攻抢，下至沿河已将科思果木拦截在内。贼众于此悉力抵御。其与勒乌围前相对之科布曲山腿，贼人恃其险阻，守御不无稍懈，转可乘此进攻。查雅玛朋寨上山包所有双碉，系一新一旧，当将炮先击旧碉，已有坍毁。现并轰击新碉，拟于三日内发兵攻抢。"

又奏："臣等于攻克勒乌围后令额森特带兵于转经楼、甲尔日磋桥一带驻扎，以便相机攻抢科布曲山腿，并防范河西。其自梭洛柏古至达尔扎克又至密拉噶拉木、巴占、荣噶尔博、勒乌围一带山梁，为军粮、军火台站所经，均已顺梁分设营卡。至勒乌围以北冷角寺、赤布占等处沿河地方，皆设有营卡，直过对岸营卡之北，以此处与沙尔尼两岸相对，使贼人不能从北绕过。复传谕额森特加意严防，断不致稍有疏懈。"

谕军机大臣等："阿桂等奏攻打科布曲山脚碉卡，并炮轰雅玛朋寨上山包双碉，实为用心周到。前此惟恐勒乌围后路或有贼人潜来滋扰，是以屡次传旨询问。今据阿桂复奏，措置尤属周密。阿桂凡遇攻占贼碉多系绕道分兵而得，所有节次调度明亮岂不闻知，何以屡次进攻辄为贼众阻遏？就图中形势而论，若从敖成所守之甲索山梁下攻斯底叶安一路，则自上下压，较为利便，或可有得。但不宜轻率移兵，致贼人窥见预防，徒劳无益。"

（高宗朝卷九九三·页四上～五下）

○ 乾隆四十年（乙未）十月丁酉（1775.11.15）

定边右副将军明亮、参赞大臣副都统舒常奏："河西进兵道路止有碾占、巴扎木、扎乌古三处，屡经竭力进取，贼人守御甚密。斯底叶安一带亦无隙可乘。现将全营满、汉、屯、土兵丁分为六队，每夜轮派一队于琅谷、什扎古等处往攻斯底叶安。如有可乘之机，即行占据，否则亦可使贼疲于奔命，而我兵得以逸待劳攻其无备。"

谕军机大臣等："明亮等筹办进剿情形一折，此事朕曾计及，正欲传谕明亮等，今所奏适与朕意相合，自应如此办理，明亮等当努力妥为之。阅所奏降番木尔甲供词：将几日前头人还嘱咐说，你们好好堵挡，不过一两月天朝就准我们投降等语。贼酋等当此穷蹙之时尚敢造为诳语，笼络群贼，此皆从前准令投降，故得借以诳惑番众。今官军分路进剿，阿桂现在乘胜深入，指日扫穴擒渠，想各土司等自无不共知此意，惟助恶党逆之众向为逆酋所愚，护死力拒，自应令屯土兵丁等随时宣布，使众番知逆酋贼目罪在不赦，断不能复为姑宽。若番人此时及早投出，尚可贷其一死。如执迷不悟，一经攻克碉寨，凡拒守之贼尽诛无赦。如此亦足以破逆酋之计，而散众人之心。至官军进剿则愈当加紧，庶贼益知畏慑，成功更易。"

（高宗朝卷九九三·页二一上～二二下）

○乾隆四十年（乙未）十月戊戌（1775.11.16）

又谕（军机大臣等）曰："阿桂等奏攻克达噶木山包贼碉，现在设法分攻雅玛朋碉寨，以便进攻科布曲，所办甚好。达噶木为贼紧要咽喉，今官兵既已占据，从此进攻自更得力。又奏小金川头人末利阿什咱同其妻舅阿噶尔甲投至军营，请暂缓办理，以供军营体访之用。所见亦是。末利阿什咱系小金川头人，党助逆酋，带兵抗拒，与既降复叛之阿噶尔甲情罪均无可逭。今阿桂既欲暂留在营供用，或可稍资其力，亦未可定。设其人果欲立功自赎，实有可借以诱惑贼众之机；即酌量赏给顶戴，使众番艳羡，亦无不可。统俟大功告成之后，将该贼目解京另行办理。再，西路之兵因阿桂屡战克捷遇敌皆踊跃直前，而北路之兵因明亮经久未能寸进众心不免稍阻，自当设法鼓舞，使人知励勇效用，方为有益。明亮、舒常各宜努力自奋。"

（高宗朝卷九九三·页二二下～二五下）

○乾隆四十年（乙未）十月甲辰（1775.11.22）

定西将军尚书阿桂、定边右副将军尚书公丰升额、参赞大臣都统海兰察、副都统额森特奏："官兵攻克达噶木，下距雅玛朋碉寨已为至近。但卡布角一带寨落尚多，官兵从此前进，必穿寨落中间而过。若稍有不应手之处，酌撤既难而接续亦为不易，必须直抢西里下截山腿，则雅玛朋寨落及科思果木悉已拦截在内，而由们都斯进抢科布曲山梁上之索隆古地方，始可进退自如。虽该处在西里贼碉迤下，但审山峦形势，只须拿住卡栅，纵使贼人自上压下亦可无虞。此时既不可稍露我兵有攻取西里山腿之意，而一得西里山腿，亦必迅拿木栅占据，为进抢们都斯、索隆古之计，庶可出贼不意深入其阻。"

又，定边右副将军明亮、参赞大臣副都统舒常奏："查纳木迪官寨屡次进攻，总以官兵下至沟底即三面受敌，而近西一带碉寨贼枪尤难躲避，必须于乌岳之前接拿木栅。臣等即派珠尔格德等带兵由乌岳直下，赶立木栅二座，相距纳木迪不过一箭可及。现将近西碉寨从中截断，若再接拿木栅二座，愈逼愈近，则贼人断不能仍前拒守。查纳木迪一路，贼人悉力以拒，其扎乌古山梁必防御稍疏。今绰斯甲布土司土舍情愿搜集各寨土兵添同进剿，约在此数日内即可到齐。臣等拟将全营满、汉、屯、土官兵尽数抽调，即于扎乌古伺隙以进，务期必克。"

谕军机大臣等："阿桂筹办抢占西里下截山腿，并预备攻夺科布曲山梁情形，阿桂实心调度，设法进攻，实为可嘉。而各路之兵亦惟阿桂最为可恃，是以盼望尤切。但自攻得勒乌围以来，距今已七十余日，虽所至屡有克捷，而于西里及科布曲两要隘尚未攻克。朕因此昼夜焦思，阿桂自必深体朕心，力图迅速集事。又据明亮等奏，于纳木迪赶拿木栅，图抢扎乌古，所筹尚好。贼人屡遇官兵进攻，皆预为暗中抽调贼众密施枪石堵拒。今既接拿木栅逼攻，贼人自不能复如前拒守，况于纳木迪进攻，可进则进，否则亦可以牵缀贼势，一面令满汉官兵率同绰斯甲布土兵等抢占扎乌古山梁，出其不意，自可望得手。明亮等各当努力。"

（高宗朝卷九九三·页三一下～三三下）

○乾隆四十年（乙未）闰十月辛亥（1775.11.29）

定边右副将军明亮、参赞大臣副都统舒常奏："现于纳木迪赶立木栅，更拟于扎乌古添凑土兵，伺隙以进，令霍尔甲阿咱拉带同投番八名，乘夜由沿河深入躧探道路。现饬土司雍中旺尔结，催调各寨土兵赶紧前来，务将扎乌古克期抢占。"

谕军机大臣曰："明亮等奏，逼近纳木迪接拿木栅，并密躧道路，克日进攻，所办尚好。看来明亮等军营近日大有起色，益当勉力为之。今阿桂等现拟攻剿西里、科布曲要隘，自可即期得手。明亮复乘机而进，两路并攻，贼势必更窘迫，官军成功尤速。其霍尔甲阿咱拉及投番八人俱甚出力，明亮当量为赏赉，以示鼓励。至索诺木兄弟不和，节次降番供词如一，并有称其将异母兄弟留于噶喇依，以备事急献出求饶者，尤为可恶。索诺木罪大恶极，虽寸磔不足以蔽辜，乃图于势穷力竭之时，将其异母不和之兄弟缚献了事，以为幸免之计，其居心狡恶如此，更属覆载所不容。索诺木负恩反噬，实此事罪魁，莎罗奔虽党恶当诛，然不能仅戮此数人转贷索诺木之死。设或索诺木竟将莎罗奔兄弟缚献，将军等惟当留心防备，不使借词施计，仍一面将莎罗奔兄弟拘留，一面设法掩擒索诺木，并益加奋勉攻剿，务期扫荡巢穴，搜捕凶渠，勿使兔脱漏网。"

（高宗朝卷九九四·页一三下～一五上）

○ 乾隆四十年（乙未）闰十月丙辰（1775.12.4）

谕军机大臣曰："阿桂奏探得西里贼寨上有黄草坪一处，若突然抢占，下压自易。所筹甚好，逐日想已得手。看来贼众势已慌乱，官兵若能即将西里攻得，不但科布曲之贼可不攻自溃，其余则朗噶克丫口等处自皆可乘胜席卷，番地冬令天气多晴，阿桂务须趁此时努力为之。又另折奏底木达抽兵七百余名，美诺抽兵四百余名，俱令其赴明亮军营听用。前据明亮等奏，现在设法进攻纳木迪一带，正需兵力，若新调之兵到彼，明亮等即能统率前进攻克贼碉，固属甚善。设或攻剿未能即克，仍如前坐守，则是将有用之兵置之无用之地，又不如令此一千一百余兵仍赴阿桂军营添助声势，于事更为有益。倘明亮一路实需此项兵丁应用，不能再赴西路，阿桂或酌于美诺一带后路，除防守要隘外，尚可抽兵千余，令赴西里一带备用，自属更捷。若难以再调，亦不必勉强从事，转致留防之员得以借口。此事著交阿桂熟筹妥办。"

（高宗朝卷九九四·页一九上～二〇上）

○乾隆四十年（乙未）闰十月戊午（1775.12.6）

谕军机大臣等："明亮等现在攻打纳木迪，连日用炮轰摧贼寨，看来明亮军营近日渐有起色，自可即望克捷。阿桂现攻西里等处，可期即克。若明亮复能将扎乌古一带攻得，乘胜深入，贼势必更窘蹙，自可迅速蒇事。各路将军、参赞等层层攻剿，筹画宣劳，将士等亦俱奋勇出力，深为廑念。适盛京进到野鸡、鹿肉，皆将军等在外所不能得者，今寄赏阿桂、明亮、富德三路将军各一分，以示优眷。"

（高宗朝卷九九四·页二一上～下）

○乾隆四十年（乙未）闰十月壬戌（1775.12.10）

定边右副将军明亮、参赞大臣副都统舒常奏："扎乌古第一条山梁经官兵占据，其第二山腿在隔河勒乌围之北，第三山腿与勒乌围相对，下与阿尔古相接，非惟碉卡层密，且沿河一带俱系悬崖，贼人俱据险以待。惟查两山腿中间夹有深沟，有一线可通之路，必须攀崖附葛而行，虽极为冒险，谅向来贼人力量不过能守一面，或转可以出奇制胜。随令奎林、和隆武、阿尔萨朗等挑选兵丁分为三路，加派可信投番在前引路，密从沟内进发。仍于迎面派令都尔嘉等攻取扎乌古上截山梁，珠尔格德等攻取扎乌古下截山梁，尚有四处碉卡派参领额尔伯克、侍卫进财保分为两路攻取，臣等率同前进，德赫布及噶塔布等先于什扎古、琅谷两处统众努力攻扑。贼人方当放枪滚石，而奎林、和隆武已由沟内直上山顶，贼人于设想不到之地，忽见此一路官兵，先已慌乱，所有第三条山腿碉卡随到随克，而都尔嘉、珠尔格德即乘势分抢碉卡，额尔伯克、进财保亦将山半碉卡全行攻克。各路合兵复分为两路，一由扎乌古上攻，直至相近日斯满而止，一由扎乌古下压，直至相近阿尔古而止。"

谕军机大臣等："据明亮等奏，官兵将扎乌古山梁全行攻克。明亮、舒常如此奋勉，庶觉略增颜面。现在正可乘胜深入，而纳木迪、斯底叶安等处拦截在内，并可不攻自溃。此一路官兵声势日盛，大有起色。至逆酋索诺木常在甲杂贼寨居住，其地在河之西，与明亮军营相近，明亮等将河西一带碉卡剿荡肃清之后，若能统兵径赴甲杂攻围贼寨，将索诺木及其得力头人概行擒缚，其功亦不为小，庶可与阿桂等同膺渥眷。明亮等当努力为之。"

（高宗朝卷九九五·页五上～七上）

○乾隆四十年（乙未）闰十月甲子（1775.12.12）

谕："据阿桂等奏，官兵进攻西里山腿黄草坪，现已抢得各处碉卡。其时总兵曹顺身骑木栅之上亲射贼人，并指挥兵丁攻打，以致暗受贼人枪伤阵亡等语。曹顺自调赴军营以来，节次剿杀贼众无不奋勇争先，著有劳绩，是以屡加拔擢，用至总兵。今因攻克黄草坪碉卡，先登督战受伤阵亡，深为悯惜。著加恩交部，查照从前李全之例给予应得恤典，仍入祀昭忠祠。并著该员本籍督、抚查明曹顺之子现年若干，先行奏闻。俟其服阕后，即行送部引见。"

又谕（军机大臣等）曰："阿桂等奏，官兵攻抢西里山梁黄草坪，拿栅占据，并攻打科布曲山腿，在事之将领、弁兵实属奋勉。据阿桂奏现拟直上山梁之顶，横截贼人碉寨中间，一得此处，迤下皆可迎刃而解。阿桂调度得宜，自可乘势席卷，迅奏肤功。"

（高宗朝卷九九五·页一一上～一四下）

○乾隆四十年（乙未）闰十月丁卯（1775.12.15）

定边右副将军明亮、参赞大臣副都统舒常奏："扎乌古为河西吃紧门户，经官兵尽行占据，人心悉已动摇，是以纳木迪官寨贼人于前晚自行焚弃，相近寨落一空。惟其上斯底叶安共有寨落三十余处，现在我兵拿栅与阿尔古相接，虽有木城挡路，无难以次攻克。但西北一角未及肃清，即向南迳趋，未免后顾可虞，应先于斯底叶安一路进攻，随派令侍卫进财保、参领额尔伯克等由扎乌古下压，副将全保、游击常格等由琅谷冲进，将斯底叶安悉行占据。因曲硕木寨落隐于西面山沟之内，未经扫除。惟日斯满别起山峰，贼碉林立，现拟日内务期克取，则甲索以下声势尤为联络。"

谕军机大臣曰："明亮等奏连日攻克日期[斯]满以下山梁碉卡并纳木迪官寨，斯底叶安一带地方均已扫洗。览奏欣慰。日内想早已得手，自可酌抽基木斯丹当噶一带防兵并为打仗之用。又据奏称我兵拿栅下与阿尔古相接，虽有木城挡路，亦无难以次攻克等语。而投番阿旺亦供索诺木派人到阿尔古去把守，是其地尚系贼人所注意，明亮等当设法攻取，使贼失其所恃，官兵更可乘胜深入，径攻甲索贼寨，擒获逆酋，用膺茂赏。明亮等务须奋勉力攻。又据称曲硕木寨隐于西面山沟之内，未经扫除等语。其地仅止一隅，明亮宜即统兵扫荡，将河西一带歼灭净尽，以杜后患。且此处所得之纳木迪，贼人先已焚寨而遁，而斯底叶安之贼又系望风溃逃，固由官兵勇锐，贼众胆落，不敢再支，但恐贼人见势难相抗，诡计弃寨潜避，让进官兵，贼或绕出我兵之后，计图阻截，于事甚有关系，不可不防。明亮等必须将后路料理肃清方为妥善。今明亮等一路已由扎乌古山梁压下，便可直至河沿与阿桂遥为声应，约会合攻，贼众自更难抵御，即西里科布曲之贼闻之必更慌乱。阿桂自必克期得胜，伫盼红旗速至。"

（高宗朝卷九九五·页一八上～二〇上）

○乾隆四十年（乙未）闰十月己巳（1775.12.17）

又谕："据富德奏：派副都统舒亮等于本月初七日夜分路统兵往攻布咱尔尼山梁中间崖洞，官兵奋勇突前，向洞内抛掷火弹，贼人猝不及防，各兵拥进洞口，刀枪并施，杀贼六七十人，余皆带伤而窜，拿获活口四名，割取首级三颗、耳记五个，并于初九日夜间派舒金泰等进攻，复抢得贼卡二座、木城二座等语。此次攻剿布咱尔尼崖洞，富德调度有方，官兵皆鼓勇克捷，甚属可嘉。参赞富德俟大功告成后，一并从优议叙。所有在事出力之将领、弁兵等，俱著富德查明，咨部议叙。"

（高宗朝卷九九五·页二六上～下）

○乾隆四十年（乙未）闰十月庚午（1775.12.18）

又谕："据阿桂等奏官兵抢上西里山顶拿栅截断贼人，攻克上、下碉寨等因一折。内称：初九、初十官兵连拿木栅十座，相距山顶已近；十一日巳、午间派兵三路向上直攻，海兰察、福康安等绕出木城，从贼背后施放枪箭，自上下压，贼人手足无措，当将木城克获，歼戮甚多；十二日又拿木栅八座，据守山梁贼人不能来往；十三日筑起炮台两座，分队进攻；十四日子刻乌什哈达等带兵突然冲上，克大碉三座、木城四座，福康安等又分头攻克大碉两座、木城两座，杀贼更多，并搜得枪矛等物；现于十五日复将阿穰曲山腿寨落攻取一处，拿栅十四座，以期迅速捣巢等语。览奏深为欣悦。此次官兵奋勇克捷，皆由将军、参赞等调度董率有方，统俟大功告成，一并交部优叙。其在事出力之将领、弁兵等，著阿桂即行查明，咨部分别议叙。"

（高宗朝卷九九五·页二七上～二八上）

○乾隆四十年（乙未）闰十月壬申（1775.12.20）

定边右副将军明亮、参赞大臣副都统舒常奏："扎乌古既经克捷，若即从阿尔古发兵，不难一鼓而下。第日斯满高踞山顶，虽不能阻我前进，而甲索一路官兵为其隔绝，且与达尔图、基木斯丹当噶等处尚可潜出滋扰，臣等正将日斯满筹办。其阿尔古木城二座外，在前复有贼碉一座，木城后复接卡二座，直至河沿。先经额森特在隔河用炮轰摧，贼已难存驻，臣等复于下流河窄处加造索桥，使两路官兵联络。唯是日斯满山顶上共有十七碉，其山险峻异常。日斯满之南另拖山腿一条，地名耳得谷，即为上巴布里，尚有中巴布里、下巴布里，再下即阿尔古。沿山寨落甚多，惟耳得谷最为扼要，自应先行攻取。当派奎林、和隆武统兵鼓勇直前，四面合围。第一处寨落贼番皆被剿戮，复歼毙头人锡拉木，其第三处寨落望风溃散。惟沟内之贼屡次冲突上山，皆被阿兰保督兵力战歼毙，余始溃散。窃念贼人所以死据日斯满而不弃者，不过欲为我后路之患。今其后路转为我兵所据，是日斯满以至巴扎木一带碉内贼人谅再不能支持。况上巴布里既已攻夺，中巴布里、下巴布里无难乘胜扫除，而阿尔古正如破竹之势迎刃而解。"

谕军机大臣曰："明亮等奏攻克耳得谷即上巴布里一折，览奏欣悦。此次攻夺耳得谷贼寨，奎林、和隆武甚为奋勉。而截杀冲突上山滋扰之贼，阿兰保、进财保等颇为出力，著明亮存记，统俟大功告成，咨部议叙。至额森特虽未亲身攻剿立功，而于隔河施炮轰碉，使贼人胆落，如此不分畛域，方无愧为参赞，益当努力自勉，共襄大功。"

（高宗朝卷九九五·页三〇下～三二上）

○乾隆四十年（乙未）十一月丁丑（1775.12.25）

定西将军尚书阿桂、定边右副将军尚书公丰升额、参赞大臣都统海兰察、副都统额森特奏："阿穰曲寨落三处业经攻得其二，惟将至河沿之第三座寨墙甚厚，贼人聚集死守。臣等公同商酌，以索隆古一带路径颇多，官兵从此抢上，必须厚集兵力，方可分头攻打。今即使攻克第三座寨落，而第二山峰等处之贼倘未肯即时溃散，则前敌之兵均难抽撤，于直上索隆古分头抢压之计断不能行，究不如将第二山峰木城攻克，则直压至山腿之下，势等建瓴[瓴]，此处贼人俱可扫尽，而自科思果木以下至卡布角各寨亦不攻自溃。既无他顾之虞，便可抽兵数千，抢占前进。"

谕军机大臣曰："阿桂等奏所筹大有把握，自即可望得手。看来贼人全力专注西里一带，今阿桂等相机进攻，自可乘胜克捷，而噶喇依贼寨，据投番等所供，现甚空虚，攻之自易为力，是扫荡噶喇依贼巢，惟盼阿桂等一路之迅速蒇事。至河西一带，贼既不能抽兵相助，则攻取亦不甚费手。今又闻索诺木仍在甲杂，而土妇阿仓等现存雍中喇嘛寺，明亮等若攻克阿尔古，即驰往甲杂剿擒逆酋，并乘胜攻占独松，兼可杜贼众西窜之路。彼时或驰赴阿桂处帮同扫平噶喇依，或渡河攻打雍中喇嘛寺，擒获阿仓、阿青等，则贼势更孤，明亮等即可由彼处与阿桂约会夹攻噶喇依巢穴，自更可期迅速集勋。"

（高宗朝卷九九六·页七下～九上）

○乾隆四十年（乙未）十一月庚辰（1775.12.28）

又谕（军机大臣等）曰："明亮等奏，官兵现自甲索、日斯满、扎乌古下及临河俱已攻克。官兵屡次克捷，勇气倍增，现在攻剿乃当，迅望得手。闻索诺木又在甲杂居住，若明亮等果能乘胜深入，直抵甲杂，将逆酋擒获，则噶喇依贼巢及马尔邦等要隘碉卡皆传檄而定，无庸复烦兵力。设攻得甲杂，逆酋仍复窜回巢穴，又当以扫荡噶喇依为要，将凶渠逆党尽行擒缚槛解献俘，方能蒇事。明亮等至时当酌量情形，如阿桂之兵已逼近噶喇依，明亮等迅速过河攻打雍中喇嘛寺，与阿桂两面夹攻贼巢，则剿除自更迅捷。若阿桂尚未抵噶喇依，而明亮等已攻克甲杂、独松，又不妨先由河西往马尔邦一带迎进富德之兵过河，同剿贼巢。三路合力攻围，贼更不能支延久拒，尤可望克期集事。明亮总当妥酌而行。又另折奏绰斯甲布土司雍中旺尔结添人协剿，踊跃从事，土舍绰尔甲木灿进攻尤为出力，甚属可嘉，著传旨赏给御用大荷包各一对、朝衣料各一件、大缎各一匹，雍中旺尔结小荷包四个，绰尔甲木灿小荷包三个，并谕以此等贵重服饰不独番地难得，即在内地臣工亦不能轻得。大皇帝因尔弟兄诚心效顺，特加优赉，以示鼓舞。尔等惟当倍加奋勉，速助成功，将来随将军等凯旋入觐，大皇帝自必另沛渥恩，用昭嘉奖。其土妇泽旺拉木并著赏蟒缎一匹、大缎一匹，交伊等一并祗领赍往。"

（高宗朝卷九九六·页一三下～一四下）

○ 乾隆四十年（乙未）十一月癸未（1775.12.31）

定西将军尚书阿桂等奏："臣等分兵两队，一从阿穰曲山梁正面进攻，一于右手旁绕进攻，先令官兵埋伏，福康安等带兵分路冲上，见贼露身栅上抗拒，即行击射之。又有一二百人欲暗为冲突计，官兵将炮轰击，贼始窜入木城固守。臣等现铸成两大炮，仍分兵三路上攻。一得木城，凭高下压，各碉卡贼人亦断无尚能死守之理。"

谕军机大臣曰："阿桂等奏官兵攻打西里第二山峰木城碉卡一折，看此情形，贼人不过护死抗拒，无能复为久支。况添铸大炮往轰，仍拟分兵抢占，自无难操券而得。至噶喇依现在光景甚属空虚，各番供词如一，自系实情。阿桂等前奏，若抢占索隆古山梁，随处可进。其玛尔古、舍齐之贼皆无从堵御，自可乘胜席卷。但前此番人等曾有贼众尚欲拒守舍齐喇嘛寺之供，若从索隆古山梁而下路径果多，即可觅间直捣噶喇依，一经扫荡贼巢，其余贼人碉隘如舍齐、雍中喇嘛寺等皆可传檄而定，便可一面办理平定事宜，一面迅发红旗报捷。"

（高宗朝卷九九六·页三五下～三六下）

○ 乾隆四十年（乙未）十一月丙戌（1776.1.3）

谕军机大臣曰："明亮等奏官兵于巴布里、阿尔古适中之地连拿木栅，使贼人悉众拒守，以便乘虚袭取碾占，所筹颇好。贼众每见官兵进攻踪影，即集众并力抗拒，因致艰于得手。今明亮等欲明攻阿尔古，暗袭碾占，为声东击西之计，出贼人不意，使其照顾不暇，深合制胜机宜，自应如此办理。碾占在甲索山后，地居乃当之上，一得碾占便可从上压取乃当。而乃当之下为甲杂、独松等处，明亮等于攻克乃当时，即统兵径捣甲杂，扫其贼寨，方为正办。"

（高宗朝卷九九六·页四〇上～下）

○ 乾隆四十年（乙未）十一月己丑（1776.1.6）

谕："据阿桂等奏：官兵攻打西里第二山峰，地名奔布鲁木，乘夜督兵拿栅而进，即于栅内轰塌贼碉两座。初二、三等日复派调官兵，赴山腿尽处合力攻打，海兰察等带兵直取奔布鲁木山峰木城，福康安等所带三队官兵分头抢扑，贼人抵死拒守，枪石交下，随抛掷火弹百余，时及大风，火势蔓延，烧及木城，官兵乘势腾踊而上，贼人踉跄奔出，官兵紧追截杀，歼毙甚多，并因赶急滚崖跌死者又复不少，其不敢逃出者俱毙于内，福康安等复攻入各碉内，放火焚烧，官兵四面合围，碉内贼人亦均毙于火，嗣后三队合兵自上压下，将西里正寨及寨后山包，并迤下山腿各碉卡，随攻随克，直至沟边，额森特等复攻扑山腿尽处木城，亦经克获，并得雅玛朋寨前两碉，进围雅玛朋寨落，相机即可抢上科布曲、索隆古等处。连日共攻得木城九座、大寨四座、石碉七座、石卡数十座，杀贼百余人，所得枪矛等物甚多等语，览奏深为欣悦。此等皆促浸要隘，贼人恃险死守，将军等多方筹画，调度合宜，屡战克捷，实属可嘉。现在大功指日告成，将军等自当特膺茂赏。所有先登制胜之参赞海兰察及带兵勇往之领队大臣福康安，均著交部议叙。其随从分队打仗出力之满、汉、屯、土各兵，并著将军等查明，赏给一月钱粮，以示鼓励。"

（高宗朝卷九九七·页一下～二下）

○ 乾隆四十年（乙未）十一月壬辰（1776.1.9）

谕军机大臣曰："明亮等奏自碾占进兵，攻得克尔甲尔古、日格德木牛两处碉卡，现拟即拿木栅，就近攻打日盖古洛，相机深入。所办甚好。若能乘势压下，攻克乃当，扫荡甲杂，则河西一带即可廓清，且破其狡窟，逆酋更无从窜逸，伫听捷音。至前此额森特驻守勒乌围，于堵御河西及科布曲一带之贼责任甚重，今额森特随阿桂等进兵，其勒乌围惟留伍岱、富兴等看守。富兴本系病躯，难以策其出力，即伍岱计画调度亦未必及额森特之优。现在阿桂军营不但海兰察勇略超群，其余领队大臣侍卫内能带兵勇往者甚多，可无借额森特一人随同进剿。著传谕阿桂，即令额森特仍回勒乌围驻守，严切防御，勿使河西之贼得以偷越。设稍有疏虞，惟额森特是问。"

（高宗朝卷九九七·页八上～九上）

○乾隆四十年（乙未）十一月丙申（1776.1.13）

谕军机大臣曰："阿桂等派兵将舍勒固租鲁相连碉寨悉行攻获，其瓦喇占以上之寨亦经攻得，并歼戮多人，官兵自可乘胜直前，抢占科布曲山梁。而丰升额又亲往勒乌围前路相机合力攻打，所办甚好。至们都斯一带，贼番搬运木石，思添碉卡拒守，实为可恨。现据阿桂用大炮轰击，贼众自不能存，亦可无虞其阻。计阿桂日内必当得手，官兵若得科布曲、索隆古山梁更为得势。过此惟舍齐喇嘛寺或尚有贼抗拒，然官兵屡胜之后声势甚盛，由彼下压噶喇依易如摧枯拉朽。惟当努力妥办，迅奏肤功，以膺茂赏。"

（高宗朝卷九九七·页一八下～一九下）

○乾隆四十年（乙未）十一月壬寅（1776.1.19）

谕："据阿桂等奏官兵连克舍勒固租鲁、瓦喇占、雅玛朋各碉寨，并抢占科思果木官寨，扫清沿河卡布角一带寨落等因一折，内称连日分兵剿压，共得贼人碉寨、木城五十余处，杀贼二百余人，活拿贼番四名，所获毡毯、刀矛、鸟枪等物甚多等语。又据明亮、舒常奏阿尔古一带寨落悉行攻克等因一折，内称派兵分路攻克卡寨，痛歼贼众，贼人从河沿逃窜，被官兵截杀，直至临河，或捞获擒捉，或用箭攒射，贼人无一得脱，共计生擒贼番八名，割取首级、耳记三十余件，杀死贼人二百余名，抢获刀矛及什物等项无算等语。览奏甚为欣悦。此次两路官兵各能争先杀贼，奋勇夺碉，贼人已失险要，不难指日荡平。皆由将军、参赞等调度有方，故能动合机宜，同时克捷。统俟大功告成，特加茂赏。其阿桂一路昨已降旨，查明打仗出力各项兵丁，赏给一月钱粮。此次明亮一路出力之满、汉、屯、土各兵，并著照前次阿桂军营之例一体赏给，以示鼓励。"

又谕（军机大臣等）曰："阿桂等奏，科思果木本系贼酋紧要官寨，势居陡险，碉坚墙厚，攻打较为费力。阿桂既将舍勒固租鲁等处碉寨悉行扫除，并科思果木亦即迎刃而下。阿桂既已抽调防兵五六千赶紧攻打萨尔歪寨落，以截断勒乌沟之贼，即可迅上科布曲、索隆古山梁，直捣噶喇依巢穴，自更势如破竹。而明亮一路亦经攻克阿尔古，已出对河科布曲之南，下至临河。现即赶运大炮，将对河贼卡隔岸轰摧，甚为得力。是目下两路官军声势倍为壮盛，看来逆酋不过暂图护死，其手下贼番自亦不能如前此之悉力抵御，逆酋力量更不能支，大功自可速成。阿桂、明亮等益当努力为之，指日扫穴擒渠，以膺酬庸茂赏。"

（高宗朝卷九九七·页二三上～二七上）

○ 乾隆四十年（乙未）十二月乙巳（1776.1.22）

谕军机大臣曰："富德奏称遵旨严饬坚固防守，以便乘机前进。富德不以躁进失机固属慎重，但现在情形与前不同。当两路将军兵未深入，贼势方张，富德兵数无多，未便轻进，是以仅令坚守要隘，牵缀贼势。现今不但阿桂一路破险深入，即明亮亦皆克捷前驱，官兵逼近贼巢，逆酋方救死之不暇，又何能派兵侵我后路乎？富德此时当将后路应撤之兵酌量撤出，以图进取。即如穆谷等处岂非险峻难图之地，阿桂现已设法前进，攻取勒乌围，与噶喇依相近，明亮一路初亦难于得手，而今已屡战有功，富德不乘此奋勉，岂俟阿桂等攻得噶喇依时始行进兵耶？富德此时发兵前进，如能略有声势，则三路并进，成功自当愈速。富德当尽力勉为之。"

（高宗朝卷九九八·页一下～二下）

○ 乾隆四十年（乙未）十二月戊申（1776.1.25）

定西将军尚书阿桂、定边右副将军尚书公丰升额、参赞大臣都统海兰察、副都统额森特奏："查萨尔歪寨落共有三处，对河有阿结占寨落两处，与萨尔歪隔河应援，并即在官兵抢上山梁道路之旁，若不扫除，则克日上攻难免旁顾。臣分派官兵同时并进，直抵萨尔歪寨落，四面寨登，将萨尔歪三处碉寨占据。其隔河之阿结占寨落两处亦经福康安等同时力攻，立即克获。"

谕军机大臣等："阿桂一路官兵每次进攻俱能克获碉卡，擒杀贼人，甚为欣慰。即当鼓励我军乘胜直抢科布曲、索隆古，以便迅捣噶喇依贼巢。至明亮一路，其声势尚不如阿桂一路之奋勇直前，此时贼势日蹙，不特两路将军应同心并力，务于岁内速成大功，以膺茂赏，即富德亦当于此时相机进取，俾在事官兵同沾恩泽，以光奏凯旌庸之典。"

（高宗朝卷九九八·页七上～八上）

○乾隆四十年（乙未）十二月甲寅（1776.1.31）

定西将军尚书阿桂、定边右副将军尚书公丰升额、参赞大臣都统海兰察、副都统额森特奏："科布曲山腿之克尔古、什拉斯一带，系自勒乌围前抵噶喇依正路。其格隆古一处，在科布曲以下，勒隈勒木通、克尔古、什拉斯以上，官兵现攻获格隆古、克尔古、什拉斯各碉卡，勒隈勒木通贼人尚复死守，现在移炮往轰，以便相机抢占。"

谕军机大臣等："连日盼望阿桂等一路捷音甚切，今虽未能即得贼人要害山梁，而旁近寨落屡有克获，亦足剪贼番羽翼而褫其魄。若能占得科布曲及索隆古两处山梁，便可从上下压直剿噶喇依，其势更易。其中惟舍齐喇嘛寺，贼人或尚于彼聚守，然乘势深入，军气奋扬，彼疲殆之贼自难支御，则扫穴擒渠谅应克期蒇事。阿桂等惟当善体朕意，速集大勋。"

（高宗朝卷九九八·页一八下～一九下）

○乾隆四十年（乙未）十二月庚申（1776.2.6）

谕军机大臣曰："阿桂等将勒隈勒木通碉卡悉行攻克，歼贼甚多。将军及将士等并皆实心出力，朕深为嘉慰。惟是现攻之科布曲、索隆古两处山梁即能克期得手，尚隔舍齐喇嘛寺一隘，方能直捣噶喇依。或官兵乘胜深入，贼众难以复支，扫穴之功易如破竹，自属最善。阿桂等务当仰体朕意，努力速为之。"

（高宗朝卷九九九·页三上～下）

○乾隆四十年（乙未）十二月甲子（1776.2.10）

谕："据明亮等奏：由达撒谷进兵，连克三道险要山梁，已将沿河格尔则寨落一并攻取，通计攻得贼人大寨落五十余处、木城碉卡三十余座，抢获铁炮及鸟枪、刀矛、什物甚多，杀贼百余，生擒贼番二名等语，览奏欣慰。官兵等鼓勇直前，攻坚杀贼，甚为奋勉，亦由明亮、舒常等调度有方，故能所向克捷，痛加剿洗，均属可嘉。其副将军、参赞统俟大功告成，特加茂赏。所有带兵之各领队将弁等，著查明咨部议叙。其派出越险攻碉之索伦、吉林及绿营官兵二百四十名，及随同分队出力之屯练、土兵，并著查明，赏给一月钱粮，以示鼓励。"

（高宗朝卷九九九·页一〇下～一一下）

○乾隆四十年（乙未）十二月丙寅（1776.2.12）

谕："据阿桂等奏官兵攻克格隆古、科布曲、索隆古、们都斯、得木巴尔一带山梁碉卡、寨落，并乘势抢占安布鲁木山峰碉卡，现由索隆古进攻，即期迅捣贼巢等因一折，览奏深为欣悦。此次攻克贼人大碉寨一百余处，获炮九尊、鸟枪刀矛等物无算，杀贼二三百名，拿获活贼二名。官兵等越险直进，鼓勇摧坚，所歼丑类甚多，且扼贼人要隘，皆由将军等调度合宜，参赞及诸将领等董率锐进，官兵并能奋勇出力，均极可嘉，而所得劳绩亦较前数次更大。阿桂、丰升额、海兰察、额森特及在事之将领弁员等，俱著交部从优议叙，以示奖励。仍俟大功告成，另沛酬庸渥典。"

谕军机大臣曰："阿桂现据之索隆古山梁距噶喇依贼巢不远，今阿桂乘胜深入，势如席卷，虽据报投番等供，贼又欲于鄂依楂尔、丹布哈尔、斯拉瓦等处修筑碉卡抗拒，现在官兵进攻迅速，贼众自皆措手不及。即或舍齐喇嘛寺尚思聚众力守，然距贼巢愈近，贼计愈穷而贼胆亦愈落。以我胜兵临之，不啻摧枯拉朽，由彼直捣噶喇依，自可克期扫荡。看来此事捣穴已有把握，而擒渠则宜加意妥筹。今索诺木及老土妇阿仓、阿青等于噶喇依、甲杂两处往来无定，而莎罗奔甲尔瓦沃咱尔则逃于库尔纳，其守科布曲之大头目布笼普阿纳木、当噶拉阿纳木及丹巴沃咱尔并逃回贼巢，其余莎罗奔等二人亦在噶喇依久住。此等皆必须擒解京师，明正典刑。此次征剿金川原因索诺木等之负恩反噬，必将逆党全获献俘，方为全美。阿桂、明亮等至时当多方搜捕务获，勿使一人得脱刑诛。又据投番供出，山塔尔萨木坦现在来达木带兵，其人亦系小金川助恶大头人，必应擒献者。且来达木为进攻甲杂之路所必经，山塔尔萨木坦向来颇能带兵打仗，明亮等进剿时尤宜加倍留神，设法攻克，并将山塔尔萨木坦擒获来京，勿使兔脱。"

（高宗朝卷九九九·页一一下～一三下）

○乾隆四十年（乙未）十二月己巳（1776.2.15）

谕："据明亮等奏本月十四日分派官兵攻克独古木上下寨落，乘胜抢占乃当之布吉鲁达那两道山梁等因一折，览奏深为欣悦。此次攻克山梁，焚烧上下寨落八十余处，生擒番童二名，杀死贼人一百余名，抢获铁炮一位，将领等均属奋勉。而奎林、和隆武尤鼓勇先登，懋著劳绩，各官兵亦皆踊跃思效，锐气倍加，皆由将军、参赞调度有方，用能所向克捷，甚属可嘉。明亮、舒常及在事打仗出力之将领、员弁等，俱著交部从优议叙，仍俟大功告成，另沛渥恩，以酬勋绩。"

谕军机大臣等："明亮等奏，官兵攻打布吉鲁达那时，贼皆望风披靡，各思溃窜。其头人在后用刀驱之，亦不复相顾。是番众之心已散，未必复能如前次之并力死守，故投出之人日多一日。昨因阿桂等奏于投番内挑选精壮者留营打仗，恐番众穷蹙投降，其心未必可信，不宜留于肘腋之间，令解往成都监禁。今看番众来降情景自属无他，著传谕阿桂等，查前次留营各番，如其中有心怀叵测、形迹可疑者，不妨即于军前正法。其寻常投出番众，止须善为抚辑，勿使惊疑。但现在营中兵数颇多，无复借资番人之力。嗣后续有来投番众，只须照前安插，勿多选留营尤为稳当。将军等均当斟酌，妥办全善。"

（高宗朝卷九九九·页一八上～一九下）

○ 乾隆四十年（乙未）十二月庚午（1776.2.16）

谕曰："阿桂等奏官兵由索隆古进攻，所向克捷，现据噶占山梁，整兵直捣噶喇依等因一折。据称：于本月十三日分派将领带兵进攻，各官兵一呼直前，先将克尔纳古、车歪里、达尔卓克三处碉卡木城均行克取，遂从山坳绕道攻开贼匪所积挡木，一面留兵占据山梁，一面越过山腿，直取甲木尔，复回攻朗阿古碉寨，冲上山梁，克获得拉古碉卡，截殄贼匪甚多。又分头攻取布哈尔地方，占夺则朗噶克梁上丫口各碉，同时并攻得库尔纳、达尔卓克、气什机等寨。复由则朗噶克丫口下至沟底，将噶尔噶木、勒乌、果木得克、聂乌各寨落悉行焚烧。连日又将库尔纳、额木里多、巴斯科、得里角、噶占、马尔角等处并皆克取。共攻得官寨三处、碉寨四五百处，抢获九节炮一尊、鸟枪刀矛等物无算，杀贼甚多。官兵现驻噶占山梁，于一二日内顺梁下压，直捣噶喇依贼巢，已有摧枯拉朽之势。又，另折奏，有头人色木里雍中愿为官兵内应，望尘跪迎，并有大头人布笼普阿纳木，带领所属寨番男妇千余来降各等语。览奏深为欣悦。此次官兵争先杀贼，奋勇进攻，连日克获贼人碉寨甚多，现在乘势深入，直捣贼巢，且逆酋平日所恃之大头人亦率属出降，可见贼中势已瓦解，指日可期扫穴擒渠，皆由将军、参赞等调度有方，故能动合机宜，屡战克捷，而海兰察尤勇略超群，诸将领并皆奋勉出力，实属可嘉。著将阿桂、丰升额、海兰察、额森特及领队大臣并将佐员弁俱交部从优议叙，以示奖励。仍俟大功告成，再沛酬庸茂典。"

谕军机大臣等："前因阿桂等攻克科布曲、索隆古山梁，即可乘胜下压，已成破竹之势。今官兵果能越过旁岔山腿，摧开险要，歼贼夺碉甚多，并扫除一切附近寨落，现驻噶占山梁之上，距噶喇依甚近，贼势已极披靡，从此直捣贼巢，自同摧枯拉朽。至达尔卓克头人色木里雍中愿为官兵内应，望尘跪迎，并招降大头人布笼普阿纳木，伊等即率所属千余人，并与迷输喇嘛一同投出。布笼普阿纳木系助恶大头人，向为逆酋所倚仗，且近从科布曲逃回，若非实见贼灭亡在即，亦断不肯轻率出降。其色木里雍中甫经投出，即随军打仗杀贼，自当分别加恩，使蚁众闻风心动，更必势成瓦解。其余党逆头人或有羡而思效者，并可期罪人皆得，亦是用兵权宜之法。布笼普阿纳木本系其大头人，著赏孔雀翎，给以四品顶带。其色木里雍中，著赏戴蓝翎，给以六品顶带。此内色木里雍中尤属诚心，如再有出力自效之处，并不妨量为录用。其布笼普阿纳木虽膺章服之荣，仍当不动声色，留心察防，方为妥善。"

陕甘总督勒尔谨奏："陕、甘两省马步粮缺共三千一十八名，从征步守等兵均效力疆场，功在垂成，应加鼓励。请将陕、甘扣存马兵一千一百四十七名于军营出力之步守兵选补。其步守兵缺，以军营出力之余丁挑补。其扣存步守兵一千八百七十一名，照例挑选补额。"报闻。

（高宗朝卷九九九·页一九下～二三上）

○乾隆四十年（乙未）十二月壬申（1776.2.18）

又谕曰："明亮等奏官兵连日克攻甲杂，并后路巴布里、日盖古洛一带全行剿洗，乘胜进抵独松隘口，克日会捣噶喇依等因一折，览奏深为欣悦。甲杂为贼人往来狡窟，昨阿桂攻占噶占山梁，进逼贼巢已成破竹之势，今明亮复将河西甲杂一带后路将及百里全行扫荡肃清，即可统兵渡河，直取雍中喇嘛寺，贼酋更无窜身之地。并有大头人达固拉得尔瓦率领乃当番众五百余人投降，为官兵内应，擒获土舍庸中旺嘉勒及迈布星根来献。又，喀拉头人思达尔结亦率属六百余人来降。抢获炮位、鸟枪、火药、铅子甚多。此皆将军、参赞调度督率有方，诸将领、官兵亦各奋勇出力，用能屡战克捷，实属可嘉。著将明亮、舒常及领队大臣、将佐、员弁等俱交部从优议叙，以示奖励。大功指日告成，俟红旗递到，再沛酬庸渥典。"

谕军机大臣曰："明亮等将河西一带全行肃清，惟余独松、正地未得，看来贼番如此窘迫不能复行抗拒。明亮等一得独松，即当统兵渡河攻打雍中喇嘛寺，与阿桂成犄角之势，夹击贼巢，自更易于扫荡。又据奏：大头人达固拉得尔瓦率领乃当番众五百余人投降，并为官兵内应，擒获土舍庸中旺嘉勒来献，颇属诚心。又，喀拉头人思达尔结亦率属六百余人来降，并当予以奖赏。达固拉得尔瓦著赏戴孔雀翎，给以四品顶带。其所获之土舍庸中旺嘉勒乃革布什咱一案罪魁，即迈布星根亦助恶要犯，均当一并解京。今明亮等已将二犯解赴成都，著文绶即严行监禁，每日给以口食。其庸中旺嘉勒现受枪伤，并为调治痊愈，俟拿获索诺木及紧要逆党一并槛解京师献俘。并谕令文绶知之。"

（高宗朝卷九九九·页二九上～三一上）

○乾隆四十一年（丙申）正月癸酉（1776.2.19）

谕："据富德奏：派拨官兵进剿，令舒亮等带兵千余，同降番干布拉阿什扎、土司阿多部落之兵分路进攻，并亲率总兵斐慎带兵六百余名，夹河攻打噶咱普得尔窝，俱于十二月十九日夜间齐到所指之处，贼人枪石抵拒，我兵奋勇迎击，贼人不能支御，尽皆弃碉溃窜，官兵乘胜追杀，直抵马尔邦，而舒亮等之兵亦直由太约进剿，攻克思觉博堵等处，下至河沿与马尔邦一路官兵会合等语，览奏甚为欣慰。同日明亮等亦奏攻得独松、卡拉尔等处，并知阿桂已得舍齐喇嘛寺，现在围剿噶喇依，计扫穴擒渠，奏捷甚速。阿桂、明亮等统俟大功告成，茂加渥典。此次富德一路官兵奋勇出力，甚属可嘉。富德及在事之将领员弁等，均著交部从优议叙。"

谕军机大臣曰："明亮等奏攻克独松及卡拉尔、舍斯满一带地方，现拟直捣马尔邦等语。览奏欣悦，已于折内批示。并据富德奏已攻得马尔邦、思觉博堵等语。富德自至绒布寨以来，惟此次最为奋勉，已交部将伊及将领员弁从优议叙。明亮等统俟大功告成，再加渥赏。至富德奏称行文李世杰、哈清阿调兵七百名分守后路，李世杰等即行给发等语。富德调兵应用李世杰等照檄发兵，所办俱合机宜，已用清字谕知富德，并将此传谕李世杰、哈清阿知之。并据富勒浑奏，据报十二月十八日已将舍齐喇嘛寺攻克，随于本日晚间发兵围攻噶喇依等语。阿桂等既得舍齐喇嘛寺应即奏报，现在未据具折，必因进捣贼巢为扫穴擒渠之计，刻不容缓，无暇缮折，是以富勒浑奏报在前。今日正值元旦，连得捷音，深为欣喜。阿桂等已逼贼巢，即可设法擒捕索诺木及逆党等，全行弋获，献俘藏事，伫望红旗指日驰递。将此由六百里加紧传谕知之。"

（高宗朝卷一〇〇〇·页一下~三下）

○乾隆四十一年（丙申）正月甲戌（1776.2.20）

定西将军尚书阿桂、定边右副将军尚书公丰升额、参赞大臣都统海兰察、副都统额森特奏："臣额森特由则郎噶克丫口上抢喇乌喇山梁，于十七日将各碉卡贼众歼戮，遂占据玛尔古当噶碉卡，并克获山梁迤东一带寨落；海兰察由噶占进攻，占得尔陇山坡。至是日夜，我兵齐抵舍齐喇嘛寺，并力剿杀，复攻克雍中喇嘛寺，即于十八日将格尔巴夹木巴雪寨下至克角干登均经抢占，现派兵分路攻噶喇依碉寨，两三日内谅可合围。投出头人达什阿库鲁录供呈览。至本日夜间，有投番来称，索诺木之母、姑、姊妹现于甲纳杂尔渡河前来，到时另行奏闻。"

谕曰："阿桂等奏大兵分路攻克喇乌喇、玛尔古当噶一带碉卡，并克取得尔陇，抢占舍齐喇嘛寺、雍中喇嘛寺，杀戮有名贼目，痛歼贼番，现在攻围噶喇依贼巢等因一折，览奏深为欣悦。连日两路将军驰报得胜捷音，贼势已万难支御。今阿桂又将附近贼巢之碉卡寨落五百余处全行扫荡，已将噶喇依四面围攻，水陆俱断，指日即可擒渠扫穴，迅集洪勋，实由将军阿桂等调度精详，机宜悉中，用能所向克捷，甚属可嘉。所有将军、参赞及领队大臣、各将弁等，均著交部从优议叙，仍俟红旗奏捷，再沛渥恩。"

谕军机大臣曰："阿桂等现已统兵直抵贼巢，四面攻围，并知索诺木、莎罗奔兄弟及助恶之丹巴沃咱尔等俱在围内，自更无从奔窜，但须设法生擒，勿令窘急自毙，方为万妥。闻索诺木之母、姑、姊妹俱有投出之信。果尔则逆酋等或亦可招致，阿桂自有权衡。至现在投降之达什阿库鲁，其罪恶尤重，非布笼普阿纳木、达固拉得尔瓦可比，将来尚须一同献俘者，但此时不妨经权参用，姑赏以翎顶，或彼果能招诱逆酋等来投，原可假此为饵，统于功成献俘时分别伊等罪状，再行定夺。"

（高宗朝卷一〇〇〇·页八上～一〇下）

○乾隆四十一年（丙寅）正月戊寅（1776.2.24）

谕军机大臣等："据富德奏：有巴甲庚额头人都瓦尔普鲁投降时，托病并未亲来，及准降之后，传唤该番至营，察看该番毫无病态，形色颇露奸顽，因功届垂成，若将伊擒缚，恐动摇新降番众之心，是以暂行笼络驾驭，令将伊所管百姓派往前敌，以分其势。兹据其小头人拉尔结禀称，都瓦尔普鲁仍在本寨碉顶放枪掷石，声喊我等原系假降，乘大兵前进合同邀截后路，此时还不动手等待何时？我将参赞大人教训之言向伊告诉，伊不但不听，仍在碉顶喊叫招人，我随会同在彼防守之布拉克底头人阿资拉并官员等带领兵丁将碉寨围困，放枪攻打，抛掷火弹，将寨内火药轰著，都瓦尔普鲁及其全家数十口尽行烧死等语。所办甚是，此等头人直至穷蹙来投，其真伪原不可信。惟是既已投降，未便复行骈戮，且为数过多，诛之亦有所不忍，但断不可仍留本处，致令乘间滋事，必须及大兵未撤之前不动声色预为料理。令京城及东三省凯旋之兵管带来京，分别安置，方为妥善。朕昨计及于此，随谕令阿桂等即为筹办。令富德一路既有都瓦尔普鲁之事，各路将军、参赞等尤当一体留心防范，如此小惩大诫，于军务甚为有益。计此时扫穴擒渠，大功已蒇，自当将此项新降头人及其眷属按数分起，令凯旋京兵等陆续押送京城。若头人内或有词色狡诈、叛迹显露者，并当即行正法，以警其余。各处降番无头目煽诱，亦不虞其复怀反侧。至庚额小头目拉尔结及布拉克底头人阿资拉一面集众将都瓦尔普鲁攻围轰毙，一面奔告参赞，均属可嘉。富德即行赏给花翎、银缎，以示奖励，所办亦是。又另单奏：据布拉克底头人绰窝密禀，有自噶喇依投出之革布什咱小头人撒木喀尔向伊告称，因见贼势涣散，乘空逃出，伊家属在克舟九寨，情愿带领投奔布拉克底等因。查该番本系积年助恶之人，今见贼势已破始行潜逃，又畏罪不敢投西、北两路，亦不来营亲见参赞，又不愿回本地，其情狡诈，或系索诺木等见事势危急，故将该番放出，散布流言，离间新降番众，亦未可定。自难轻纵，随饬绰窝将该番哄诱来营，面加讯究。旋据绰窝禀称，撒木喀尔于二十三日夜，抛弃家属，不知逃往何处。即派人往克舟九寨，擒其家属，并派妥干之员严拿务获等语。撒木喀尔甚属可恶，必须迅速擒获，讯取供词，立置重典，著富德再行严饬各员实力查拿，并通知各路将军等一面躧缉，务须速擒伏法，勿致漏网。今就获否？并即奏闻。又据奏，马尔邦一带乃总汇之地，处处均须妥筹办理，未敢拘泥前奏遽往噶喇依，仍在马尔邦与英泰商酌料理一切事宜等语。如此方是。乃同时奏到之清字折片，则称将诸事交付英泰，于夜间带兵前往噶喇依等语，与汉字折不符，殊不可解。现在噶喇依贼巢已经阿桂派兵围定，其河西之兵亦经明亮带往协同擒剿，是噶喇依已有两将军在彼，毋庸富德复往帮助。至马尔邦一带关系紧要，其后路各险隘贼人寨落尚须抚辑安定，其间弹压经理自非富德不可，若仅委之英泰未为妥协。富德此时如尚未起身，竟不必前往噶喇依，若已经到彼接奉此旨，亦即仍回马尔邦妥协料理。或逆酋等就擒之后，马尔邦事已办完，更无应办之事，则又不必复劳往返。富德惟当随宜妥酌而行。计阿桂奏到围攻贼巢之折，至今又阅四日，自应早已得手，又奏称索诺木母、姑、姊妹俱相率投出，亦早应到营，何以均未奏及？连日盼捷尤切，伫望红旗即日驰递。将此由六百里加紧传谕知之。"

（高宗朝卷一〇〇〇·页一六下～二〇上）

○乾隆四十一年（丙申）正月己卯（1776.2.25）

定西将军尚书阿桂、定边右副将军尚书公丰升额、内大臣明亮、参赞大臣都统海兰察、副都统额森特奏："贼酋索诺木弟兄及助恶头人均在噶喇依官寨，自必严密围困始可设法俘擒。臣海兰察同福康安、普尔普、额尔特等带兵拿卡，直至河沿以截噶喇依之右；派乌什哈达由噶喇依官寨正山腿拿卡下逼，近据噶喇依之上；臣额森特等带兵攻克喀尔巴寨，复将附近噶喇依寨落九处攻克焚烧，直至河沿以截噶喇依之左；鄂硕觉十寨以南山梁，派舒亮带兵同侍卫讷松额驻扎；臣明亮西岸沿河一带已严密防堵；

臣阿桂、丰升额复派兵过河于拉古尔对过山腿多设卡座联络，左手西北两路官兵俱合。其水路复于噶喇依官寨上游赶造浮桥，并设卡座巡守。至木果木、昔岭等处及鄂硕觉十寨均经一律扫除。臣明亮河西一路及富德一路，番人俱望风投顺。现在促浸全境已平，惟余噶喇依巢穴，自归掌握。"

谕曰："本日据阿桂等奏官兵已将促浸全境扫平，现在四面攻围噶喇依巢穴情形一折，深为欣慰。并阅进到地图，贼境碉卡寨落均经大兵剿洗，所余惟噶喇依蕞尔弹丸，不及已得之地百分之一，自可即日扫荡，是征金川之役已属蒇功。又据称贼酋索诺木弟兄及作恶头人均在噶喇依官寨，今经严密围困，断难复行逸出，便可设法俘擒。且索诺木之母阿仓、姑阿青及其姊妹均已来营投降，更不虞索诺木等之尚怀观望。所有渠凶党恶自必即行擒缚，驰递红旗，褒绩酬勋，宜颁渥典。将军阿桂荩诚体国，不惮艰劳，制胜运筹，克成伟绩，实为此事首功，前曾赏戴双眼孔雀翎，并于攻克勒乌围时赏用红宝石帽顶，兹著加恩封为头等诚谋英勇公，并赏四团龙补褂、金黄带，以昭崇奖。副将军丰升额、明亮抒诚励勇，协力宣劳，亦堪嘉尚。丰升额本袭公爵，复加赏继勇名号，著再赏以一等子，暂令伊弟布彦达赉承袭，俟丰升额生子后，仍令其子承袭。布彦达赉现系蓝翎侍卫，今既袭子爵，著授为三等侍卫。明亮著封为一等襄勇伯。参赞大臣海兰察每遇摧坚夺隘无不鼓勇先登，实为超众，著加恩封为一等超勇侯，以示优异。参赞大臣额森特、领队大臣奎林、和隆武、福康安、普尔普均各奋勇出力，茂著勤劳。额森特著赏以一等男。奎林本系公爵，著加赏一等男，即令伊子承袭。和隆武本系子爵，著晋封三等果勇侯。福康安著赏给三等男，所有伊原袭伊兄福灵安之云骑尉，著福隆安次子丰绅果尔敏承袭。普尔普著赏给三等男。丰升额、明亮、海兰察、奎林、和隆武仍各赏戴双眼孔雀翎，共昭荣奖。大学士于敏中自办理军务以来，承旨书谕，夙夜殚心，且能巨细无遗，较众尤为劳勩，其前此过失尚可原恕，著赏给一等轻车都尉，以示格外恩眷。所有此次恩赏世爵、世职，均著世袭罔替。至应予录叙之将士，并各项应予议叙、议赏之官员人等，及应行诸典礼，均俟红旗驰递到日再降谕旨。"

谕军机大臣曰："阿桂等奏称索诺木之母阿仓及其姑阿青并伊姊妹带领从人喇嘛等，于十二月二十日到营投降，并准阿仓所请，差人往谕索诺木出降。因母以招其子，实亦诱擒生致之机。若逆酋等果皆投出，自更为省力，伫盼红旗旦晚即至。又另折复奏筹办投出大小头人及番众一节，所见亦是。即照阿桂等所请行。至捷音到后，即应祗谒两陵，并告功关阙里。原拟于谒陵礼成，即行郊劳，再举东巡。现已择于二月初九日启銮，为时甚近，将士凯旋未必能如期遄至，且番境初平，其善后事宜应办者甚多，均关紧要，亦须阿桂亲为经理，方觉妥善。今定于谒陵后，即奉皇太后圣驾巡幸山东，计回銮约在四月十五以前，由宝稼营登陆，经南苑新衙门至黄新庄，路亦近便。阿桂等于大功告成，即将善后事宜妥为料理，带领应行郊劳之将佐、京兵等，酌量日期起程，于四月十五日以前至黄新庄，以备劳还大典，实属两便。将此传谕知之。"

（高宗朝卷一〇〇〇·页二四上～二八下）

○乾隆四十一年（丙申）正月庚辰（1776.2.26）

又谕（军机大臣等）："此次征剿金川，将军阿桂、丰升额、明亮，参赞大臣海兰察、额森特、领队大臣奎林、和隆武、福康安、普尔普等直抵贼巢，各奏功绩，是以经朕施恩分别赏给公侯伯子男爵、宝石顶、黄带、双眼花翎。惟参赞大臣富德、舒常二人，朕并非不施恩泽。富德前曾获咎，经朕宽免，遣赴军营，理宜感激朕恩，力图报效，而身至军营，驻扎绒布寨二载有余，并无寸进。昨虽将庚额特、穆谷、马尔邦等处攻取，一因接奉饬催之旨，再因将军阿桂、丰升额、明亮等已抵贼巢，乘其离散之际始有报获，岂可为功！舒常乃大学士舒赫德之子，经朕加恩补放参赞大臣，同丰升额驻扎宜喜一年有余，并未得进。而丰升额赴凯立叶后，伊统兵身驻宜喜，惟知株守，迨明亮至达尔图后方始进兵，而屡次将军折奏亦未见伊有身先立功之举。军营鼓励将士，筹画机宜，责在将军，至参赞大臣，理宜统兵奋勇前进，为众表率。海兰察、额森特独非参赞大臣乎？且彼系索伦乌拉齐，尚知奋勉打仗。舒常身系满洲，世受国恩，而反可临阵不前乎？朕每览军营折奏，于将军等筹办及参赞大臣、领队大臣、领队侍卫出力之处无不留心，即如朕躬亲历，岂有遗落之理。富德、舒常未治其罪，仍同众议叙，是即朕之施恩矣。将此传谕富德、舒常知之。"

又谕："昨据富德奏，自噶喇依投出之革布什咱头人撒木喀尔，经富德遣人传唤复又逃去，现饬员弁搜捕，并令护军校常明泰带兵前往克舟九寨擒拿该番家属等语。撒木喀尔系促浸头人，既经投出复又逃去，其为诈降无疑，情殊可恶，必须迅速拿获，勿使漏网。现已派人前往将伊家属查拿到案，自可严究该犯潜逃踪迹，设法躧缉，勿使久匿稽诛。富德当实力董率，至该犯现今曾否就获，并著富德即行复奏。将此附军报之便，传谕富德知之。"

（高宗朝卷一〇〇〇·页二九上～三一上）

○乾隆四十一年（丙申）正月癸未（1776.2.29）

谕军机大臣等："昨据阿桂等奏已将噶喇依四面密围，水陆俱断，逆酋逆党必无从喙走。连日盼望红旗甚切。今复据阿桂等奏：先准索诺木之母阿仓、姑阿青所请，遣喇嘛前往噶喇依，晓谕贼酋兄弟等投出。兹莎罗奔冈达克来至大营供称，欲见其母，再叫人往唤兄弟们出来。现将冈达克等严密拘留，小心防范等语。所办甚是。阿桂曾否令见其母，或已令相见，其神气词色若何，曾否商量复差人往唤索诺木等，未据奏明，著传谕阿桂即速据实具奏。至索诺木势已穷蹙，经其母差人招谕，尚不即时出降，仅令其异母之兄至营探试，甚为可恶。此必丹巴沃咱尔等及逃兵张坤忠狡谋，以噶喇依运贮粮食颇多可供番众糊口，尚思观望支吾，苟延残喘，且冀抵御日久，使官兵糜耗军糈，或希将军等惜费解围，彼复得逞其伎俩，否则令我多费军储，亦可稍释其愤恨。看来贼智必不出此两者。因思阿桂等业将贼巢严密围攻，所带现兵已足敷用，且各处后路俱系将军等一律扫清，即可无烦多兵分布守卡，此时自应一并量为裁撤。兹据阿桂奏已将西安兵一千四百余名、荆州兵一千七百余名，交书麟、兴兆各自分拨，带领先行撤回。办理极为妥协。至其余各省调到之绿营兵大率守卡者多，亦当择其中不能攻战仅堪分守者酌量陆续减出，即以所节之粮供我存兵之用，更觉充裕。设或略需时日，亦不致遂贼众之愿，于藏功全局尤为有益。阿桂等当即妥酌而行。又，阿桂奏现在铸成大炮一位，三四日内又可铸成两三位。自应上紧轰摧，使其无坚可恃，即或参用招诱之法，亦不宜稍懈攻打，庶贼众惊惶窘迫，利害相权，或可冀其乞降免死，此乃一定之理。昨曾降旨谕之，想阿桂亦能见及此也。至就此时大局而论，扫穴实非所难，惟擒捕凶渠最关紧要，必须概行执缚献俘，方为全美。设或逆酋等果致情急自戕，究不能谓之尽善。古人攻城原有故留一隙，俟其逃而邀擒之法，昔我太祖高皇帝尝论此以谕当时诸将，实千古至当不易之成规。昨秋曾谕阿桂等敬仿酌办，目下正当其时，应即筹核情形，审察何面可以设伏遮截，即于此一面量留空罅，使贼窥见，但觉我兵之稍疏而不知我兵之用计，庶可资留隙邀擒之利。惟前途设伏之兵必须层层布置严密，选派勇干将领统率防堵，庶几万无一失，阿桂即当酌量妥办。又据奏：山塔尔萨木坦在河西藏匿，随派汉、土官兵沿途搜捉，经绰斯甲布土舍绰尔甲木灿及头人温布在独松箐林内拿获，经舒常解赴河东，现在严加看守等语。此事甚好。山塔尔萨木坦系助恶要犯，必须献俘诛磔。今绰尔甲木灿、温布将伊搜获，甚属可嘉，应即酌加奖赏，以示鼓励。山塔尔萨木坦既如此藏匿，恐其余要犯类此者多，并逆酋逆党等亦效尤偷息，俱未可定。著阿桂等选派将领弁兵四处躧查，或深密箐林，或幽僻岩洞，逐一搜寻缉捕，勿使潜踪漏网。至促浸喇嘛好用镇压，今所得舍齐、雍中两喇嘛寺皆系喇嘛等念经之所，恐有密藏镇压物件，阿桂等即应派细心诚妥之人，于寺内、寺外及附近处所凡有可疑之处，悉搜查刨挖，毋令存留。又攻得此两寺时，俱有喇嘛投出，此等皆曾为逆酋念经之人，断不可仍留该处，致番众等心存希冀，潜滋事端。况此辈在营非若壮夫之可以出力随攻，又毋庸借其招致逆匪，留之亦属无益，应将所有喇嘛即用槛车拘解进京，并派妥员沿途严密管押，勿稍疏虞。将此由六百里传谕知之。"

（高宗朝卷一〇〇〇·页三二上～三六上）

○乾隆四十一年（丙申）正月乙酉（1776.3.2）

又谕："据文绶奏藩司钱鋆为办理军需得力之人，请赏戴花翎一事，殊属非是。钱鋆此次办理军需止可谓之无过，不得谓之有功。且伊惟在省局坐办军需，并未出口经理，与随营及分驻办事往来勤勚者不同。至办理军务司道中有因其奋勉出力赏戴花翎者，俱系朕格外施恩，又岂臣下所得冒昧代为陈请乎？文绶著传旨申饬。"

谕军机大臣等："据富德奏已将新降之头人、番众等逐一详查，内有势迫始行投出、形迹可疑及林箐内搜获、心怀观望者，并儹拉头人他克撒噶盖、促浸头人都瓦尔普鲁等家口陆续歼戮者不下三百余。其先行携眷投出并亲往各处招降番众实心出力、情有可原之家口,分别安插于布拉克底、巴旺、明正等处,俟大功一竣,统听将军指示办理等因一折。所办甚好。此等投降番众难以深信,断不宜留于番地,致滋事端。屡经传谕阿桂将所有头人等概行解京,其余暂令安插,俟办理善后事宜时再为酌量妥办。今富德已将南路投番遵照将军等商办事宜查办完妥,何以阿桂处转未办及奏闻?该将军等此时自以围攻贼巢筹擒逆酋为重,难于兼顾,然每日岂无片刻稍暇?亦应将此等事宜随时带办。况降番在营聚集人多,难保其不乘隙生心,即逆酋等未尝不思若辈为援助,自宜即速遣散,以善周防。虽阿桂前经奏及将降番男妇分别安插于十二土司之地,但陆续投出之头人等尚多,自应视其情罪轻重酌办。除应行献俘之犯,俟擒获逆酋等一并槛解,其余亦当如富德所办,将各头人先解成都拘禁,使军营更觉清肃,尤为妥善。著传谕阿桂等即速照办奏闻。至富德前奏欲往噶喇依协剿,彼时因该处后路尚未办清,是以谕令富德仍驻马尔邦经理一切。今富德既将降番之事办竣,即应在噶喇依会同阿桂等商同协剿逆酋,毋庸复回马尔邦驻守。至阿桂自攻围噶喇依以来,距元旦发折之时已逾旬日,贼众尚敢护死抗拒,实为可恨。昨逆酋虽将莎罗奔冈达克遣其来投,尚系其异母之兄不甚爱惜,是以令其先为尝试,自不外乎丹巴沃咱尔等之诡计。看来逆酋等之敢于聚众久拒,必因该处早经运贮粮食,借以支持,自无由使之即为匮乏。但逆酋、番众同在围中,不能不资水日用,其向西临河一面已经官兵围截,贼众断不能复向河边运取。其围中即或有井,亦未必足敷饮汲,自系将大河之水引以供用。因阅阿桂前日所进到地图,其大河之南有支河一道,经得什科尔之地,贼番自必资借此水。其水或系大河分流,或自夹巴寨流出归于河内,未能遥揣,但河口近接官兵喀尔巴浮桥,而自夹巴寨至莫克巴寨一带久经官兵攻克,安有营卡,此两处皆官兵力所能及,若可设法截住上游,使番众无可供汲,不过两三日贼势必将自溃,似属攻围上策。或酌量噶喇依贼寨地势洼下,较河身为低,并可决水以灌贼巢,更为直捷。阿桂应即速妥酌办理。计此旨到营,大功自早已就藏,原可无借乎此也。将此由六百里加紧传谕知之。"

提督长清、都统王进泰、副都统旺保禄奏报:"臣长清于十二二十五日准将军阿桂照会，遵将贵州兵及成都满洲兵带领于二十九日抵美诺。臣王进泰、旺保禄准将军照会，即将美诺一带无甚关碍营卡全行撤去。所有各山梁及桥梁、河渡并通西、南两路要隘营卡十四处，遵照将军指示酌留兵弁防守。其美诺地方，臣王进泰仍驻守，除酌留兵弁外，其余尽数撤出。臣旺保禄、长清带领于正月初一日起程，由崇德擦尔角、牛厂、功噶前进，一面搜山，一面安设卡汛，以通噶喇依之路。"

得旨："览。"

（高宗朝卷一〇〇〇·页三七下～四二上）

○乾隆四十一年（丙申）正月乙未（1776.3.12）

谕："前据将军阿桂等奏，官兵攻剿金川，将贼境悉行扫荡，仅余噶喇依贼巢，通计不及百分之一。现在水陆围攻，为扫穴擒渠之举，计日可以献俘阙下。原拟俟露布驰闻举行告功大典，兹复据阿桂奏连日将噶喇依紧要碉寨节经克获，并断其水道，兼用大炮轰击，摧其垣壁，歼贼甚多。且索诺木之长兄冈达克及其母阿仓、姑阿青等并倡谋助恶之大头人山塔尔萨木坦、达什阿库鲁、雍中旺尔结等数犯现皆拘获在营，可举献俘之典。至蚁众聚于一窟苟延残喘，实同釜底游魂无从他窜，擒捕亦属非难。惟能将逆酋索诺木、逆党丹巴沃咱尔俱生致解京，自为尽善。即或贼酋等势迫自戕，亦可俘馘同献。是荡平金川，大功业已全定，更无俟驰报红旗。今诹吉于二月初九日启銮，先谒东陵，再谒西陵，申达集勋忱悃，礼成回至南苑，恭奉皇太后圣驾由桐柏村登舟，巡幸山东，由德州遵陆掖輋，展谒岱庙，祗迓慈厘，即诣阙里告成瞻礼，仍于济宁由水程回銮，计当将士凯旋之期，举行郊劳，以彰定武鸿庸。所有应行一切典礼，各该衙门照例敬谨预备。"

谕军机大臣等："日来盼望红旗甚切，今阿桂等奏到连日攻打噶喇依情形一折，据称海兰察率同福康安等分兵从左手山峰而下，攻得大石卡一座，又将其卫护取水之大石卡一座亦经攻得，贼人取水更难。其地与贼巢甚近，移炮往轰，贼势当益窘迫等语。攻之自易为力，指日便应扫穴成功，尤为盼望。至所称自勃尔赤亚鲁回来之后，业已置之不理。今贼酋等又有此时只剩下死的一路，求将军大人施恩怜悯等语。似贼酋近日又有具禀恳求之事，自当置之不理。但何以未将所差何人、所答何语详晰奏闻？著阿桂等即行附便复奏。又奏：据日来投出番人供称，大炮攻打之处，将三层高厚碉墙穿透，被炮击毙及因墙塌石压而死者甚多，索诺木等不敢复住碉楼，已于楼下第三层墙垣较厚之处存站躲避，又因寨在石峰之上不能刨窖，将土石口袋四面围绕遮护，并称丹巴沃咱尔及各头人同张坤忠俱在其内等语。看贼人如此偷生惜命，谅不能引决自裁。但穷蹙若此，尚欲抵死支拒，苟延残喘，实为可恶。此必张坤忠习知内地情事，代为主谋，以番众多守一日所费粮食有限，而官兵多攻一日供饷需数万金，欲使我兵久驻糜耗，尤堪切齿。竟当令土兵等在卡上喊谕：以尔等群贼相聚死守，不过欲图多延时日耗我兵粮，此乃逆犯张坤忠之狡计。今我军营粮饷充盈，内地又复源源供馈，而运川备用军需银两尚盈千万，即稍稽时日用度仍属宽余，且此次大兵申讨，惟在扫荡贼巢，虽多费亦所不惜，此等愚拙之事徒劳无益。况以我大炮神威轰击，何攻不克，贼众又安能久延。如此宣谕，俾知我已窥破贼计，其伎俩更无可施，众心自益惶惧。贼寨虽聚有粮石，坐食易于匮乏，不久自当内溃，此亦治病偏方之一法也。又据奏所有投出男番四十余人，悉行歼戮，即喇嘛班第亦不稍为宽宥等语，此等贼番至此时始行投出，其罪实无可赦，自当悉予骈诛。但现在攻围贼巢甚急，蚁众惊惶无措，因而脱出求生相率而来者应复不少，若知将降番即在军营正法，势必裹足不前。虽此时贼即聚守不出，亦无难力攻而得，但攻围严急之时，贼众接踵来投，其势更当立成瓦解。今阿桂等如此办法，恐转为贼多留帮助抗拒之人，未为尽善。阿桂等自因深恨贼众狡恶，故未计及于此。现在官兵声势甚盛，鼠辈到营更无从窥我虚实，别施奸诡，或将应办之人押解成都正法，亦属便易。或将此等降番仍遣归巢，令将贼酋逆党缚献，贼酋等闻之，必不相容，自将若辈置之死地，更使众番不知我剪除群丑之计，不致阻其来投之路，自更妥协。此旨发到军营，计大功早应告藏，设或尚未办完，续有投出之番人，将军等当照此旨酌量妥办。又阅进到攻围噶喇依情形图，官兵四面布围固属周妥，惟阅舒常营盘尚在河西营卡之外似觉稍远，何不移至沿河卡边，用炮夹河轰击更当得力。又，乌尔纳营盘东北之官兵营卡距贼巢亦远，何不移过河沟于朱笔圈出处驻扎，使炮轰贼寨更为切近。其余有应移近者，并著将军等照此妥酌办理。仍著发交阿桂阅看。此旨著由六百里加紧发往，传谕知之。伫盼红旗旦晚即至。"

又谕："前经阿桂等奏，有自促浸投诚之迷输喇嘛一名，已谕令派员解送京师。今据阿桂等奏，自该喇嘛投出后，又有续行投出之噶布珠、雍中朋喇嘛，并在促浸助恶之堪布喇嘛共三名，于正月初十日派员自军营一并起解赴京等语。计程此时将抵成都，著传谕文绶，即添派妥员，并沿途分别管押，小心照料，迅速解送京城备讯。如此旨到时，该喇嘛等已过省城，即著文绶檄饬该委员赶紧遄程管解，毋稍稽延。"

（高宗朝卷一〇〇一·页七下～一三上）

○ 乾隆四十一年（丙申）正月庚子（1776.3.17）

谕军机大臣等："连日盼望捷音甚切。兹据阿桂等奏，现在用炮合击贼巢，约计十日左右即可扫荡。其索诺木彭楚克及大头人达尔什桑卡尔、雅玛朋、阿库鲁三人续经到营，现已严加拘管等因一折，览奏稍慰。看来贼势已极穷蹙，今既四面用炮合轰，自可克期蒇事。至此次到营恳求之索诺木彭楚克系索诺木同母兄弟，自因其母在营，是以来投。且前日一见阿仓差往之人，即劝索诺木等出降，继复痛哭。今到营跪恳，即求面见将军，并恐回寨不能再出，又同冈达克差人回巢催促逆酋投出，此两人尚不敢始终抗拒。至达尔什桑卡尔，经冈达克再三晓谕，尚促索诺木彭楚克速回，及诘以把持之语，亦俯首无辞，实属怙终不悛，难以轻宥，尤宜严加拘禁，勿致疏虞。至逆酋索诺木等始称于十五日出降，继复托病不出，甚属可恶。阿桂等虽称其为头人所制，每日迁延，然逆酋当此危迫之时，如果尚知畏惧，亦何至不能自主？即或丹巴沃咱尔等从中把持，亦无难将梗阻之人一并擒缚，率众速出请罪，今仍诡语迟延，竟是索诺木禀性凶顽，至死不变，实堪切齿。现既用炮轰击，自即可削平贼巢，谅此辈釜底游魂必当同就擒获，槛解献俘，迅速集勋奏凯。阿桂现奏期以十日，果如所言，则二月初九日启銮之前尚可望红旗早至也。将此由六百里加紧传谕知之。旦晚惟盼露布驰达。"

（高宗朝卷一〇〇一·页二一上～二二下）

○乾隆四十一年（丙申）二月乙巳（1776.3.22）

谕军机大臣等："前月二十八日据阿桂等奏，现用大炮攻击贼寨，不过十日左右可以得手。本月初一日复据奏，拿栅进逼，加炮轰摧，旬日之间可得。以其拜折之期计之，正月底即应蒇事，是以连日盼望捷音尤切。但官兵如此奋力攻打，屡次破其碉卡，歼其丑类，逆酋等势已穷蹙，早应畏避求生，乃犹负隅抗拒，实非情理。看来贼人等固属护死迁延，亦其诡智欲多迟时日，以疲我兵力，糜我粮饷，实为可恶可恨！现在官兵布围严密，且层层逼近，自不虞尚有疏懈。惟是各路官兵之应先撤者，阿桂俱经酌量减撤，而现在攻剿之兵为数尚多，所需军食应复不少。近日承办粮站之大臣等节次具奏，或酌停粮运，或酌撤粮台，俱因军营克期蒇功预为筹办。但阿桂等自旧岁腊月十九日攻围贼巢以来，距今已一月有余，尚未能奏扫穴擒渠之绩。今各路所备粮石俱属有限，设军务未能速竣，现有之粮不敷供给，所关甚大。著传谕阿桂等，速即上紧攻打，务期迅奏肤功。并著阿桂通盘熟筹，或有可减之兵，再行酌减，以省糜费。若现兵不能再减，而存粮或尚不敷，即速行知会富勒浑、文绶及管理粮饷大臣等迅速筹办赶运，期无贻误。此一节并谕富勒浑等知之。朕因盼望红旗，每致夜不成寐，兹偶念及，甚为悬注，阿桂等务当善体朕意，即为努力速办，以副殷怀。此旨著由六百里加紧发往，惟盼红旗及早驰奏。"

（高宗朝卷一〇〇二·页七上～八下）

○乾隆四十一年（丙申）二月己酉（1776.3.26）

谕曰："文绶著实授四川总督。其湖广总督员缺，仍著富勒浑调补，俟大兵凯旋后即行赴任。"

定西将军协办大学士尚书公阿桂、定边右副将军尚书公丰升额、内大臣明亮奏："臣等派兵于二十二日夜分攻贼巢左手两寨，未能即克，因于二十五日夜攻克其东北之木工寨并附近石卡四座。现督兵赶拿木栅，运炮轰击。又，绰窝土司彭楚克喇布坦来营称，愿随同入觐。实为效顺，可使霍尔各部土司闻风兴起。臣已赏给花翎鼓励。"

谕军机大臣曰："逆酋当此穷蹙之时尚敢负隅抗拒，实为可恶。阿桂等惟当一意轰击贼巢，速期摧破，毋致羁延。又阿桂奏绰窝土司彭楚克喇布坦愿随各土司入觐。番众之性不耐炎热，所有轮班入觐之土司等已许其十一月起身，于岁内到京。绰窝土司亦应一例妥办。"

又奏："据逆酋令头人将张坤忠送出，系属要犯，兹派解赴京。"

谕军机大臣曰："张坤忠以内地兵丁甘心投降贼番为之助恶，自应解赴行在严审治罪。著传谕文绶，即速檄饬川省委员沿途小心管解，遄程行走。"

（高宗朝卷一〇〇二·页一一下～一三上）

○乾隆四十一年（丙申）二月庚戌（1776.3.27）

又谕（军机大臣等）："昨据阿桂等奏，逆酋将张坤忠缚献，止令散番送至营门，其头人阿木鲁绰窝斯甲总在官寨相近不肯远离等语，甚属可恶。贼番等诡诈百出，总难深信。今将张坤忠送出，其心未尝不知畏惧。现在官兵奋力用炮轰击，逆酋自更窘迫。或率其弟兄头人等诣营请罪乞降，亦未可定。但恐其投降时随行人众内暗藏袖枪施放，图逞奸谋，所关非小。不但将军、参赞等当加意慎防，即领队大臣等亦不宜稍有疏忽。从来受降如受敌，业经屡降谕旨，将军等自当凛遵。但恐正当大功告成之时，将军等或因其率众出降遂尔稍涉大意。朕偶计及此，甚为悬注。著再传谕阿桂等，如索诺木等有求降之事，务须设法严防，慎之又慎，以成全美。将此由六百里加紧传谕知之。明日即启銮恭谒两陵，告功礼成，巡幸山东，伫望红旗于此半月内驰至。"

（高宗朝卷一〇〇二·页二〇下～二一下）

○乾隆四十一年（丙申）二月甲寅（1776.3.31）

两金川平，露布至行在，遣侍郎和珅赴畅春园问皇太后安，并奏贺。定西将军协办大学士尚书公阿桂、定边右副将军尚书公丰升额、内大臣明亮奏："臣等督兵将噶喇依贼巢合力攻围，其官寨外札木什克各寨尚在死力拒守。臣等昼夜督攻，初三日望见札木什克寨内及各卡贼众情形散乱，臣海兰察、额森特均即带兵直下，臣富德、舒常亦带兵过河，贼人出寨跪降。所有各散寨均经官兵占据，并将官寨东取水之处占断。是晚各至官寨墙下围定，贼人叫称索诺木明日出降。至初四日早索诺木跪捧印信，带同兄弟并伊妻及其大头人、喇嘛、大小头目二千余人出寨乞免诛戮。伏查金川贼酋穷凶极恶,为西南边外之患,今悉就擒俘而助恶头人无一幸脱。除将贼酋、贼目遵旨槛送京师,其家属、大头人、喇嘛等陆续起解外,谨将武功全藏恭驰露布奏闻。"

(高宗朝卷一〇〇二·页二七上~下)

○乾隆四十一年(丙申)三月庚辰(1776.4.26)

谕军机大臣等:"乾隆十三年平定金川后特颁诏谕一道,用清、汉、西番三体字缮写,发往训谕各土司。今大功告成,宜仿照前例奖谕训勉。现已缮就清、汉字诏谕,其西番字令章嘉呼图克图翻译,仿照十三年旧式缮写三体字敕谕一道,即交兵部发递川省军营。如阿桂尚未起身进京,交阿桂办理。如已起程,即交明亮遵旨通行晓谕。"

诏谕四川各土司曰:"两金川与尔等同为内地服属土司,曩因小金川为金川侵扰摧残,特兴师征讨,莎罗奔、郎卡穷蹙乞命,宥不加诛,理应感激悛改,曾未十年,郎卡即与邻境土司构衅滋扰。彼时因其与各土司不过微隙相争,尚无大损,亦遂释而不问。郎卡既死,其子索诺木等济恶益甚,与僧格桑狼狈为奸,蚕食邻邦,志图吞并。僧格桑攻围沃克什,总督、提督亲往训谕,阳虽受约,阴竟抗违。索诺木复乘隙杀害革布什咱土司,占其境地,负恩反噬,各修碉卡,抗拒官兵。此而不声罪致讨,殄灭擒诛,则尔等土司懦弱者将无以自存,而犷悍者必致效尤滋甚,王法尚安在乎?特命定西将军阿桂及副将军、参赞大臣等统率八旗劲旅分路进兵,两金川以次削平巢穴,僧格桑早伏冥诛,索诺木兄弟及助恶之大头人现俱擒获,解京献俘,备受极刑,寸磔枭示。此皆逆酋等罪恶贯盈,孽由自作,实为覆载所不容。而锄强诛暴,扫荡蛮氛,俾尔众土司得以安居乐业,久无侵扰危迫之虞,此朕数年来不得已而用兵之心也。今于两金川之地设营驻兵,令提督统兵分守,并于近边添设将军控驭,以保卫尔各土司,使长享太平之福,此又朕善后之殷怀也。尔土司等年来出力随征,共效恭顺,甚属可嘉,已节次加恩奖赏。并命照回部之例轮班入觐,除土妇及土司中之未曾出痘不能至内地者毋庸轮班外,其余土司头目俱按应行入觐之期,令于冬间由将军、总督、提督等照料进京,俾之随班朝贺,瞻仰受恩。尔等并得身受宠荣，增长闻见，岂非尔等之大幸欤？至尔崇尚佛法，信奉喇嘛，原属番人旧俗，但果秉承黄教，诵习经典，皈依西藏达赖喇嘛、班禅喇嘛修持行善，为众生祈福，自无不可。若奔布喇嘛传习咒语，暗地诅人，本属邪术，为上天所不容。即如从前沃克什土司因有诅咒镇压僧格桑之事，屡经兵革，若非大兵救援，几至灭亡。又如索诺木令都角堪布喇嘛等咒诅将军、大臣，今大功告成，将军、大臣等班师奏凯，受朕重恩，而索诺木等及所用之喇嘛等俱解京共受重罪，均不能保其躯命，咒诅之不足信，欲害人而适以自害，更显然可见矣。尔众土司当从此悔悟，永为鉴戒，共秉诚顺之心，永荷安全之庆，不亦休哉。其各凛遵毋忽，特谕。"

又谕曰："阿桂等奏：噶达城惠远庙本达赖喇嘛从前卓锡之所，至今犹遣其堪布喇嘛三年一换前来住持，今堪布喇嘛阿旺达尔结同其徒弟朋巴得尔什、罗奔二名来营念经，并称情愿分派喇嘛，移居两金川地方，振兴黄教，是否可行，统俟面请圣训，遵照办理等语。此事究不可行，已于折内批示矣。两金川之地现议添设营汛，令提镇统兵驻守，所有该处喇嘛寺俱令兵丁等分驻，最为省便。且各喇嘛寺经官兵攻打，残破已多，就其所存者作为兵房，无须添盖。若令喇嘛居住，又须复事葺修，另烦工作，既属非计。况该喇嘛阿旺达尔结等师徒无多，若令于两金川分派住庙，仍须添派徒众，更属费事。至两金川既已驻兵，久之可将该处崇尚喇嘛之事渐次化改。若复留驻喇嘛，非但该处番人不能改其旧俗，并恐各土司闻风而至，信奉者多，虽非若奔布尔之邪术惑人，亦不免日久滋事。况阿旺达尔结等系达赖喇嘛教下，若令于两金川分住，其地渐成达赖喇嘛所属，是我兵费力攻得之两金川转资达赖喇嘛之利益，尤无此情理。阿桂竟当宣谕该喇嘛等以两金川逆酋负恩造孽，该处喇嘛党恶妄行，所有寺庙皆非净土。今贼巢既已扫荡，其废寺亦不宜复存，业将可住之屋分给兵众，不更延僧住持。且该处头目各番俱以助逆自取诛灭，所存皆穷苦散番，耕作自赡，亦不能复有布施供养。尔等即在彼住庙，亦属无益，是以不复相留。如此晓谕，自足以杜其妄想。若阿桂已带凯旋兵起程，即作为明亮之意以此晓谕该喇嘛，并将晓谕之处即行复奏。又据阿桂等称，雍中喇嘛寺建于瀕河低下之地，南北两山对峙，其上枪炮皆属可及，实非驻兵之所等语。雍中寺既有此情形，不妨即行拆毁，毋庸驻兵。至寺中所有金顶及庄严华饰仍遵前旨送京，其大木酌由水路运送来京方为妥便。若阿桂已经起身，并著交明亮、桂林办理此一节，并令桂林知之。著将此旨由六百里加紧发往。"

（高宗朝一〇〇四·页一四下～二二上）

○乾隆四十一年（丙申）三月癸未（1776.4.29）

定西将军协办大学士尚书公阿桂、定边右副将军尚书公丰升额奏："遵旨将历次出力攻克地方绘画战图，以传永久。业经绘出攻得罗博瓦、喇穆喇穆、色朋普三图进呈。兹复将自攻上迈过尔至扫平噶喇依，其中力战奋攻之处分作九图，仍每图随以节略恭进。"报闻。

（高宗朝卷一〇〇四·页三七上）

○乾隆四十一年（丙申）三月甲午（1776.5.10）

又谕（军机大臣等）："今日阿桂等派令哈清阿押解七图甲噶尔思甲布、七图阿申到行在，随派军机大臣审讯。据供，伊从前勾引降番复叛时，往来通信有家人硗朋一名，在噶喇依逃去，又有小金川头目索罗甲卡尔甲一同商量勾引，其人于大兵攻克勒乌围之后，投到将军处各等语。此二人均系紧要番犯，曾否拿获起解？阿桂业自军营起程赴成都，著传谕明亮即行查明此二犯著落，如尚未起解，即派妥员押送来京，仍饬委员沿途小心管押，毋致疏虞。将此随军报发往，并谕阿桂等知之。"

（高宗朝卷一〇〇五·页一八下～一九上）

○乾隆四十一年（丙申）四月己巳（1776.6.14）

上亲制平定两金川告成太学之碑，命勒石大成殿阼阶前。文曰："太上立德，其次立功，又其次为立言，而德与功皆赖言以传言之，无文行而不远，文之时义大矣哉。然传德之辞直而寡，传功之辞费而多：直而寡者，不因文而德自见，二典、三谟，经世立教是也；费而多者，必因文而功乃明，周诰、殷盘，佶屈聱牙是也。吾尝读韩昌黎平淮西碑，益悉此言之不爽。何则？彼其藩镇乃家奴之类，恣愚因循，以致宛成敌国，削而平之，是宜引以为愧，而不可炫以为功。赖昌黎之文几与江汉常武同称者定，然有识者，固知其辞费而多饰，而未知宪宗之愧与弗愧耳。今之平定两金川之文，不有类于斯乎？解之者曰：逆酋羁縻徼外，非若淮蔡之居中土，元济之为世臣也。吾则以为既已受职为土司，则是我臣，而其地近接成都，远连卫藏，则是我土。我土、我臣而横生逆志，蚕食邻封，将欲大有所为，弗剿而灭之，则西川将不能安枕。兹虽藏事，与平定淮蔡擒吴元济何以异，故宜引以为愧而不可炫以为功者此。金川之始，见于己巳告功之文，兹不复记。记其复叛而复征，则其阴谋负恩，已自戊寅年始。盖戊辰之师实缘其跳梁不靖，而师既临境彼即穷蹙乞降，遂以赦罪颁师。甫十年而其酋郎卡即与革布什咱构衅，又四年遂与绰斯甲布及三杂谷为敌，而逆子索诺木凶悖益甚，自恃地广人众力强，与各土司构兵，讫无宁岁。故各土司皆畏之如虎，而以势分力散又莫能如之何。余以为业已受其降，不宜复加兵，且蚁斗蛮触不足以劳王师，因命地方文武大吏随宜弹压，令弗越内地界，亦足以安民而示度耳。不虞地方大吏欲息事而每示宽，逆酋转以为无足惧而日益逞。其小金川逆酋僧格桑者，始则与索诺木水火相仇，继乃狼狈为奸，于是索诺木计杀革布什咱土司色楞敦多布，取其印敕以归，而僧格桑亦侵占鄂克什地界，且发兵围其土司色达拉之官寨，期于必取。总督阿尔泰、提督董天弼知事不可掩，乃有发兵之请。是役也，或咎阿尔泰依韦误事之过，而余则以为阿尔泰之过皆余之过。盖金川因其地险众悍，久蓄异志，是以有杀至维州桥之谣，则其不忘内地，情率可知。戊辰之役，我师深入屡胜，即不宜赦其罪而受其降，此一误也。甫十年而郎卡背恩作乱，以及逆子踵其迹，皆不即发兵问罪，惟令地方大吏随宜处置，又屡误也。以至尾大不掉，终与兴师，故予不咎，人之议为穷兵黩武，而转咎己之类于姑息养奸。盖中国之制外域，张挞伐则彼畏而敛迹，主和好则彼轻而生心，汉、唐、宋、明之覆辙率可鉴也。若谓予穷兵黩武，则予赖天恩，平伊犁，定回部，拓疆二万余里，岂其尚不知止足而欲灭蕞尔之金川，以为扬赫濯纪勋烈之图哉？虽然平伊犁，定回部，其事大矣，然费帑不及三千万，成功不过五年。兹两金川小寇，地不逾五百里，人不满三万众，而费帑至七千万，成功亦迟至五年，则以跬步皆险，番奴效命死守，故得延至今日。而我将军阿桂立志坚定，决机明敏，两副将军及参赞、领队诸臣同心合力，各军士敌忾奋勇，凡经大小数百余战而后成功，视平伊犁、定回部费力转不啻倍蓰。设非天恩助顺，众志成城，则金川未易言灭，而国威或致少损矣。是不可以不记。观斯文者尚谅予怀惭悔过之不暇，知非称功诩德而为言，其庶几乎！系之以辞，用志始末云尔。

小金首祸，曰僧格桑。兵救鄂什，竟抗颜行。督臣提臣，每事迁就。知弗胜任，将军别授。攻破巴朗，直取达围。进抵资哩，数月克之。两路夹击，遂得美诺。鼠窜狼奔，金川助恶。既平僜拉，遂讨促浸。雪多境险，奏功以沈。奏功以沈，贼更遮郄。绿营怯懦，遇战辟易。兵既无能，将复失算。岂如南路，全师而返。重调劲旅，吉林索伦，健锐火器，其心忠纯。仍分两路，堂堂正正。不旬日间，美诺重定。谷噶既入，马尼并克。豢养旗兵，允得其力。酾三路进，一阻宜喜。及彼绒布，遇险而止。阿桂西路，则屡建功。罗博朋普，逮逊克宗，喇穆山梁，日则丫口，举默格尔，以扰其后。明亮宜喜，亦据岭梁。而复难进，徒然望洋。逮昨乙未，略康萨尔。木思工噶，贼碉并毁。明亮河西，亦有所据。日旁以前，五十里路，夹河两军，声息可通。并清后路，逊克尔宗。蕾则大海，昆色拉枯。层层破要，步步披岖。遂克勒围，红旗飞递。而何四月，大捷未至。既克西里，乃若建瓴。科布索隆，不日而倾。雍中舍齐，易如拉朽。密围噶依，贼其奚走。是时河西，明亮亦入。富德马邦，传檄芥拾。设非西路，围噶喇依，则其两路，亦无进期。诸军既合，火攻周遭。虽据三穴，讫其奚逃。然犹死守，四十余日。计穷力竭，乞命而出。金川之功，阿桂居首。特恩异数，加之宜厚。能出能入，有权有经。运长击短，后实先声。金川之功，允资群力。寸步层峰，冰滑石仄。将军指挥，无不奋勇。以此破敌，鹿埵陇种。金川之功，非予所期。事弗可已，久而得之。斗犹兽困，舍惩鸡肋。念我众劳，至今心恻。金川之功，允赖上苍。靖彼蕃徼，我武惟扬。勒碑太学，用遵成例。静言思之，文以志愧。"

又，平定金川勒铭美诺之碑，文曰："首祸者必有奇祸之遭，背德者必有凶德之报。盖僜拉之首祸，实由促浸之教，而促浸之背德，亦因僜拉之肇。故戊辰之役以救僜拉而有促浸之征，兹辛卯之师以伐僜拉，乃并促浸而扫。彼其缓则颉利、突利之相猜，急则侨如、荣如之相保。然而地险人强，机谋深造，则僜拉远不如促浸，故美诺再入而再克。虽南有僧格宗，北有明郭宗，而我师奋力攻取，无不立摧坚碉，遂据官寨之穴窨。此固皇天助顺，将卒尽力，而亦其首祸背德之招。是用勒铭酋巢，永镇筞徼。"

又，平定金川勒铭勒乌围之碑，文曰："美诺既克，移问促浸。狼狈为奸，而更谋深。劫木果木，其恨至今。将士何辜，弗雪冤沉。兵威大振，劲旅继至。师分两路，谷噶马尼。上下同心，摅忠敌忾。西路遂进，南路略泥。丫口深入，爱克罗博。喇穆喇穆，并占默格。获康萨尔，木思工噶。逊克尔宗，其险难托。凡此数处，林立坚碉。层次攻剿，我师实劳。据昆色尔，乃近贼巢。北军亦至，隔河匪遥。曰勒乌围，贼旧官寨。垣固碉高，力守要害。经楼辅车，陡礄划界。木卡石城，蚕簇鳞绘。拿栅周遭，援路截其。泅水拽桥，囊土济师。穴道旁出，轰以地雷。凡此百计，用尽无遗。四面炮攻，碉摧垣裂。遂督大军，斫墙冲闉。游魂弗支，奔迸蹙蹙。功成一夕，中秋八月。众军之力，一帅之谋。靖彼贼穴，安我蜀陬。肫乎厥忠，卓乎厥猷。铭志鸿功，永示千秋。"

又，平定金川勒铭噶喇依之碑，文曰："向不云乎，弗加征而自臣属，谓之归顺，始逆命而终徕服，谓之归降。若今索诺木之穷蹙率弟兄出碉献印，不但不可谓之归顺，即归降亦不可得而方。彼其抗命相拒历五年之长，兹已密围巢穴，火器围攻，腹心溃内，羽翼失傍，方将剟砦搜穴，利斧其吭，生擒亦易，旦夕灭亡，乃始匍匐请命，又安得比之肉袒牵羊？噶喇依者，盖其世守官寨，故多深堑高墙，我师万层险历，千战威扬，譬之大木，已尽去其枝叶，则本根亦可待其立僵。然而逆贼有言，官军若至，当毁其重器，聚族焚而自戕。使果如所云，则虽献馘藏事，终不如生获尽美尽善之庆，是盖凶渠罪大恶极，而且贪生苟延，以致献俘阙下，明正典刑。于是疆界厥地屯戍我兵，镇群蕃而永靖，树丰碑以告成功。岁在丙申仲春，日吉时良。"

（高宗朝卷一〇〇七·页一九下～二七下）

○ 乾隆四十六年（辛丑）三月壬寅（1781.4.22）

平定两金川方略告成，议叙纂修、提调等官有差。

御制平定两金川方略序曰："前平定金川，实只受促浸一处之归降。后平定两金川，则并促浸、瓒拉两处削平之，而屯戍其地。不读前方略，不知予之抚顺宥过之宽惠；不读后方略，不知予之保大经久之苦心。两金川之背恩奢望屡赦屡叛，与夫不得已用兵之原委，亦既见之后告成太学之碑文矣。兹方略成，而司事者以序请。从其请，是赘言，不从其请，是阙体，以书之有弁词藏体例也。夫示之义方之谓方，定之智略之谓略。有方无略失之执，有略无方失之随，二者相需殷而相得彰。且方有隅之义而象地，略有包之义而象天，乾圆坤方，阴静阳动，即兵法实不出乎此。要之本于敬而弗懈，公而无私，泰而不骄，勤而非躁，然后能赏罚明而进退当，缓急应而机宜合。运之九重之上，示之绝域之遥，忘忧不可，掣肘益不可，是必注精神于董事之诸臣，而念辛苦于冲锋之策士。呜呼！定方略岂易言，而成方略更难睹也。今幸睹方略之成，庶乎五年忘餐废寝之劳得以少慰，而借以解后世穷兵黩武之讥，所谓伐逆不伐顺，伐险不伐夷者，或庶几乎。"

（高宗朝卷一一二七·页一八下～一九下）

军糈挽运，台站移设，饷银续拨

○乾隆四十年（乙未）六月壬午（1775.7.3）

谕军机大臣等："官兵从荣噶尔博第八峰并巴占碉寨进攻，现已用炮轰摧，并派将领每日更番带兵抢挡以疲其力，贼众自难久于存住。即偶因风雨略羁时日，亦无足虑。现又添拨部库银五百万解川贮备，军需尽属宽余。阿桂等惟当努力攻剿，速成大功，以膺茂赏。至逆酋索诺木兄弟及党恶之大头人，如丹巴沃咱尔等，自揣罪重，难逃法网，必然舍死抵御，但未必如山东逆匪王伦之情急自焚，或于进攻噶喇依时，将军等乘其窘迫诱谕招降，逆酋未必不妄冀幸免。如果来投，亦稍省我兵攻围之力，而逆酋仍无所逃罪，所谓兵不厌诈，原属无妨。阿桂等酌量行之，但不可堕贼诡计耳。"

（高宗朝卷九八四·页六下～七下）

○乾隆四十一年（乙未）六月己丑（1775.7.10）

谕曰："陈辉祖奏：两湖在川征兵有解川添整衣装之项，应于各名下坐饷内扣还，今在楚未派出师各兵因未得效力期间，愿将伊等月饷一体均摊还款，察其情出于诚，奏请俯允等语。所奏殊属见小。征兵借制衣装之项，皆其本人自用，例应于各人名下扣还。或念征兵等接扣数项生计未免拮据，奏请宽展期限数年，使每月扣数无多，自不至过形竭蹶。其中或有亡故之人，并可令其子弟顶充接扣。设故兵系子身无著者，并当恩予蠲除，国家轸恤戎行，亦断不肯靳惜锱铢。即虑应扣之项过多，兵丁虽展限分完尚未能即为归楚，或就督、抚、提、镇、藩、臬及副、参、游、都以上，于养廉内酌为代扣十分之几，尚觉惬情顺理，岂兵丁知此义而大员反不知乎？督、抚、藩、臬养廉较优，而游、都以上武职大员均有抚驭兵丁之责，果欲克己以恤下，自属分所宜然。若陈辉祖所奏，以通省未派之兵代为征兵还项，则琐屑不成事体，断不可行。朕于简调兵丁经行供馈，所需一切官为支给，丝毫不扰闾阎，又岂肯以征兵借项致扣在家未出征之卒伍乎？即以征兵而论，其奋勇超群者，即可优加拔擢，实心出力者，亦常赏给月粮。至将来凯旋归伍，并可仰邀录叙。是征兵为国宣劳，已属体恤备至，又何必为此鳃鳃过计乎？各省调派之兵不及营额之半，而陈辉祖筹为代扣，乃及通省之全，徒使无知者讥其波累众人，将谓抽调兵丁即阖省之兵丁皆出征矣。此乃大有关系，何可为训乎？陈辉祖著饬行。恐各省尚有类此筹扣者，著并通谕知之。"

（高宗朝卷九八四·页一三上～一五上）

○ 乾隆四十年（乙未）六月乙巳（1775.7.26）

定西将军尚书阿桂、四川总督富勒浑、督理粮饷前任四川总督刘秉恬等奏："臣等遵旨将各站挽运情形公议。查鄂宝所奏请裁北路各站，固不无节省，但从前西、北两路军粮一由楸砥，一由卓克采，今将卓克采运道停止归并大板昭一路，设遇山水陡发，难保无误。若从卓克采、大板昭两路运供，即有一路阻碍，一路仍可遄行。所有富勒浑、刘秉恬请留卓克采等十三站由腊觉沟、孟拜拉汇入西路转输之处，自应如此筹办。"从之。

（高宗朝卷九八五·页二六上～下）

○ 乾隆四十年（乙未）七月壬子（1775.8.2）

谕曰："郝硕奏：据雪山根站员具报，崇庆州两次拨往北路换班站夫共四百余名，到站后俱陆续逃散，现止存夫八十余名，由该州原拨时并未认真取保押差所致，除禀知文绶查办外，请将逃夫沿途所支口粮著落崇庆州赔补，并请将该州交部议处等语。所办甚是。著交文绶查明崇庆州知州现系何人，即行据实参奏，交部严加议处，并查明逃夫沿途所支口粮，著落该州照数赔补，以示惩儆。"

寻奏："查原派之员系署崇庆州事候补知州潘成栋，例有处分。至沿途支领口粮，请照例将未到站之逃夫著落如数赔补。"

得旨："该部严察议奏。"

（高宗朝卷九八六·页八下～九上）

○乾隆四十年（乙未）七月丁卯（1775.8.17）

办理粮饷河南布政使颜希深奏："军营屡捷，指日可抵勒乌围，现在北路军粮足以敷用。若存贮过多，恐一时移营，致糜运费。臣已饬附近之茹寨、萨克萨谷两站各设仓房十余间，截存米三四千石，以备移营时就近供运。"报闻。

（高宗朝卷九八七·页一四下～一五上）

○乾隆四十年（乙未）七月乙亥（1775.8.25）

湖广总督署四川总督文绶奏："南路章谷一带存粮甚裕，应将供运站夫酌减。查南路自雅安至打箭炉十七站，每站设夫三百名，今于十七站中，将富庄至打箭炉十一站，每站裁夫一百，雅安、荥经、清溪三县，每站亦裁夫一百，惟观音铺、黄泥铺、长老坪三站，山高路远，站夫仍循旧额，合计裁站夫一千四百。"

得旨："嘉奖。"

（高宗朝卷九八七·页二九上～下）

○乾隆四十年（乙未）九月甲戌（1775.10.23）

谕："现今大功指日告成，所有节次拨解银两已足敷用，但平定金川后，一切善后事宜不无尚需经费，储备尤当宽裕。著于部库内再拨银三百万两，仍照上年奏准之例，令经由各省督、抚派员承管，递行转解，交川省藩库存贮备用。该部即遵谕行。"

办理粮饷浙江布政使郝硕奏："官兵攻卡，防贼枪炮，须先用布袋盛土层累于前，再建树木城，逐步前进，是布袋为攻卡急需。查西路各站额设人夫，每日支领米粮所余布袋约四百余条，合计一月即有一万数千。若令按月解营，足敷拿卡之用。"

得旨："嘉奖。"

（高宗朝卷九九一·页三〇上～三五下）

○乾隆四十年（乙未）十月壬午（1775.10.31）

又谕曰："富勒浑奏：成都府知府德克进布防守军营后路，总理大板昭粮站，并历次督办军火、粮石，均能稳妥；又，候补副将扎史总理梭洛柏古后路一带，放哨搜山，妥协无误，间遇贼匪滋扰粮台，饬属擒歼，后路得以宁谧。该二员俱为急公办事、勤劳出众之员等语。德克进布、扎史俱著赏戴花翎，以示优奖。"

（高宗朝卷九九二·页一三上～下）

○乾隆四十年（乙未）十月甲午（1775.11.12）

四川总督富勒浑、办理粮饷兵部郎中刘秉恬奏："查日尔拉山势陡峻，路径险窄，每遇秋冬初春时候，冰雪载途，背运人夫多致失足，行走实属艰难。但该处系西路粮运正道，应即时设法开修。臣等于本年六月间悉心筹议，酌定章程，分饬附近各站员合力鸠工修理。自山脚至大崖窝两站道路，一律开宽一丈二尺，其陡峻处用木石横拦，作成阶级，险窄之处一路砌有石墙，极为坚厚，无可跌失之患。并沿路开沟，以通水道。又将山顶哑口凿下一丈数尺，加工平治，以免陡险，兼于山腰稍平处所修立板棚五间，备往来人夫憩息之地。看此情形，即往后稍有冰雪，而地方开展人力可施，亦不难随时修整。查上年十月初间，该处道路即已冻滑难行，停积米石，经臣等亲赴该处极力疏通，始得遍行无误。目下自大加修理之后，不但人夫辐辏而来，即马骡驮运亦易。现请裁撤北路卓克采一路台站粮运，均由此路运供。"

得旨："嘉奖。"

又奏："北路粮运归并之后，数月以来分路加紧趱运。西路计自撒拉起至前敌止各站共存米六万一千八百五十余石；北路卓克采一站存米四千六百一十余石；又自勒吉尔博至沙尔尼前敌止各站共存米三千九百八十余石；又木池、觉木交两站存米一万三千余石，约敷两路军营三月之用。且日尔拉一带道路又大加修整，一律开宽，可无阻滞。现在大兵攻过勒乌围，今昔情形又有不同，将前次酌留卓克采一路台站全行裁撤，以昭省便。"

得旨："嘉奖。"

（高宗朝卷九九三·页九下～一一上）

○乾隆四十年（乙未）十月癸卯（1775.11.21）

署四川总督文绶奏："大兵即日竣事，军粮备贮充余，现已停止发运，无须再行采办。至今岁秋收尚称丰稔，民间亦有余粮，所有商贩米粮应听其流通为便。"

得旨："是。该部知道。"

（高宗朝卷九九三·页三一上）

○乾隆四十年（乙未）闰十月癸亥（1775.12.11）

军机大臣议复："据署四川总督文绶奏称：查凯旋官兵共七万余人，除留驻促浸、赞拉地方及滇省官兵由达木巴宗出木坪一路至雅州水路回营外，其余各路军营满汉官员、兵役俱应由美诺、卧龙关撤回至桃关进口，通计约五万余人，口外沿途支应口粮不可不早为预备。查自桃关以外之大包坛起至卧龙关以内之二道桥止共八站，自卧龙关起至资哩以内之木耳站止共九站，约计每站需米五六百石方足应付。臣现饬派桃关、卧龙关米各五千石上紧运交，令该二站将现存额夫日逐接递，以桃关之米滚运卧龙关以内各站，卧龙关之米滚运资哩以内各站。至木坪一路台站久撤，应先于芦山县运贮米三千石，俟马尼官兵会合时调撤南路站夫分安木坪一路，即可将此项米石就近滚运供支，不致有误。至口内沿途支用口粮，止须饬令地方官就近备办，毋庸另筹运贮。应如所请。"

得旨："依议速行。"

（高宗朝卷九九五·页八上～九上）

○乾隆四十年（乙未）闰十月丁卯（1775.12.15）

谕："据刘秉恬奏楸砥粮站查获盗买盗卖军米、私刻钤记仓收之杜潮珍、刘潮贵、王德裕三犯，正法示众一折，所办甚是。楸砥系粮运总汇之地，杜潮珍以夫头领运官米，胆敢盗卖军粮至二十五斛之多。刘潮贵希图得利，竟敢私雕钤记仓收，假充缴官。王德裕明知滚运军米，收买私存，冀图牟利，均属大干法纪。刘秉恬能查获审明即行正法示众，俾各站知所儆惧，办理颇属认真。至楸砥粮员张克明能实心巡查，使作奸之犯即时败露，亦属可嘉。该员原系候补直隶州知州，著交该督等遇有缺出即行补授。其二道坪站员定远县知县袁文焕，虽失于觉察，但事发后即能会同迅使查拿，全获要犯，功过亦足相抵，著免其交部察议。巡役周伦奉差巡查，据实首禀，并即酌量给赏，以示鼓励。"

（高宗朝卷九九五·页一七上～一八上）

○乾隆四十年（乙未）十一月甲戌（1775.12.22）

督理粮饷四川总督富勒浑、山西巡抚鄂宝、浙江布政使郝硕奏："大兵业攻克扎乌古、日斯满、斯底叶安、纳木迪等处，现在进攻乃当山梁。其北路勒吉尔博、得式梯、茹寨台站挽运改由巴占、黄土坪、牛厂一路转输，实为捷近。"

得旨："嘉奖。"

富勒浑又奏："西路官兵分路由拉枯喇嘛寺进攻，业已克获西里官寨，现在进攻科布曲山梁并则朗噶克丫口，山径延长，营卡纷处，所有军粮自应设法转输，分头接济。查自拉枯喇嘛寺沿昆色尔山梁直下沟底，地名果罗木，现安一站。其自果罗木以前之洪加山、墨鲁古、甲尔噶、东噶、达果木、卓斯果木、西里寨等处各有营卡炮台，均须分路运送。但该处系新得地方，山坡险窄，且一经攻克科布曲，饷道仍须由勒乌围转运，目下暂时之计，无庸概设粮台。今自果罗木直运各处营卡，酌按道里分别一、二、三站不等，支给背夫口粮、脚价转输，以期节省。至凯旋之后，如美诺、布朗郭宗、勒乌围、噶喇依俱系留驻防兵处所，均应储备军粮。查后路日耳、撒拉、大板昭、梭洛柏古各站现俱积米充盈，美诺等处即可就近酌拨。长商运米应加紧赶运勒乌围，俾驻兵之处均得早有储积。再凯旋官兵一切应预为备办，臣已将各处台站酌量归并，每两站酌留干练站官一员，专办其事，复分委道府一员往来照应。惟恭与郊劳大典官兵四百名并各土司等应由功噶、卧龙关一路至省，俱系克期行走，臣拟令各站临时多设棚厂，代办饭食，官兵随到应付，以免稽迟。并分饬各站员乘此闲空，派拨人夫，每站砍取山草五六千斤，预备将军、大臣、官员等乘骑马匹之用，俾得士马饱腾，行程迅速。"

得旨："嘉奖。"

（高宗朝卷九九六·页三上～四下）

○乾隆四十年（乙未）十一月庚辰（1775.12.28）

定边右副将军明亮奏："湖广总督陈辉祖于九月间先后解到皮衣、皮帽、皮领共四千六百付，当即散给存营楚省各兵。"

谕军机大臣曰："陈辉祖所办，固由体恤所属兵丁起见，但军营调到兵丁，陕、甘、滇、黔皆有，其需衣履更换，大略相同，不独楚省为然。今陈辉祖独恤楚省从征士卒，使有御寒之具，其意虽善，而其见则小。各省兵丁同系效力行间，惟楚省温暖适体，此外设有衣褐不完之人，欣羡之余，恐不免私怨其该管督、抚不知曲体下情，因而心生懈怠，于全局甚有关系。今大功指日告成，此事原可毋庸置议。但就事理而论，凡曾经调兵省分，只应将该省派兵若干通知川省总督，如查有应制换衣履之时，即在成都造办，解交军营分给，俾其不致偏枯，仍令各省照例扣项，解还归款，方为普遍。将此谕令四川、陕甘、云贵各督、抚一体知悉，并谕陈辉祖知之。"

（高宗朝卷九九六·页一五上～下）

○乾隆四十年（乙未）十一月庚寅（1776.1.7）

督理粮饷山西巡抚鄂宝、河南布政使颜希深奏："我兵鼓勇前进，攻克纳木迪、斯底叶安、巴克必、巴札木、日斯满等处地方，已与甲索一路官兵会合。所有达尔图、得楞、基木斯丹当噶等处驻防官兵现经调赴新得山梁驻守，其运道台站又当相机办理。查旧站自俄坡至大营，计程四站，今官兵既已移驻日斯满等处，而大营现又拟移斯底叶安，应请将达尔图、得楞、基木斯丹当噶三站全行裁撤，改于木克尔安设一站分运兵粮。运道既免纡回，经费亦可节省。至应安人夫，除日斯满一站仅随营收放，无庸议设，惟木克尔一站系分运日斯满、斯底叶安两处军粮，应请仍安夫三百名分运。其运日斯满者，作为一站，运斯底叶安者，作为半站，更属便捷。再查裁撤达尔图、得楞、基木斯丹当噶三站共夫九百名，除分安木克尔一站外，尚余夫六百名，本应及时裁撤，但本地收存南路陆续运到之米尚多，该处额夫不敷赶运，应请将前项余夫六百名暂留，分添木池、觉木交两站帮运存粮，以期迅速竣事。一俟存米运完，即行裁撤。"

得旨："嘉奖。"

（高宗朝卷九九七·页六下～七下）

○乾隆四十年（乙未）十一月甲午（1776.1.11）

四川总督富勒浑奏："大兵屡捷，功届垂成，领运官商倍加踊跃。查现存米石，除北路自巴占至沙尔尼军营并木池、觉木交两站存米二万余石外，西路自楸砥至果罗木前敌各站约存米九万石，储备实属充盈。但官兵指日凯旋，一切应付事宜在在均需夫力，势不能将存积米石同时转输，自应权其缓急先为调度。臣已饬撒拉以前各站，乘此大功垂成之际，多拨人夫将存米陆续加紧趱运，于巴占一带酌量备贮。将来勒乌围等处分设防兵，转运更为捷近，而且后路积米得以及早疏通。其撒拉以内自楸砥至沙坝各站，仍令照常运供。所存之米留为分贮美诺一带防兵之用，亦属省便。至生铁一项需用浩繁，各兵军装尤关紧要，自闰十月初一日起至本月十五日止，运过梭洛柏古生熟铁四十余万斤、各省官兵衣履、锅帐等项共八千余背，均无贻误。"

得旨："嘉奖。"

（高宗朝卷九九七·页一三下～一四下）

○乾隆四十年（乙未）十一月丁酉（1776.1.14）

谕："现在大功指日告成，所有拨解军需银两虽已敷用，但平定金川后，一切善后事宜尚需经费，储备尤当宽裕。著于部库内再拨银三百万两，仍照户部奏准之例，令经由各督、抚拣派妥员承管，递行转解，交川省藩库存贮备用。该部即遵谕行。"

（高宗朝卷九九七·页一九下～二〇上）

○乾隆四十年（乙未）十一月己亥（1776.1.16）

督理粮饷四川总督富勒浑、浙江布政使郝硕奏："大兵现已攻克科斯果木及雅玛朋各寨落，所有西里沟底一带地方业与勒乌围接通，粮运道路自应相度情形随时酌办，以期省便。昆色尔北接沙冒碉、格鲁瓦觉一带山梁，若由谷噶旧路转运，即可直达军营，比现在色木多一路较近数站。查自梭洛柏古至谷噶，原系旧定站所，仍应作为站半。该站现有夫一千名，无庸添设，其谷噶至格鲁瓦觉，前因紧接大营，限于地势，是以作为站半及半站。目下另立粮台，自应酌量道里均匀安设。应自谷噶至得胜坡作为一站，由得胜坡至格鲁瓦觉作为一站，由格鲁瓦觉至沙冒碉作为一站，由沙冒碉一站即直抵昆色尔军营，共添四站，每站各安夫一千名，共应安夫四千名。此项人夫即于色木多至巴占十一站裁撤人夫九千五百名内拨出四千名，如数添安新站，实可节省人夫五千五百名。一得科布曲，即由科斯果木直运勒乌围，两路总汇之所不过计程站半，较之由色木多一带供运途路既近，实多节省。至前敌情形移步换影，查自墨鲁古西下至新得雅玛朋寨稍上地方，距果罗木二十余里，应安一站，由该处分运前敌各营卡，不必仍由墨鲁古山梁纡折行走，致滋糜费。但该处系新得地方，深入贼境，山路崎岖，人夫未免畏怯，所有分运各营卡之处，酌定十余里者准作半站，二十余里者准作一站，俾夫力从容，挽运更加踊跃。并饬墨鲁古炮局一并移往，均归近便。至原设密拉噶拉木厂、炭窑一百余座，亦令分移一半赴昆色尔山左安设，以资铸造。"

得旨："嘉奖。"

（高宗朝卷九九七·页二一上～二三上）

○乾隆四十年（乙未）十一月癸卯（1776.1.20）

督理粮饷四川总督富勒浑、浙江布政使郝硕奏："十一月二十八日将军阿桂派兵分路进攻科布曲，臣等同至前敌，见各官兵奋勇争先，抢上索隆古陡险之处，距山顶不远，勒乌围一路官兵亦经夺占科布曲山梁半截，赶拿木城。所需木植，臣等先已饬令粮员多拨人夫砍运。现在两处木城俱各拿往，并拉运大炮轰击，上下夹攻，自不难全行克获。同日，复据报北路副将军明亮亦经攻克阿尔古地方，粮运情形又应改由勒乌围渡河转运，较为省便，所有臣等前拟谷噶一路饷道尤须及早那[挪]移。臣等于拜折后即自军营起程，臣富勒浑前赴沙冒碉、谷噶一带，沿途查勘道路，安设各台，臣郝硕前赴萨尔赤一带，督催该站员等将积米扫数运完，速带人夫赶往谷噶一路加紧安设，不过数日即可完竣。再，巴占等站既经裁撤，所有积米俱应运贮勒乌围两路总汇之处。该处距北路军营较近，其北路原设之黄草坪各站亦应酌量减裁，以归节省。臣富勒浑业已札商鄂宝审度情形，随宜办理。"

得旨："嘉奖。"

（高宗朝卷九九七·页二七上～二九上）

○乾隆四十年（乙未）十二月辛酉（1776.2.7）

督理粮饷四川总督富勒浑、山西巡抚鄂宝、浙江布政使郝硕、河南布政使颜希深奏："大兵攻获则朗噶克丫口，乘胜长驱直取玛尔古当噶。本月十七，官兵又将玛尔古当噶全行攻克。现今西路进取舍齐喇嘛寺，北路攻抵独松，不数日间即可荡平贼境。所有一切军粮、军火自应通盘筹画，用归节省。查西路自大板昭至勒乌围各站存米五万余石，北路附近军营各站存米一万三千余石，又自楸砥至撒拉各站存米五万余石。此项积米在大板昭以前者，应饬运交勒乌围存贮；其在大板昭以后者，应由布朗郭宗一路运交美诺存贮。以上统计米十余万石，除供支两路前敌、后路兵夫及应付凯旋官兵外，勒乌围、美诺两处尚可余米三四万石，询之将军阿桂，促浸、赞拉地方约留防兵六七千名，以此核计，足敷防兵二年有余之粮，已属充裕。至军火一项，两路现存火药、红铜、铜炮、生铁、火绳、铅子等项均属充余。凯旋之后，存剩军火即可留为防兵驻守之用。所有军粮、军火应行停止。再，大兵即日凯旋，美诺以前应添各站业已指调各员加紧安设。其卧龙关一带旧站，每站原安夫一百名，未免不敷应用。查大板昭一路，现经停运，无用多夫，即将该处一带站夫分拨一半移赴卧龙关一带均匀安设，不但可免内地派调之烦，亦且应付从容，军行更得迅速。"

得旨："嘉奖。"

（高宗朝卷九九九·页四下～六上）

○乾隆四十年（乙未）十二月癸亥（1776.2.9）

署四川总督文绶奏："西、北两路官兵屡经克捷，现在积峙充盈，可供至明年二三月，自应调剂盈虚，随时酌办。将各府、州、县应预运明春正、二两月之米，除现在已经领银者十分之四仍听运供给外，其未曾领银者尚有十分之六，即饬令概停预运，统俟将来酌量情形再为筹办。总期随时调剂，既不致积贮过多，而各路军食与日后防兵口粮均归足用。"

得旨："嘉奖。"

（高宗朝卷九九九·页一〇上～下）

○乾隆四十一年（丙申）正月癸未（1776.2.29）

军机大臣等议准："办理粮饷浙江布政使郝硕奏称，自上年以来，大兵所向克捷，军营各路小民已视若荡平，商贾云集。各站缺额里夫多雇募客夫顶补，计背给与口粮工价，空日不给。查各站额夫自数百名及千余名不等，原系军需局指定州、县派解，而远处州、县亦有将解费交各站代雇应役，更有原派实夫到站病故、逃亡，各站随时募补。此等皆与客夫无异，其空日口粮应扣除。一路如此，南北两路情形略同，并请交督臣富勒浑、文绶及总办军需大臣等核实办理。"从之。

督理粮饷山西巡抚鄂宝、河南布政使颜希深奏："将军明亮现进至巴布朗谷山梁，去阿尔古旧营三百余里，中间须添运站，因督饬站员速行安设。现在自阿尔古至独松业已畅行，其独松至巴布郎谷山险路长，即于雍中喇嘛寺安站接运。再查北路军营既抵巴布朗谷驻扎，地势情形距西路较近，而距北较远，现搭盖浮桥以通两路。若将北路军粮一并改由西路，道既省便，而北路新设台站亦可量裁。"报闻。

（高宗朝卷一〇〇〇·页三六上～三七上）

○乾隆四十一年（丙申）正月己丑（1776.3.6）

督理粮饷四川总督富勒浑、浙江布政使郝硕奏："现在大兵三路会合，情形较旧不同，应核定站程，另行安站。臣等即由西里寨行勘，于科斯果木、勒乌围、西里寨、则郎噶克坡底、玛尔古当噶等处定为五站，安设齐全。其北路牛厂至独松各站先行裁撤，所裁官员、人夫即添拨功噶一路。"

得旨："嘉奖。"

（高宗朝卷一〇〇一·页二下～三上）

○乾隆四十一年（丙甲）二月乙巳（1776.3.22）

督理粮饷四川总督富勒浑、山西巡抚鄂宝、河南布政使颜希深奏："此时北路军粮应归并西路，但西路台站新安，以之分运两营，恐不足深恃，拟于北路未撤站之先，赶办二千石运赴大营，即西路拨运米偶有不敷，已可添补。其北路撤站后，所有后路官兵即调赴大营。其未调营之前，所需军粮拟令驻甲杂以外者，在大营支领，甲杂以内者，在牛厂支领。牛厂存贮军火、粮石，现饬运赴勒乌围，运竣亦可裁撤。"报闻。

（高宗朝卷一〇〇二·页九上～下）

○乾隆四十一年（丙申）二月己酉（1776.3.26）

督理粮饷吏部侍郎刘秉恬奏："臣前奏汶川存米就近拨往草坡，今草坡一路兵数渐少，而汶川为楸砥一路必由之径取用较增，因即饬令粮员将前项米石停运。并令保县至楸砥各站内有存米较多处俱赶运萨拉，以便分拨。人夫一项，向来里夫不足多系雇募贸易之人充当客夫应用，近来凯旋在即，商运既停，贸易小民颇有散归者，恐以后各站雇夫短少，因派员于关隘要口，谕以新得之地均须设镇安营，口外尚有买卖，不必急归，各站贸易人渐已安心乐业，夫力自可裕如。"报闻。

（高宗朝卷一〇〇二·页一三上～下）

○乾隆四十一年二月乙卯（1776.4.1）

调任四川总督富勒浑奏："索隆古一路台站系随军转运暂时安设，今科斯果木一路平坦易行，应将索隆古、则朗噶克丫口等站裁撤。功噶一路原设额马不敷三路大兵驰递文报之用，已饬于南路各台抽调健马应用。其逆酋索诺木之家属、头人一路获解，尤当加意周防。现已飞调梭洛柏古、大板昭等处之兵预先分派各站，建立木城严行看守，并传知口内文武各员一体遵照。"报闻。

（高宗朝卷一〇〇二·页三八下～三九上）

○乾隆四十一年（丙申）三月丁酉（1776.5.13）

户部议复："四川总督文绶疏称：'拨解西藏饷银，请于司库支发。'应如所题。至称派委邻水县典史平震世管解前往，查上年采铜案内，奉旨不准簿尉微员领办，今此项饷银多至六万两，亦未便以微员贻误，嗣后应核银数多寡，即照京饷例遴员押解。"从之。

（高宗朝卷一〇〇五·页二七上～下）

凯旋班师，郊劳官兵，献俘惩凶及沃克什、绰斯甲布诸土司头人进京入觐

○乾隆四十年（乙未）八月癸卯（1775.9.22）

谕军机大臣等："现在阿桂督兵进剿噶喇依，扫穴犁巢固属要事，而于擒捕逆酋贼党尤为先务。据各路脱出番人供词，贼中慌乱情状大概可知。今官兵既得勒乌围，番众自更魂飞胆丧。或莎罗奔弟兄将索诺木擒献，亦未可定。否则捣取贼巢时，务须设法截擒逆酋及其弟兄贼目并助恶喇嘛，勿使漏网，亦勿令自戕。若擒得索诺木，一面飞递红旗，一面将各要犯槛车拘系，选派健锐营兵，令福康安带领，严加管押。沿途仍多拨弁兵护送，先行解京献俘，以彰钜典。……至阿桂于扫穴擒渠之后，即应振旅还朝，以待酬庸策勋，举行郊劳凯宴诸大典。其应先带京兵若干及副将军、参赞、领队诸人作何分起行走之处，均须预为酌定，并须酌带土司数人来朝，令其瞻仰天朝礼法，承受恩典，将来即照新疆年班之例轮流入觐。除巴旺、梭磨现系土妇不便轮班外，此次著先带绰斯甲布土司雍中旺尔结、布拉克底土司阿多、沃克什土司雅满泰随同来京，事毕再令回巢。伊等共相传播，久之必以入觐受恩为荣，亦如准部之永承恩泽矣。"

（高宗朝卷九八九·页二三上～二六上）

○乾隆四十年（乙未）八月乙巳（1775.9.24）

又谕（军机大臣等）："昨已谕令阿桂凯旋时带绰斯甲布、布拉克底、沃克什三土司来，令各瞻仰受恩，此乃朕优施恭顺各番，使其共知德意。惟是该土司等从未进京，恐其见将军等挈此数人入朝，虑有他意，心生疑畏。因思明正土司于内地礼仪最为相习，向为各土司总领，而瓦寺土司亦于内地为近，伊等若闻准其来京觐谒，必皆欣然乐从，莫若令明正、瓦寺同绰斯甲布等共五土司俱随阿桂来京。绰斯甲布等见有明正、瓦寺土司同

来，自必心安意得，即应对仪节亦可视明正等为效法，而其衣裳总不必更换，仍从其便，于事更觉有益。"

（高宗朝卷九八九·页三二下～三三上）

○乾隆四十年（乙未）九月壬戌（1775.10.11）

军机大臣等议复："定西将军尚书阿桂等奏称：大兵拟直指噶喇依，蒇功在即，将来随臣等凯旋回京官兵，请照平定西陲之例，以四百名为率，分四起行走，沿途给马，跟役人等令其步行，照例折给马银。其余京兵及吉林、索伦官兵非随凯旋者，俱令由成都乘船至襄阳，由河南办车进京。应如所奏。再，索伦、吉林等处官兵有攻战出力蒙赐巴图鲁号及赏戴花翎者，并令阿桂查明于凯旋时先行带回进京，即在四百名之内，俾得一体恭与盛典。"从之。

（高宗朝卷九九一·页八上～下）

○乾隆四十年（乙未）九月戊辰（1775.10.17）

定西将军尚书阿桂奏："接奉谕旨，令臣凯旋时带绰斯甲布、布拉克底、沃克什、明正、瓦寺五土司来京。查瓦寺土司故后，伊应袭之子年幼，尚未袭封，布拉克底土司阿多本系跛足，令人背负而行，自不能远赴京师。至番人有生身、熟身之分，与蒙古无异，其未经出痘者心多畏惧，请令明正、沃克什等先来。此后愿输忱瞻觐者，再行办理。"报闻。

（高宗朝卷九九一·页二三下）

○乾隆四十年（乙未）闰十月辛亥（1775.11.29）

军机大臣议奏："将军阿桂酌筹善后事宜一折。查边外各土司令仿照回部伯克之例轮流入觐，以理藩院为之典属，俾扩充知识，以革其犷悍之风。据阿桂奏，布拉克底土司腿患瘫痪，巴旺子幼未袭，系土妇管理，不能进京外，其木坪、瓦寺、明正、沃克什各土司率皆倾心向化，恳请入觐，应同绰斯甲布土司，均令将军阿桂于凯旋时先行率带来京，共与盛典。其余各土司仍令酌量远近定以年限，轮流朝觐。又，查川省口外各土司向隶地方文武管辖，今令于促浸、赞拉之地各设镇驻兵，则附近土司自当有所专属，特设将军驻扎近边，与总督、提督同理番务，其各土司应办事宜，仍隶之理藩院总统，不必如从前之专隶地方文武，则体统既尊，易于控制。再，向来驻防将军皆不兼辖绿营，今番地既分布镇协，特设将军临边控制，绿营将士若仅属提督，恐将军呼应不灵，令将提镇各标所辖绿营统听将军节制。应令将军等遵照妥办。"从之。

（高宗朝卷九九四·页一二下～一三下）

○乾隆四十年（乙未）闰十月癸酉（1775.12.21）

军机大臣议复："阿桂等奏称：预备郊劳官兵等四百员名由陆路回京，其余俱于重庆用船由湖广襄阳起岸，川省马匹已可不致竭蹶。惟此次逆丑荡平，各土司头人情愿瞻仰阙廷者，自应令其恭与大典，届期作为一起。其大臣官员跟役减裁在后，另为一起。统计不过六起，间日行走，十二日之后，马匹即可卷撤，更属易于筹办。但自军营至成都，原议抽调马八百匹就程站分设，查军营至成都计三十余站，马八百匹不敷分布，而预备郊劳官兵应须克日趱行。若将此项马匹作为长骑，则马力虑难直达。臣等筹酌陆路回京之官兵止四百员名，在口外则官员尚有自喂之马，即兵丁赴成都，概令步行折给马价，均所乐从。所有川省马匹，应请毋庸远解军营，仍令其按站安设。至官兵由陕进京，不必取道河南，请由山西赴直隶，以均劳逸，其余自成都至重庆坐船，从湖广水路赴襄阳起岸，由河南、直隶回京。再，各省驻防绿营官兵为数不少，若俟大功告成再行文各处预备，未免需时，所费实为繁巨。臣等亦即一并酌定，除陕兵仍由广元一路回陕外，令甘兵由保、茂、松潘一路回甘，其云贵兵由西路之达木巴宗出木坪一路，至雅州上船，由水路至永宁起岸入黔省，交替湖广兵亦由成都至重庆，用船从水路回楚，庶分道遄行，不至前停后待，久驻旋师。均应如所请。"

得旨："依议速行。"

（高宗朝卷九九五·页三四上～三五下）

○乾隆四十年（乙未）十二月丙午（1776.1.23）

军机大臣议复："署四川总督文绶奏称：查甘省凯旋官兵共一万数千

名，应由保县、茂州、松潘一带回营。自保县至松潘所属之柴门关出川境交甘界，中间计十二大站，沿途应支口粮不少，而自保县以北粮食昂贵，难以采买，挽运又多糜脚费。查茂州现有存仓麦、荞四千余石，松潘现有存仓稞麦八千四百余石、米一千一百余石，所需回兵及夫役口粮约计不过三千石，今于此项仓贮米、麦内动用搭放，已属供应裕如。即茂州无存仓之米，而保县系现在粮运正道，临时酌搭，亦甚近便。至所缺仓额，俟来岁麦收价平后再行买补，较为节省。应如所请。"

得旨："依议速行。"

（高宗朝卷九九八·页五上～六上）

○乾隆四十年（乙未）十二月癸亥（1776.2.9）

军机大臣议复："据陕甘总督勒尔谨奏称：陕省有驿州县通川省大路者居多，即僻路驿马俱帮贴栈内，现在无可更调，而满汉各营马匹除随带之外，亦属无几。拟于西安满营内拨马四百匹，通省绿营内拨马四百匹，先期押赴汉南一带，俟有红旗信息，即星飞赶赴川省之广元、昭化等处，分站应用。又查陕省自宁羌州入境，至河南阌乡县出境，计程一千六百一十里，酌拟安设马站十六处，每站安马二百匹。惟云栈以内南星、留坝、马道、褒城、宁羌五站尤为险峻，各加马一百匹。共需马三千七百匹，拟于甘肃各营驿内抽拨马二千匹，在秦、阶一带喂养，预备飞调入栈应用。晋省协济马一千匹，在潼关、平阳、蒲州一带喂养，以备调赴华阴以西、宝鸡以东应用。其余不敷马七百匹并需备余马，拟雇民马应用。又查栈内山多人少，拨送官兵军装行李，雇夫不易，且恐行走迟延，酌拟栈内雇备健骡驮送，栈外雇备大车接运。至西安满兵暨陕省绿营兵，应由广元一路回陕，甘省绿营兵应由保县、茂州、松潘一路回甘。满兵每起四百名，绿营兵每起五百名，所有官员乘骑马匹无多，自可查照成案酌办。均应如所请。"

得旨："依议速行。"

（高宗朝卷九九九·页八下～九下）

○乾隆四十一年（丙申）正月己卯（1776.2.25）

谕军机大臣曰："阿桂等奏称，索诺木之母阿仓及其姑阿青并伊姊妹带领从人、喇嘛等，于十二月二十日到营投降，并准阿仓所请，差人往谕索诺木出降。因母以招其子，实亦诱擒生致之机。若逆酋等果皆投出，自更为省力，伫盼红旗旦晚即至。又另折复奏筹办投出大小头人及番众一节，所见亦是。即照阿桂等所请行。至捷音到后，即应祇[祇]谒两陵，并告功关阙里。原拟于谒陵礼成，即行郊劳，再举东巡。现已择于二月初九日启銮，为时甚近，将士凯旋未必能如期遄至，且番境初平，其善后事宜应办者甚多，均关紧要，亦须阿桂亲为经理，方觉妥善。今定于谒陵后，即奉皇太后圣驾巡幸山东，计回銮约在四月十五以前，由宝稼营登陆，经南苑新衙门至黄新庄，路亦近便。阿桂等于大功告成，即将善后事宜妥为料理，带领应行郊劳之将佐、京兵等，酌量日期起程，于四月十五日以前至黄新庄，以备劳还大典，实属两便。将此传谕知之。"

（高宗朝卷一〇〇〇·页二七下～二八下）

○乾隆四十一年（丙申）正月乙酉（1776.3.2）

谕："军机大臣议驳刘秉恬等所奏，各省凯旋绿营兵丁自成都省城起身以后应支盐菜银两，请照新例加赏四钱之处，固因内地经行非口外可比。第念兵丁等随营征剿，均系出力之人，兹届凯旋各回本营，亦当厚加优恤。既系凯旋由内地行走，著加恩于每月应给盐菜银九钱之外，加给二钱，俾沿途日用益资宽裕。"

军机大臣奏："臣等前议复将军阿桂酌议凯旋事宜折内，所有郊劳官兵议令由河南行走。今准阿桂等咨称，从山西柏井驿至恒山中间只添获鹿、井陉两站，若从豫省则多备二十八站，仍以由晋省为便。应请将直隶、山西二省经由调拨各事宜，交直隶总督周元理、山西巡抚巴延三妥协预备。"从之。

（高宗朝卷一〇〇〇·页三七上～四一上）

○乾隆四十一年（丙申）正月壬辰（1776.3.9）

督理粮饷吏部侍郎刘秉恬奏："凯旋官兵经由之路，业于成都府属派夫前往桃关拨办站务，并将楸砥一路人夫每站酌拨派安草坡、卧龙关等站，但由草坡至美诺二十余站，向非粮运正道，诸事俱已荒废，应有专员督办。臣请自行留驻桃关，督同上紧赶办。至楸砥一路军粮、军火应行分拨运贮者，现已委员在彼办理。"

得旨："嘉奖。"

又奏："路过灌县，正值军需局催运口粮，因思自灌县至草坡六站，远道运供殊难，查汶川近日奉文截留商米及前存米共二千石，汶川一站得米四五百石，已足敷用，自县城至草坡止二站，应将汶川余米就近挹注。"

得旨："嘉奖。"

（高宗朝卷一〇〇一·页四下～五下）

○乾隆四十一年（丙申）正月乙未（1776.3.12）

谕："前据将军阿桂等奏，官兵攻剿金川，将贼境悉行扫荡，仅余噶喇依贼巢，通计不及百分之一。现在水陆围攻，为扫穴擒渠之举，计日可以献俘阙下。原拟俟露布驰闻举行告功大典，兹复据阿桂奏连日将噶喇依紧要碉寨节经克获，并断其水道，兼用大炮轰击，摧其垣壁，歼贼甚多。且索诺木之长兄冈达克及其母阿仓、姑阿青等并倡谋助恶之大头人山塔尔萨木坦、达什阿库鲁、雍中旺尔结等数犯现皆拘获在营，可举献俘之典。至蚁众聚于一窟苟延残喘，实同釜底游魂无从他窜，擒捕亦属非难。惟能将逆酋索诺木、逆党丹巴沃咱尔俱生致解京，自为尽善。即或贼酋等势迫自戕，亦可俘馘同献。是荡平金川，大功业已全定，更无俟驰报红旗。今诹吉于二月初九日启銮，先谒东陵，再谒西陵，申达集勋忱悃，礼成回至南苑，恭奉皇太后圣驾由桐柏村登舟，巡幸山东，由德州遵陆掖辇，展谒岱庙，祗迓慈厘，即诣阙里告成瞻礼，仍于济宁由水程回銮，计当将士凯旋之期，举行郊劳，以彰定武鸿庸。所有应行一切典礼，各该衙门照例敬谨预备。"

（高宗朝卷一〇〇一·页七下～九上）

○乾隆四十一年（丙申）正月丙申（1776.3.13）

又谕（军机大臣等）："前曾传谕阿桂，俟军务全竣后，带领凯旋官兵于四月中旬至黄新庄，备行劳还之礼。兹朕诹吉二月初九日启銮祗谒两陵，恭奉皇太后巡幸山东，告成阙里，由济宁登舟回銮，按程站计之，应于四月二十七日驻黄新庄，二十八日举行郊劳大典，二十九日献俘，凯宴阿桂等。扫穴擒渠之后，于一切善后事宜更可从容办理，行程亦属宽裕。将此遇军报之便，谕令知之。"

（高宗朝卷一〇〇一·页一五上～下）

○乾隆四十一年（丙申）正月戊戌（1776.3.15）

督理粮饷吏部侍郎刘秉恬奏："郊劳官兵及土司、头人等现改议仍由楸砥一路行走。查楸砥各站人夫前经拨往卧龙关添设，今若仍将原夫调回，往返跋涉，不无逃散。应将署督臣文绶所派成都府属从前西、北两路裁减站夫三千一百余名改赴楸砥，赶紧办理。"报闻。

（高宗朝卷一〇〇一·页一六下～一七上）

○乾隆四十一年（丙申）二月癸卯（1776.3.20）

定西将军协办大学士尚书公阿桂、定边右副将军尚书公丰升额、内大臣明亮奏："查木坪、沃克什、党坝等各土司、土舍均已束装预备赴京，绰斯甲布、三杂谷、布拉克底、巴旺亦派土舍、头人随往。但番人深畏内地炎热，若令随同官兵于四月望前抵京，其归途正当五六月，倘有事故，转不免指为畏途，应请令至十一月内本省提督派出谙练将领带领于年前至京。彼时正值入觐之各蒙古及土尔扈特王、公、扎萨克并回城大小伯克等俱集京师。在各土司等见王会辐辏，既益生其震叠，而轮班之王、公、伯克等亦知无远不服之盛。"

谕军机大臣曰："阿桂等奏各土司、头人于年前到京入觐，所见甚是。其应行入觐之土司，统俟阿桂办理善后事宜时酌定如何分班，照回部轮流入觐之例，与外藩等同与朝正。仍知会沿途督、抚一体照料。"

（高宗朝卷一〇〇二·页一下～二下）

○乾隆四十一年（丙申）二月己酉（1776.3.26）

定西将军协办大学士尚书公阿桂、定边右副将军尚书公丰升额、内大臣明亮奏："……又，绰窝土司彭楚克喇布坦来营称，愿随同入觐。实为效顺，可使霍尔各部土司闻风兴起。臣已赏给花翎鼓励。"

谕军机大臣曰："……又阿桂奏绰窝土司彭楚克喇布坦愿随各土司入觐。番众之性不耐炎热，所有轮班入觐之土司等已许其十一月起身，于岁内到京。绰窝土司亦应一例妥办。"

（高宗朝卷一〇〇二·页一二上～一三上）

○乾隆四十一年（丙申）二月辛亥（1776.3.28）

谕："朕因平定两金川，祗谒两陵，礼成恭奉皇太后巡幸山东，告成阙里。所有沿途经过地方，著加恩蠲免本年钱粮十分之三。"

（高宗朝卷一〇〇二·页二二上～下）

○乾隆四十一年（丙申）二月甲寅（1776.3.31）

谕军机大臣等："今日正当祗谒东陵告功，回桃花寺驻跸，适阿桂等所奏红旗递到。此实仰赖皇祖默佑，是以报捷不期而至。朕回銮至圆明园，即启程展谒西陵。礼成恭奉皇太后巡幸山东，告成阙里。计四月二十六日至黄新庄，于二十七日举行郊劳大典。著传谕阿桂令其约计程期，在军营起身，与丰升额、海兰察、额森特、福康安、普尔普等同来。至明亮拟授为该处将军，毋庸来京，并著阿桂于富德、舒常内酌留一人同明亮办事。其余领队大臣、侍卫等应带何人同来，应留何人分带后队凯旋兵丁，并著阿桂酌定。此次平定金川实皆阿桂一人功绩，深堪嘉尚。兹班师在迩，特解亲御黑狐腿黄马褂先行随报赏赐。"

（高宗朝卷一〇〇二·页二七下～二八下）

○乾隆四十一年（丙申）二月乙卯（1776.4.1）

谕曰："将军阿桂等奏报攻克噶喇依贼巢，逆酋索诺木及其兄弟莎罗奔甲尔瓦沃杂尔、斯丹巴并两土妇及助恶之大头人丹巴沃咱尔、阿木鲁绰窝斯甲、尼玛噶喇克巴等悉行擒获，金川全境荡平，武功奏定，驰递红旗，随折奏贺，披览深为欣悦。前因两金川以内地土司敢作不靖，暴侮邻疆，初以蛮触相寻乃番人常性，不值劳师远涉，屡经该提督诫谕敛辑。乃野性难驯，反复违约，甚至狼狈为奸，负恩反噬，非复可以口舌化诲，此而不慑以兵威大示惩创，则懦弱之土司几无以自存。且逆番平日有抢至维州桥之谣，若听其鸱张肆横，久之必至扰及内地，何以绥靖边圉？惟当扫灭叛番，以图一劳永逸，否则后患滋深，此朕数年来不得已而用兵之苦心也。兹将军阿桂统率将士不惮艰劳，殚心谋画，我八旗劲旅奋勇争先，汉、土各兵有所效法，亦皆踊跃用命，屡建殊勋，两金川之地随以次荡平。逆酋兄弟及党恶之大头人等现皆擒获俘献，露布驰闻，大功全蒇，从此即于其地设镇驻兵，番境宁谧，各土司得以永庆安全，此皆仰赖上苍默佑宗社鸿庥，朕喜慰之余，倍深敬畏。朕现在祗谒两陵，礼成后恭奉皇太后巡幸山东，告成阙里。计四月二十六日回銮至黄新庄，并谕将军等率凯旋兵众如期而至，即于二十七日举行郊劳之典，翼[翌]日献俘庙、社，并御午门受俘。所有一切事宜及功成应行典礼，著各衙门查例具奏。并将武成原委，宣示中外知之。"

又谕曰："将军阿桂等奏，金川全境荡平，逆酋兄弟及助恶头人悉皆擒获，大功告成，红旗报捷。此皆仰赖昊苍默佑，朕惟日凛敬寅，而边徼辑宁，从此铭勋偃武，实由圣母福庇。诒庆滋长，归善显扬，尊崇宜备，谨拟加上皇太后徽号，朕率王公大臣等共申庆贺，以昭慈闱燕喜。所有应行典礼，著内阁博考彝章，交各该衙门敬谨具仪以闻。"

又谕："现在平定金川，大功告成，所有郊劳献俘并祭告坛、庙等事，一切应行礼仪重大，礼部承办者多，该部堂官办理恐未能周到。永贵平日颇为精细，且原系礼部尚书，著回礼部办事，仍兼署吏部事务。理藩院尚书素尔讷现在兼署都察院，不必兼署礼部。"

（高宗朝卷一〇〇二·页三〇上～三三上）

○乾隆四十一年（丙申）三月癸巳（1776.5.9）

定西将军协办大学士尚书公阿桂、定边右副将军尚书公丰升额、成都将军明亮奏："霍尔章谷、纳林冲、孔撒三土司恳请进京谢恩。查此三处自军兴以来，派令土兵在革布什咱甲鲁一带防范，并仍派乌拉挽运军粮，亦为出力，似应给与花翎顶戴。再，革布什咱土舍诺尔布湛都尔，据土舍、头人禀称：'愿将大头人达尔结等打仗所得之翎挪给顶戴，方足弹压众人。'臣等商同一并赏给。"

谕军机大臣曰："阿桂等奏霍尔章谷、纳林冲、孔撒三土司禀称愿同甲垄土司一体进京谢恩，已准其所请，并给与革布什咱土舍花翎，所办甚好。霍尔章谷等土司既诚心感戴，自应准令同众土司入觐，著交明亮等妥协经理，将应行朝觐之各土司按其序次大小远近分派平允，仿照回部年班，仍遵前旨于冬至月起程，岁底到京。今年系初次朝谒，自应多派数人，此后按年均匀轮派。其来朝者承受恩宠，回巢传说，众土司闻之，自必倍加踊跃。……"

（高宗朝卷一〇五·页一一下～一三上）

○乾隆四十一年（丙申）四月癸卯（1776.5.19）

以平定两金川遣官告祭天地、太庙、大社、大稷。

（高宗朝卷一〇六·页二下～三上）

○乾隆四十一年（丙申）四月己酉（1776.5.25）

谕军机大臣等："据周元理奏：伍岱、永平、旺保禄、扎尔桑所带各起凯旋官兵由河南一路回京，闻此月望间可至直隶境，需用车马应付，但将军阿桂等带领应备郊劳官兵亦于彼时入直隶境，所有直隶预备车辆马匹，应先在井陉一带应付，方能撤往磁州备用等语。将军等带领预备郊劳官兵须于此月二十六日以前齐集良乡，沿途车马自应先尽应付。其余各起凯旋官兵不妨稍待，以便车马接替备用。所有伍岱带领之兵如已入直隶境者，即在磁州暂住等候。其尚在河南境内者，即于彰德一带酌量地方暂住。俟直隶车马应付郊劳官兵事毕撤至磁州一路，即行知会前途陆续进发，除就近交周元理妥办，并另降清字谕旨谕知伍岱等遵照外，将此由六百里谕令徐绩知之。"

（高宗朝卷一〇六·页一四下～一五下）

○乾隆四十一年（丙申）四月辛亥（1776.5.27）

谕："朕于本月二十七日由黄新庄行宫御龙袍衮服，乘十六人金漆亮轿，用骑驾卤簿导至郊劳台。其大驾卤簿，即于郊劳处排设。所有随从郊劳之王公大臣俱穿蟒袍补褂。礼成后，仍乘十六人金漆亮轿，骑驾卤簿及铙歌乐导至行宫用膳，更行衣。随从大臣及凯旋之将军、大臣、官员等亦俱更换行衣，随从朕由行宫乘八人轿至赵新店头分尖营换车。所有二分尖营，著移设于广宁门关厢外。其骑驾卤簿，即先赴彼处预备。朕至二分尖营后仍乘八人轿，用骑驾卤簿导引进宫。大驾卤簿宫内无庸再设。再，礼部奏请在京王、大臣、官员等于二十六日至初一日此五日穿蟒袍补褂，朕于二十七日进营，所有随驾之大臣、官员等著于二十八日至初一日穿蟒袍补褂。"

（高宗朝卷一〇〇六·页一八下～一九下）

○乾隆四十一年（丙申）四月乙卯（1776.5.31）

以平定两金川遣官告祭昭西陵、孝陵、孝东陵、景陵、泰陵。

谕军机大臣等："此次平定两金川，将军阿桂等将俘获逆酋、逆目并喇嘛等解京分别办理，内有助恶之堪布、都角两喇嘛，业经凌迟处死；其情罪较轻之聂隆喇嘛已交山东臬司永远监禁；迷输喇嘛已交刑部监禁；尚有班第喇嘛未经办及，江宁省城向有喇嘛寺，著传谕舒赫德即派员将该班第喇嘛发往江宁，交高晋、嵩椿发交喇嘛寺内役使。如有脱逃等事，即严拿务获立行正法，一面具折奏闻。将此传谕高晋、嵩椿知之。"

（高宗朝卷一〇〇六·页二三下～二四下）

○乾隆四十一年（丙申）四月丙辰（1776.6.1）

以平定两金川，遣官告祭先师孔子。

（高宗朝卷一〇〇六·页二五上）

○乾隆四十一年（丙申）四月壬戌（1776.6.7）

以平定两金川，遣官告祭永陵、福陵、昭陵。

（高宗朝卷一〇〇七·页七上～下）

○乾隆四十一年（丙申）四月癸亥（1776.6.8）

谕军机大臣等："逆酋索诺木之妻得尔日章现经议给功臣家为奴，但念伊系布拉克底土司之女，著交刑部永远监禁。"

（高宗朝卷一〇〇七·页一〇下～一一上）

○乾隆四十一年（丙申）四月丙寅（1776.6.11）

献金川俘馘于庙、社。兵部率解俘将校押俘酋索诺木、莎罗奔冈达克、索诺木彭楚克、甲尔瓦沃杂尔，逆目山塔尔萨木坦、布笼普占巴、雅玛朋、阿库鲁，并逆酋僧格桑馘函由长安右门入，进天安右门，至太庙街门外，向北立候。告祭大臣至，押俘向北跪，置僧格桑馘函于地。告祭大臣进太庙行礼毕，兵部率解俘将校押俘至社稷街门外，押俘仍向北跪，告祭行礼如前仪。

（高宗朝卷一〇七·页一二下～一三上）

○ 乾隆四十一年（丙申）四月丁卯（1776.6.12）

是日，上驻跸黄新庄，定西将军阿桂、副将军丰升额等振旅凯旋，诣行在请安。赐将军以下至官兵等食。

（高宗朝卷一〇七·页一六下～一七上）

○ 乾隆四十一年（丙申）四月戊辰（1776.6.13）

上自行宫启銮，幸良乡城南，行郊劳礼。正南为坛，坛上左右列纛。上龙袍衮服，骑驾卤簿导行，将至坛，军士鸣螺铙歌乐作。将军、副将军暨参赞、领队、侍卫官兵戎服跪迎。上登坛拜天，自将军以下及在京王公大臣皆随行礼。上御黄幄，将军、副将军等率众三跪九叩，候旨，行抱见礼，赐坐，慰劳赐茶。礼部堂官奏礼成，马上凯歌乐作，还行宫。赐将军、参赞、随征将士等宴，王公大臣咸与。赐将军阿桂、副将军丰升额、参赞大臣海兰察、额森特、领队大臣奎林、和隆武、福康安、普尔普御用鞍马各一。扈跸至行宫。赐成都将军明亮御用鞍马一于其家。上回跸京师，诣皇太后宫问安。

谕："礼部所奏二十八日受俘仪注，将军等应入于百官班内，在午门前行礼。但将军等于郊劳及凯宴两次俱有行礼之处，受俘时将军及自军营回京之在御前乾清门行走者，俱著扈从登午门楼，不必入班行礼，止须令福康安带领押俘将校等在午门前行礼。"

命藏将军阿桂等所用得胜灵纛九杆于紫光阁武成殿。

（高宗朝卷一〇七·页一七上～一八上）

○乾隆四十一年（丙申）四月己巳（1776.6.14）

行受俘礼。侍郎福康安率押俘将校以俘酋索诺木、莎罗奔冈达克、索诺木彭楚克、甲尔瓦沃杂尔、山塔尔萨木坦、布笼普占巴、雅玛朋、阿库鲁等，并逆酋僧格桑馘函，预俟于午门外。铙歌大乐，金鼓全作，上龙袍衮服，御午门楼，王、公、百官朝服侍班。侍郎福康安率押俘将校三跪九叩，押逆酋索诺木等北向跪伏，置僧格桑馘函于地。兵部堂官跪奏平定两金川，生擒逆酋索诺木等，并获逆酋僧格桑首级谨献阙下。命交刑部，刑部堂官跪领旨，押俘自天安门出。王、公、百官行庆贺礼，礼成。上御瀛台，亲鞫俘囚索诺木等罪状，命刑部将索诺木、莎罗奔冈达克、索诺木彭楚克、甲尔瓦沃杂尔、山塔尔萨木坦皆寸磔，枭索诺木等，并悬僧格桑首于市。

上御紫光阁，行饮至礼，赐将军阿桂、副将军丰升额等卮酒，成功将士并王公大臣咸入宴，奏凯宴乐，各番人以次歌舞退，赐将军至随征将士银、币有差。

（高宗朝卷一〇七·页一八下～一九下）

○乾隆四十一年（丙申）四月庚午（1776.6.15）

以平定两金川恭上皇太后徽号，遣官告祭天地、太庙、大社、大稷。

是日，上奉皇太后幸宁寿宫，侍早膳。皇太后赐凯旋将军阿桂、副将军丰升额及有功将校并军机大臣等食，赏赉有差。

是日，逆目布笼普占巴、雅玛朋、阿库鲁及情重番犯，俱斩于市。

（高宗朝卷一〇七·页二八上～三〇上）

○乾隆四十一年（丙申）五月壬申（1776.6.17）

刑部奏："逆酋索诺木及其兄弟、大小头人等暨各犯家属二百五十余人械送至京，历蒙廷鞫，并交臣等分别办理。除因病身死各名外，索诺木系贼酋首犯；其兄莎罗奔冈达克、索诺木彭楚克、甲尔瓦沃杂尔主谋助恶；其姑阿青，自郎卡殁后一切听其专主，及官兵攻讨，抵拒肆横皆其调度；山塔尔萨木坦、丹巴沃咱尔、雍中旺嘉勒、七图甲噶尔思甲布、阿木鲁绰窝斯甲俱系用事大头人；都甲喇嘛雍中泽旺、堪布喇嘛色纳木甲木灿助逆咒诅。以上十二犯罪大恶极，均经凌迟处死。索诺木之母阿仓、头人尼玛噶喇克巴、阿布颇鲁、格什纳木喀尔结、达什色格桑、达尔什纳木甲、达尔什桑卡尔、喀什巴拉木、布笼普占巴、雅玛朋、阿库鲁、达什温布策旺、沙巴租普、阿布穆木里、撒思丹扎布、僧格、格布尔章、阿杉、车斯肩斯达拉等或党恶与谋，或领兵抗拒。又，斯丹巴系首逆索诺木之弟，七图阿申系逆犯七图安堵尔之子、阿咱纳系逆犯蒙固阿什咱阿拉之子。以上十九犯均经处斩。此外，番犯及家属等永远监禁者十六名，发往伊犁给厄鲁特为奴者五十二名，索伦兵丁为奴者四十五名，三姓为奴者三十四名，赏功臣之家为奴者五十八名。跟役、班第喇嘛发往江宁喇嘛寺安插役使者十五名。通计渠魁首恶以及逆党余孽，或置之重典，或贷其余生，悉准情罪之重轻，以彰威德。兹当献俘事竣，请将先后办理缘由，宣示中外。"报闻。

（高宗朝卷一〇〇八·页一〇上～一一下）

○乾隆四十一年（丙申）五月庚寅（1776.7.5）

军机大臣等议奏："两金川解到番子男妇一百八十九名口，遵旨照回人入旗例编一佐领，入内务府正白旗，请设佐领一员、骁骑校一员、领催四名、马甲七十名。但番子初入内地，既不晓事，又不识字，其新佐领一缺，暂由内务府拣员补放，交礼部照例铸给图记，再由内务府派骁骑校一员、领催二名、马甲三名，率领番子中新设骁骑校、领催等办事。至新设马甲缺，由内务府拨给三十五缺，再新设三十五缺。应得钱粮暂行存公，不必分给。另派内务府干员撙节经理，养赡伊等。统俟数年后番子等渐谙事务，其新设佐领再由番众拣选充补，应得钱粮按名分给，并将内务府兼理之官裁撤。至伊等栖止之所，请交健锐营大臣于香山附近，令其建碉居住。"从之。

（高宗朝卷一〇〇九·页六上～七上）

○乾隆四十一年（丙申）十二月戊午（1777.1.29）

库车三品阿奇木伯克、阿克伯克等十三人、哈萨克阿布赉使臣鄂托尔齐等八人、明正土司甲尔参得沁、木坪土司甲尔参纳木卡、瓦寺土司策楞雍中、孔撒土司策丹纳木扎勒、绰窝土司朋楚克喇布坦、里塘土司丹津衮布、巴塘土司衮布嘉木沁、拉林楚木长官司巴尔杰策尔丹等及各土舍头目二十九人瞻觐。各赐冠服有差。

谕：“四川边外各土司所戴帽顶，自应照阿桂所奏各按品级戴用。但此次征剿两金川，该土司或多派土兵协同攻剿，或派出乌拉馈运军粮，已属奋勉出力，现在共抒瞻就趋赴阙廷，其诚悃尤属可嘉。所有伊等官阶仍照原授品级外，著加恩均赏戴二品红顶，并令子孙承袭后一体戴用。至随来之土舍、头人向有于本职上越级戴用帽顶者，亦著加恩仍旧赏戴，以示优奖。”

（高宗朝卷一〇二三·页一一上～一二上）

对将领弁兵、土司土兵议赏、议叙、议恤

○乾隆四十年（乙未）六月辛巳（1775.7.2）

谕军机大臣曰：“明亮等进攻额尔替山梁，抢夺石城碉座，并痛歼贼众，虽未即行攻克，亦足以壮官军声势而破贼人之胆。此次和隆武所领之众尤为出力，明亮当查明记档，俟攻得勒乌围，一并交部议叙。至游击范宜申身冒枪石踊跃直前，以致阵亡，甚为可悯。著查其有无子嗣，另行加恩。现今大功告成在迩，凯旋后当照平定准部、回部之例，于紫光阁图画功臣像，并绘战图，以垂示永久。番地山川险隘之处未能悉其形势，难于著笔，著传谕阿桂，将节次打仗攻获之贼寨，如近时攻得之逊克尔宗及前次攻得之谷噶、喇穆喇穆、色朋普、康萨尔、木思工噶克等及明亮一路之达尔图至茹寨一带，凡有经将士等实在出力奋勇剿杀而得者，查明各画一图。并将带兵大臣及勇锐将领于图内注明。附便进呈，俟朕阅定。”

（高宗朝卷九八四·页五下～六下）

○乾隆四十年（乙未）六月壬辰（1775.7.13）

谕：“……兵部尚书员缺，著丰升额补授。……”

（高宗朝卷九八五·页一下）

○乾隆四十年（乙未）七月戊午（1775.8.8）

又谕："据明亮等奏，进财保自授为二等侍卫以来，凡遇打仗奋勇直前，此次又攻获贼卡受伤，可否赏给巴图鲁名号等语。进财保此次打仗登卡，击败贼人，攻得贼卡，甚属勇往可嘉。著施恩赏给进财保扎拉克巴图鲁名号，仍照例赏银一百两。"

予金川阵亡副都统佛伦泰、副都统衔科玛祭葬如例，入祀昭忠祠。

（高宗朝卷九八六·页一六下～一八上）

○乾隆四十年（乙未）八月辛卯（1775.9.10）

又谕："据富德奏，甘肃宁夏镇总兵刘辉祖因穆谷地方紧要，特派在彼防守，因病调回军营身故等语。刘辉祖在川省军营四载，带兵打仗尚属出力，今因病身故，亦属可悯。著加恩照病故总兵王万邦之例，交该部议恤具奏。"

（高宗朝卷九八九·页二下）

○乾隆四十年（乙未）八月己亥（1775.9.18）

谕："据定西将军阿桂等驰奏红旗报捷，于八月十六日已攻得勒乌围贼巢，此实仰赖上天眷佑，成功迅速，而将军、参赞实心宣力，调度得宜，将领、弁兵各奋勇集事，均属可嘉。所有将军阿桂、副将军丰升额、参赞大臣海兰察、额森特及在事将弁等，著交部从优议叙。其出力之满汉官兵、屯土兵练俱各赏给一月钱粮，以示奖励。"

又谕曰："将军阿桂等奏报攻克勒乌围贼巢，红旗于八月十六日自军营驰发，今于八月二十四日丑时递至木兰行在，计沿途仅行七日，实为迅速。所有办理台站驿递文武官员均属可嘉，著该部查明同兵部捷报章京一并议叙。各站差弁兵夫并著该部查明，照例议赏。其驰送红旗到行在之各站员等，同捷报章京等，著行在兵部查明，先行赏给缎匹。兵部员外郎额尔克图自办理军务以来承办捷报，颇属勤勉，现系该员赍递红旗，著赏戴花翎，并交该部遇有郎中缺出，即行升补。"

谕军机大臣等："官兵攻克勒乌围，已降旨将将军等从优议叙，并遣阿弥达赍红宝石帽顶至军营赏给阿桂，以示优眷，俾益奋迅集勋。……"

（高宗朝卷九八九·页一五下～一八下）

○乾隆四十年（乙未）九月己酉（1775.9.28）

谕曰："布政使郝硕自赴西路督办粮储，实心催趱经理，从无贻误；按察使衔建昌道白瀛承办军需历经四载，自收复小金川及进攻金川，一切不辞劳瘁，均属奋勉出力。郝硕、白瀛著加恩各赏戴花翎。再，刘秉恬前此获罪，原系总督任内之事。伊自革职后驻扎楸砥，总理粮运两载以来，尚能留心经理，妥协尽力，并著加恩赏给兵部郎中，仍赏戴花翎。刘秉恬务宜益加奋勉，以副朕格外加恩至意。"

（高宗朝卷九九〇·页四下～五上）

○乾隆四十年（乙未）九月丙辰（1775.10.5）

谕："据阿桂奏，头等侍卫子爵明仁自到军营以来，带兵打仗颇属奋勉，近虽抱病，尚力疾行走，兹因病身故等语。览奏深为悯恻，著赏给副都统衔，并著该部即照赠衔议恤。所有子爵即著伊子宝纶承袭。"

（高宗朝卷九九〇·页二四上～下）

○乾隆四十年（乙未）九月己巳（1775.10.18）

谕："据文绶奏，驿道杜玉林在川省办理军报、驿站诸事，俱能悉心经理，其总理南路粮运，亦奋勉急公，实心催趱，实为明干出色之员等语。杜玉林著加恩赏给按察使衔，以示鼓励。"

（高宗朝卷九九一·页二四上）

○乾隆四十年（乙未）十月壬午（1775.10.31）

又谕曰："富勒浑奏：成都府知府德克进布防守军营后路，总理大板昭粮站，并历次督办军火、粮石，均能稳妥；又，候补副将扎史总理梭洛柏古后路一带，放哨搜山，妥协无误，间遇贼匪滋扰粮台，饬属擒歼，后路得以宁谧。该二员俱为急公办事、勤劳出众之员等语。德克进布、扎史俱著赏戴花翎，以示优奖。"

（高宗朝卷九九二·页一三上～下）

○乾隆四十年（乙未）十月丙戌（1775.11.4）

谕："据阿桂等奏，甘肃肃州镇总兵六十六自乾隆三十七年调赴川省军营，颇为奋勉，兹因染患伤寒病故等语。六十六在军营四载，带兵打仗尚为出力，今因病身故，亦属可悯。著加恩照病故总兵王万邦、刘辉祖之例，交该部查明议恤具奏。"

（高宗朝卷九九二·页二〇上～下）

○乾隆四十年（乙未）闰十月甲子（1775.12.12）

谕："据阿桂等奏，官兵进攻西里山腿黄草坪，现已抢得各处碉卡。其时总兵曹顺身骑木栅之上亲射贼人，并指挥兵丁攻打，以致暗受贼人枪伤阵亡等语。曹顺自调赴军营以来，节次剿杀贼众无不奋勇争先，著有劳绩，是以屡加拔擢，用至总兵。今因攻克黄草坪碉卡，先登督战受伤阵亡，深为悯惜。著加恩交部，查照从前李全之例给予应得恤典，仍入祀昭忠祠。并著该员本籍督、抚查明曹顺之子现年若干，先行奏闻。俟其服阕后，即行送部引见。"

（高宗朝卷九九五·页一一上～下）

○乾隆四十年（乙未）十一月丙子（1775.12.24）

谕曰："奎林、和隆武自派往军营，诸处奋勉，竭力报效，殊属可嘉。奎林已挑御前侍卫，和隆武著加恩亦挑在御前侍卫上行走。"

（高宗朝卷九九六·页五上）

○乾隆四十年（乙未）十一月丁丑（1775.12.25）

谕："据阿桂等奏：梭磨土妇卓尔玛并伊子土司斯丹巴自川省用兵以来，派出随剿土兵较多于各土司，前经赏给土妇"贤顺"名号，伊子并赏戴花翎，今见指日大功告成，备牛五百头、酒一千篓、糌粑五百背呈送军营，恳求备赏，颇见诚心，当将酒物酌留，牛只发还，并将该土妇、土司及头目人、番众等厚加赏赉等语。梭磨土妇卓尔玛并伊子安抚土司斯丹巴恭顺可嘉，著加恩将斯丹巴赏给宣慰司之职，以示鼓励。"

（高宗朝卷九九六·页六下～七上）

○乾隆四十年（乙未）十一月庚辰（1775.12.28）

又谕（军机大臣等）曰："……（明亮等）又另折奏绰斯甲布土司雍中旺尔结添人协剿，踊跃从事，土舍绰尔甲木灿进攻尤为出力，甚属可嘉，著传旨赏给御用大荷包各一对、朝衣料各一件、大缎各一匹，雍中旺尔结小荷包四个，绰尔甲木灿小荷包三个，并谕以此等贵重服饰不独番地难得，即在内地臣工亦不能轻得。大皇帝因尔弟兄诚心效顺，特加优赉，以示鼓舞。尔等惟当倍加奋勉，速助成功，将来随将军等凯旋入觐，大皇帝自必另沛渥恩，用昭嘉奖。其土妇泽旺拉木并著赏蟒缎一匹、大缎一匹、交伊等一并祗领赍往。"

（高宗朝卷九九六·页一三下～一四下）

○乾隆四十年（乙未）十一月戊子（1776.1.5）

又谕："据富德奏称，绥库自革退二等侍卫巴图鲁名号授为蓝翎侍卫以来，诸处奋勉，此次甫见多贼冲犯营垒，即领兵杀败等语。绥库自知己罪，诸处奋勉，行走可嘉。著加恩授为三等侍卫。嗣后如另有出力之处，俟富德奏到时，朕仍予加恩。军营大臣官员有功，朕即赏之，有罪，朕即罚之，毫无偏徇之处。著将此通谕官兵知之。"

（高宗朝卷九九六·页四二下～四三上）

○乾隆四十年（乙未）十一月己丑（1776.1.6）

谕："据阿桂等奏，官兵攻打西里第二山峰，地名奔布鲁木，乘夜督兵拿栅而进，即于栅内轰塌贼碉两座。初二、三等日复派调官兵，赴山腿尽处合力攻打，海兰察等带兵直取奔布鲁木山峰木城，福康安等所带三队官兵分头抢扑，贼人抵死拒守，枪石交下，随抛掷火弹百余，时及大风，火势蔓延，烧及木城，官兵乘势腾踊而上，贼人踉跄奔出，官兵紧追截杀，歼毙甚多，并因赶急滚崖跌死者又复不少，其不敢逃出者俱毙于内，福康安等复攻入各碉内，放火焚烧，官兵四面合围，碉内贼人亦均毙于火，嗣后三队合兵自上压下，将西里正寨及寨后山包，并迤下山腿各碉卡，随攻随克，直至沟边，额森特等复攻扑山腿尽处木城，亦经克获，并得雅玛朋寨前两碉，进围雅玛朋寨落，相机即可抢上科布曲、索隆古等处。连日共攻得木城九座、大寨四座、石碉七座、石卡数十座，杀贼百余人，所得枪矛等物甚多等语，览奏深为欣悦。此等皆促浸要隘，贼人恃险死守，将军等多方筹画，调度合宜，屡战克捷，实属可嘉。现在大功指日告成，将军等自当特膺茂赏。所有先登制胜之参赞海兰察及带兵勇往之领队大臣福康安，均著交部议叙。其随从分队打仗出力之满汉、屯土各兵，并著将军等查明，赏给一月钱粮，以示鼓励。"

（高宗朝卷九九七·页一下～二下）

○乾隆四十年（乙未）十二月戊申（1776.1.25）

谕："吏部侍郎员缺，著刘秉恬补授。刘秉恬现在军营办事，其未到任之前，所有吏部侍郎事务，著工部侍郎董诰暂行署理。"

（高宗朝卷九九八·页六下）

○乾隆四十年（乙未）十二月辛亥（1776.1.28）

予金川阵亡肃州镇总兵曹顺祭葬如例，入祀昭忠祠。

（高宗朝卷九九八·页一五上～下）

○乾隆四十年（乙未）十二月甲寅（1776.1.31）

又谕："据阿桂奏：署陕西兴汉镇总兵保宁、署贵州威宁镇总兵特成额于乾隆三十八年奉命前赴军营，嗣经奏署总兵，节次打仗无不勇往向前，于绿营事务亦俱练习，但均系乾清门侍卫，是以两年来未请实授，今成功伊迩，凯旋时应否令其进京供职，或令赴任等语。保宁著实授陕西兴汉镇总兵，特成额著实授贵州威宁镇总兵，于大功告成后俱各赴任，以后来京陛见，仍准在乾清门行走。"

又谕："江西按察使员缺，著白瀛补授。白瀛现在军营办事，未能即赴新任。所有江西按察使印务，著海成于通省道员内拣选一员奏明暂署。"

（高宗朝卷九九八·页一七上～一八下）

○乾隆四十年（乙未）十二月丙辰（1776.2.2）

谕曰："丰讷亨所遗镶黄旗领侍卫内大臣员缺，著阿桂补授。阿桂功成凯旋以前，著诚郡王弘畅署理。其弘畅所署镶白旗护军统领事务，另行派员署理。"

（高宗朝卷九九八·页二〇上）

○乾隆四十年（乙未）十二月甲子（1776.2.10）

谕："据明亮等奏，由达撒谷进兵，连克三道险要山梁，已将沿河格尔则寨落一并攻取，通计攻得贼人大寨落五十余处、木城碉卡三十余座，抢获铁炮及鸟枪、刀矛、什物甚多，杀贼百余，生擒贼番二名等语。览奏欣慰。官兵等鼓勇直前，攻坚杀贼，甚为奋勉，亦由明亮、舒常等调度有方，故能所向克捷，痛加剿洗，均属可嘉。其副将军、参赞统俟大功告成，特加茂赏。所有带兵之各领队将弁等，著查明咨部议叙。其派出越险攻碉之索伦、吉林及绿营官兵二百四十名，及随同分队出力之屯练、土兵，并著查明，赏给一月钱粮，以示鼓励。"

（高宗朝卷九九九·页一〇下～一一下）

○乾隆四十年（乙未）十二月己巳（1776.2.15）

谕："据明亮等奏称，二等侍卫扎拉克巴图鲁进财保、三等侍卫特充阿遇战奋勇打仗，此次攻取达撒谷地方复又超众勇往，请各加恩等语。著照明亮等所请，进财保著补授头等侍卫，特充阿著赏给玛桑巴图鲁名号，仍照例赏银一百两。"

（高宗朝卷九九九·页一八上）

○乾隆四十年（乙未）十二月壬申（1776.2.18）

是年，追予金川出师阵亡之通判吴景一员、笔帖式书隆阿一员、县丞刘希焘一员、典史方光祀一员、副都统衔科玛一员、副将佛逊一员、头等侍卫敦住一员、参领五林泰等四员、署参领克星额等八员、二等侍卫库尔德等二员、署章京和盛保等四员、佐领巴西萨一员、参将杨发育等四员、游击余之格等四员、都司曹升等二员、守备陈明等十员、骁骑校福志等十七员、前锋校达善等六员、护军校乌尔泰等九员、蓝翎长扎玛库等三员、千总卢琮等十六员、土千总阿那一员、委署七品官吉尔图等十员、把总杨兆立等五十二员、土把总阿咱纳一员、外委杜之贵等三十六员、武举陈元梁一名、护军披甲马步兵二千二百四十一名祭葬恤赏如例，俱入祀昭忠祠。

（高宗朝卷九九九·页三二上～三三上）

○ 乾隆四十一年（丙申）正月己卯（1776.2.25）

大兵克金川，赐将军以下封赏有差。

谕曰："本日据阿桂等奏官兵已将促浸全境扫平，现在四面攻围噶喇依巢穴情形一折，深为欣慰。并阅进到地图，贼境碉卡寨落均经大兵剿洗，所余惟噶喇依蕞尔弹丸，不及已得之地百分之一，自可即日扫荡，是征金川之役已属蒇功。又据称贼酋索诺木弟兄及作恶头人均在噶喇依官寨，今经严密围困，断难复行逸出，便可设法俘擒。且索诺木之母阿仓、姑阿青及其姊妹均已来营投降，更不虞索诺木等之尚怀观望。所有渠凶党恶自必即行擒缚，驰递红旗，褒绩酬勋，宜颁渥典。将军阿桂荩诚体国，不惮艰劳，制胜运筹，克成伟绩，实为此事首功，前曾赏戴双眼孔雀翎，并于攻克勒乌围时赏用红宝石帽顶，兹著加恩封为头等诚谋英勇公，并赏四团龙补褂、金黄带，以昭崇奖。副将军丰升额、明亮抒诚励勇，协力宣劳，亦堪嘉尚。丰升额本袭公爵，复加赏继勇名号，著再赏以一等子，暂令伊弟布彦达赉承袭，俟丰升额生子后，仍令其子承袭。布彦达赉现系蓝翎侍卫，今既袭子爵，著授为三等侍卫。明亮著封为一等襄勇伯。参赞大臣海兰察每遇摧坚夺隘无不鼓勇先登，实为超众，著加恩封为一等超勇侯，以示优异。参赞大臣额森特，领队大臣奎林、和隆武、福康安、普尔普均各奋勇出力，茂著勤劳。额森特著赏以一等男。奎林本系公爵，著加赏一等男，即令伊子承袭。和隆武本系子爵，著晋封三等果勇侯。福康安著赏给三等男，所有伊原袭伊兄福灵安之云骑尉，著福隆安次子丰绅果尔敏承袭。普尔普著赏给三等男。丰升额、明亮、海兰察、奎林、和隆武仍各赏戴双眼孔雀翎，共昭荣奖。大学士于敏中自办理军务以来，承旨书谕，夙夜殚心，且能巨细无遗，较众尤为劳勚，其前此过失尚可原恕，著赏给一等轻车都尉，以示格外恩眷。所有此次恩赏世爵、世职，均著世袭罔替。至应予录叙之将士，并各项应予议叙、议赏之官员人等，及应行诸典礼，均俟红旗驰递到日再降谕旨。"

（高宗朝卷一〇〇〇·页二三下～二七上）

○乾隆四十一年（丙申）正月庚辰（1776.2.26）

谕军机大臣等："昨已降旨，将军营领队大臣历经打仗克捷出众超群者，如奎林、和隆武、福康安、普尔普等核其功绩，各予酬庸渥典。至此次平定两金川，攻剿打仗之处甚多，其领队大臣、侍卫等，或尚有奋勇出力劳绩可录者，自当量予加恩。若并有实在超逸等伦厥功茂著者，更当特加优奖，并著阿桂等一体查明奏闻。其明亮、富德两路将领，并著查明交阿桂再行核实具奏，候朕酌量分别施恩，以昭公允。"

又谕："此次征剿金川，将军阿桂、丰升额、明亮，参赞大臣海兰察、额森特，领队大臣奎林、和隆武、福康安、普尔普等直抵贼巢，各奏功绩，是以经朕施恩分别赏给公侯伯子男爵、宝石顶、黄带、双眼花翎。惟参赞大臣富德、舒常二人，朕并非不施恩泽。富德前曾获咎，经朕宽免，遣赴军营，理宜感激朕恩，力图报效，而身至军营，驻扎绒布寨二载有余，并无寸进。昨虽将庚额特、穆谷、马尔邦等处攻取，一因接奉饬催之旨，再因将军阿桂、丰升额、明亮等已抵贼巢，乘其离散之际始有报获，岂可为功！舒常乃大学士舒赫德之子，经朕加恩补放参赞大臣，同丰升额驻扎宜喜一年有余，并未得进。而丰升额赴凯立叶后，伊统兵身驻宜喜，惟知株守，迨明亮至达尔图后方始进兵，而屡次将军折奏亦未见伊有身先立功之举。军营鼓励将士，筹画机宜，责在将军，至参赞大臣，理宜统兵奋勇前进，为众表率。海兰察、额森特独非参赞大臣乎？且彼系索伦乌拉齐，尚知奋勉打仗。舒常身系满洲，世受国恩，而反可临阵不前乎？朕每览军营折奏，于将军等筹办及参赞大臣、领队大臣、领队侍卫出力之处无不留心，即如朕躬亲历，岂有遗落之理。富德、舒常未治其罪，仍同众议叙，是即朕之施恩矣。将此传谕富德、舒常知之。"

（高宗朝卷一〇〇〇·页二八下～三〇上）

○乾隆四十一年（丙申）正月壬午（1776.2.28）

谕曰："阿桂著加恩赏用紫缰。"

（高宗朝卷一〇〇〇·页三一下～三二上）

○乾隆四十一年（丙申）正月庚寅（1776.3.7）

又谕（军机大臣等）曰："正红旗满洲都统员缺，著阿桂补授。阿桂未到京之前，著拉旺多尔济署理。……"

（高宗朝卷一〇〇一·页四上）

○乾隆四十一年（丙申）二月甲寅（1776.3.31）

又谕（军机大臣等）曰："将军阿桂等奏报攻克噶喇依贼巢，全境荡平，俘馘同献。红旗于二月初四日自军营驰发，今于二月十二日未刻递至桃花寺行在，沿途仅行八日，实为迅速。所有赍递红旗之兵部员外郎六十五，著照上年额尔克图之例赏戴花翎。其办理台站驰递文武各员均属可嘉，著该部查明同兵部捷报章京各员一并议叙。各站差弁、兵夫，并著该部查明，照例议赏。其驰送红旗到行在之各站员等同捷报章京等，并著行在兵部查明，先行赏给缎匹。"

又谕曰："鸿胪寺卿江兰在兵部行走，兼管行在捷报，颇属奋勉，亦著加恩赏戴花翎。"

（高宗朝卷一〇〇二·页二九上～三〇上）

○乾隆四十一年（丙申）二月乙卯（1776.4.1）

又谕："现在平定金川，大功告成，文绶系总办军需之员，著交部议叙。其承办之司道及文武各员，著文绶查明咨部议叙。"

又谕："此次进剿两金川，所需军粮分路运供，特派刘秉恬、鄂宝、颜希深、郝硕等董司其事，并命富勒浑在口外总理。自督运以来，办理妥协，用能转运无误。今大功告成，宜加录叙。富勒浑、刘秉恬等俱著交部议叙。其办运粮饷各站员及督办之本省大员，均属奋勉出力，并著文绶、富勒浑查明一并咨部议叙。"

又谕曰："阿桂等具奏：攻取噶喇依等处出力官兵，请赏给职衔及巴图鲁名号，其领队大臣舒亮、总兵刘国梁，应请一并赏给巴图鲁名号，赏戴花翎等语。著照所奏，副都统舒亮赏给穆腾额巴图鲁名号；三等侍卫达萨奈赏给法福礼巴图鲁名号；额勒登保赏给和隆武巴图鲁名号；赶福赏给苏呼巴图鲁名号；健锐营委前锋参领哈当阿赏给噶布实显巴图鲁名号；瓦寺都司扎克塔尔赏给通托克巴图鲁名号，仍各赏银一百两。总兵刘国梁著赏戴花翎。二等侍卫延达克巴图鲁托尔托保著授为头等侍卫；三等侍卫济叶特巴图鲁巴达玛著授为二等侍卫；蓝翎侍卫雅尔江阿、济沁特、伍绍、德布星额俱著授为三等侍卫；呼伦贝尔奖赏蓝翎披甲；鄂尔阔勒图、布克兑俱著授为蓝翎侍卫；鸟枪营委署章京常存著授为额外鸟枪副护军参领；鸟枪护军校花连布著授为额外鸟枪委署护军参领；健锐营蓝翎长格洪额、火器营蓝翎长定柱俱著授为额外护军校；黑龙江骁骑校那延泰著授为额外佐领；索伦奖赏蓝翎领催；福僧额著授为额外骁骑校，遇有该营本处缺出即行补放；健锐营前锋多隆武、五十四、富勒瑚讷、德兴、永宁、永恰著升授为鸟枪护军校；宁福、伍保住、耀宁阿、火器营护军苏克精额、文保、额勒谨、同贵、阳春俱著授为额外蓝翎长，遇缺即补；蓝翎侍卫乌礼善、骑都尉果升阿、鸟枪护军校赛图尔、卓灵阿、呼伦贝尔奖赏蓝翎骁骑校；巴津达尔、索伦奖赏蓝翎领催；特勒登额、副将高璪、参将罗江鳞、赫伦、都司杨柱、潘成玉、格腾布、木坪都司包天禄著赏戴花翎；吉林骁骑校额勒谨、七品委官留保、善德、领催色森保、舒林保、前锋乌三保、披甲明保、扎兰泰、黑龙江前锋章武、披甲巴瑚、索伦领催孟库、森特、噶坦保、披甲孟库、诺昆泰、呼伦贝尔披甲默德讷、都司张起麟、土把总车尔都著赏戴蓝翎。"

又谕曰："阿桂等奏军营出有总兵各缺，查有副将高璪、李文英前经奉旨遇有总兵缺出酌量补用。又，副将嵩安打仗奋往，为人明晰，请即将该员升补等语。均著照所请。四川重庆镇总兵员缺，著李文英补授；广东高廉镇总兵员缺，著嵩安补授。"

（高宗朝卷一〇〇二·页三三上～三五下）

○乾隆四十一年（丙申）二月丙辰（1776.4.2）

命紫光阁绘功臣像。谕："此次平定金川，大功告蒇，自应照从前平定准噶尔回部之例，于紫光阁图画功臣像，抡其功绩最著者为前五十功臣，朕亲制赞，并录其较次者为后五十功臣，著大学士于敏中等拟赞，纪实铭勋，用昭褒宠。前此以大学士忠勇公傅恒居首，此次殚诚宣力，百战成功，实惟将军阿桂一人之力，自应列为首功。其余将佐，候朕另行定次。至随朕办理军务之军机大臣，五载以来始终其事者，如大学士于敏中承旨书谕，倍著勤劳，尚书公额驸福隆安夙夜在公，克宣劳绩，大学士舒赫德于此事虽未全行承办，而剿捕临清逆匪实属可嘉，并著一体画入前五十功臣像，以示核实酬庸之意。"

又谕："此次办理金川军务以来，军机大臣等日值办事，并著勤劳，兹当大功告成，宜加录叙。大学士于敏中业经加恩赏给世职，毋庸再议。所有现值庆成之大学士舒赫德、尚书公福隆安、侍郎袁守侗、梁国治均著交部议叙。其随同办事之军机处行走满、汉司员，并著查明一并议叙。"

（高宗朝卷一〇〇二·页三九上～四〇上）

○乾隆四十一年（丙申）二月己未（1776.4.5）

又谕："此次平定金川，曾降旨照前此平定准噶尔、回部之例，图画前后五十功臣像于紫光阁，并经军机大臣酌拟诸臣名单进呈。其不敷人数，行令将军阿桂酌量增添移改，并注明事实，确核具奏。但前此图画功臣，曾将准部之萨喇勒等、回部之霍集斯伯克等数人并列。此次军营随征之各土司头人内，颇有竭诚效力奋勇著绩者，自应甄录图形，以昭盛典。著传谕阿桂令于在事各土司抡其功绩较著者，酌拟二三人，列入前五十功臣。并于头人内择其奋勉出众者四五人，列入后五十功臣，一体注明事实略节，核实奏闻。"

（高宗朝卷一〇〇三·页六上～七上）

○乾隆四十一年（丙申）二月壬戌（1776.4.8）

又谕曰："阿桂等奏现在出有总兵、副将、参将等缺，请以军营出力之副将三德等升补一折。著照所请，陕西延绥镇总兵员缺，著三德升署。所遗陕西潼关协副将员缺，著梁朝桂补授。其江南镇江城守营参将员缺，著特灵额补授。"

又谕曰："阿桂等奏攻克噶喇依后，派总兵乌尔纳防守，因寨旁喇嘛寺失火，即带兵往救，逼近备贮火药处所，延轰石块，以致著伤身死等语。乌尔纳自抵军营以来，攻战甚属奋勉，且已得有多伤。今大功告竣，复因救火著伤身死，朕心深为悯恻，著加恩交该部照阵亡例议恤。"

（高宗朝卷一〇〇三·页一七上～下）

○乾隆四十一年（丙申）二月癸亥（1776.4.9）

又谕："文职汉大臣由鼎甲出身者，向无赏戴花翎及赏黄褂之事，大学士于敏中于办理金川军务，承旨书谕，倍著勤劳，昨因大功告蒇特沛恩纶，画入紫光阁功臣像，与其余词臣不同，著加恩赏戴花翎，并赏黄褂，以示优眷。"

（高宗朝卷一〇〇三·页二四下）

○乾隆四十一年（丙申）二月甲子（1776.4.10）

又谕曰："于敏中既赏戴花翎，并赏黄褂，伊现系大学士，且与大学士舒赫德、尚书公福隆安同列紫光阁功臣画像，三人翎帽自应画一，于敏中著加恩赏戴双眼翎。"

（高宗朝卷一〇〇三·页二八下）

○乾隆四十一年（丙申）二月戊辰（1776.4.14）

谕曰："阿桂等奏，参领山东保、乌林泰二员前经发往军营以副将委用，今大功已集，该员等俱呈请回旗当差等语。山东保原系护军参领，尚未开缺，应令其仍回本旗当差。乌林泰俟到京之日，兵部带领引见，酌量留用。该部知道。"

又谕曰："阿桂等奏，陕西游击子爵王承勋前于副将任内，因漏报逃兵革职，留于军营效力，嗣以差委奋勉，补授游击，但所有子爵应否承袭等语。王承勋仍著承袭子爵。该部知道。"

又谕曰："阿桂奏，各队保举出力人员，分别拣选请加恩奖赏，其副都统阿尔萨朗一切奋勉，攻取甲杂、独松等处益觉勇往，应请一并赏给巴图鲁名号等语。著照所奏，副都统阿尔萨朗赏给阿尔杭阿巴图鲁名号，乾清门二等侍卫富宁赏给奇撤伯巴图鲁名号；三等侍卫阿兰保赏给噶布实显巴图鲁名号，仍各赏银一百两。蓝翎侍卫八十九著授为三等侍卫。健锐营前锋校富连著授为额外委章京。护军蓝翎长玛木锡著授为额外护军校，遇缺即补。成都领催世住、七十九，前锋富臣俱著授为额外骁骑校，遇缺即补。蓝翎侍卫萨哈泰著赏戴花翎。健锐营前锋福柱、德楞额、黑龙江骁骑校罗托、领催六十著赏戴蓝翎。健锐营前锋色楞、景福、六格俱著授为额外蓝翎长，遇缺即补。贵州把总初大荣授为额外千总，遇缺即补。云南守备郑天祥著赏戴花翎。云南守备屠登陞、陕西守备孟洪毅、云南千总李天临、宁夏千总李自昌、云南把总高起林、贵州把总梅盛春、贵州外委把总李玉成俱著赏戴蓝翎。"

（高宗朝卷一〇〇三·页三三下～三五下）

○乾隆四十一年（丙申）三月乙亥（1776.4.21）

定西将军协办大学士尚书公阿桂等奏："查各路十二土司并土舍、头人等出力勤劳者七十余名，其历年出力之屯、土各弁并已赏顶戴之降番头目等四十余名，分别酌赏银两，臣等不揣冒昧，作为恩旨传谕，当众面为赏给，皆叩头祗领，欢呼感忭。"

得旨："嘉奖。"

（高宗朝卷一〇〇四·页六上～下）

○乾隆四十一年（丙申）三月庚辰（1776.4.26）

又谕："据阿桂等奏：屯、土各兵内打仗奋勇及阵亡、受伤应行赏恤未准部复者，尚有数案，若部复后，该督将应赏银两交地方官及营员转发，难保无官吏沉搁、侵渔之弊，请令督臣于接到部复时，即交提督桂林就近给领等语。所奏尚未周妥。现授明亮为成都将军，移驻雅州节制，而提督桂林则令其移驻美诺，所有此项屯、土兵丁赏恤银两，即著该督解交明亮处，转交提督桂林就近传唤各土司、头人给领，俾番众均沾实惠。将此传谕明亮、桂林、文绶知之。"

（阿桂等）又奏："查土妇扎什纳木前于扫荡噶喇依时投出，伊子诺尔布湛都尔实为该处头人，番众归心，所有革布什咱土司应令承袭。其土司印信先为金川夺去，现于噶喇依官寨内刨得，当于二十七日陈设印信，传集扎什纳木母子并革布什咱各头人宣示谕旨，令其祗领。该土司母子感激流涕，各土司见之，无不咨嗟悦服。"报闻。

（高宗朝卷一〇〇四·页一七上～二二上）

○乾隆四十一年（丙申）三月癸未（1776.4.29）

谕："现在军营由满员擢用总兵、副将者，多著有劳绩奋勇出众之人。

如用于北省及四川等镇协要缺，尚可演习骑射，留心营务，可冀成材得用。若补授广东、广西、湖南、湖北等省，皆非习武之地，恐至彼耽于安逸，转足消其英锐之气，殊觉可惜。因交兵部将在军营之满洲总兵、副将补授广东等省者通行查明，并将直隶等省要缺各员之非由军营升补者，一并列单进呈，朕详加阅定。所有直隶正定镇总兵员缺，著嵩安调补，其所遗广东高廉镇总兵员缺，即著富明调补。直隶宣化镇总兵员缺，著仁和调补，所遗湖北宜昌镇总兵员缺，即著达齐调补。山西大同镇总兵员缺，著官达色调补，所遗湖北襄阳镇总兵员缺，即著哈攀凤调补。山西太原镇总兵员缺，著特成额调补，所遗贵州威宁镇总兵员缺，即著敬善调补。又，直隶督标中军副将员缺，著普吉保调补，其所遗广东惠州协副将员缺，即著任学周调补。直隶大名协副将员缺，著富成调补，所遗广西梧州协副将员缺，即著陈镇国调补。直隶河间协副将员缺，著全保调补，所遗湖北郧阳协副将员缺，即著范宜恒调补。山东胶州协副将员缺，著丰盛阿调补，所遗湖南永顺协副将员缺，即著卢光裕调补，山西蒲州协副将员缺，著观成调补，所遗湖南长沙协副将员缺，即著曹龙骧调补。陕甘督标中军副将员缺，著和成额调补，所遗贵州都匀协副将员缺，即著特松额调补。甘肃庆阳协副将员缺，著兴奎调补，所遗贵州黔西协副将员缺，即著赵登高调补。陕西汉中城守营副将员缺，著阿穆呼朗调补，所遗贵州清江协副将员缺，即著林茂益调补。甘肃神木协副将员缺，著德起调补，所遗贵州平远协副将员缺，即著陈圣谟调补。甘肃沙州协副将员缺，著双喜调补，所遗江南安庆协副将员缺，即著许宗奕调补。四州督标中军副将员缺，著巴福书调补，所遗云南广罗协副将员缺，即著张允师调补。该部知道。"

（高宗朝卷一〇〇四·页三一上～三三上）

○乾隆四十一年（丙申）三月癸巳（1776.5.9）

谕："据阿桂奏：准图思德咨称，楚姚协把总陈宽枪伤病发，急难痊愈，业咨部勒休等因前来，查此等受伤深重者，均系军营出力之人，应否量予优恤，出自圣恩等语。前因各营兵丁有受伤遣回残废难痊者，曾降旨令各督、提查明，仍给守粮一分，以资养赡。其弁员在军营打仗出力，因伤病废，与前项兵丁事同一例，若照寻常衰病勒休，情殊可悯。著云贵、陕甘、四川、湖广各督、提查明节次派往军营之千把外委，如有因打仗受伤难于痊愈者，一面咨部开缺，仍加恩给与步粮一分，以养余年。所有把总陈宽即照此办理。该部知道。"

（高宗朝卷一〇〇五·页一一上～下）

〇乾隆四十一年（丙申）四月壬寅（1776.5.18）

又谕曰："英泰现已革职，所有四川建昌镇总兵员缺，著交与将军阿桂于所知军营出力人员内拣选一员奏请升补。现在该镇印务，著照文绶所请，令副将张允师暂行署理。"

（高宗朝卷一〇〇六·页一下～二上）

〇乾隆四十一年（丙申）四月癸卯（1776.5.19）

谕曰："户部尚书已令丰升额补授，现在凯旋到任后，英廉即不兼署户部。"

转吏部右侍郎刘秉恬为左侍郎。

（高宗朝卷一〇〇六·页三上～六上）

〇乾隆四十一年（丙申）五月乙亥（1776.6.20）

又谕曰："董天弼前在布朗郭宗驻守，庸懦贻误，虽死不足蔽辜，因将伊子发遣，以示惩戒。今大功已经告成，所有各项功罪俱应确核。念董天弼初随征剿时尚有出力之处，著加恩将伊现在遣所诸子俱放回本籍，其各本身原有前程，仍著给还。至宋元俊获罪本由自取，念其在川年久亦有微劳，伊子著一体加恩释放回籍，复其衣顶，以示朕肆眚施惠之意。"

又谕曰："富德前在军营多用赏号银两，朕以军营官兵凡有奋勉出力者，俱核其功绩，分别升拔赏赉，各项加恩之处不为不多，何以复有赏号名色，节经降旨查询，并交部核办矣。今日据阿桂奏称赏号一项系沿川省之旧，不但将军、参赞等各有赏号备用，即总督衙门亦有赏需银数千两等语。总督养廉丰厚，遇有奖赏之事，理应于养廉内自行赏给，何得复备赏需款项。此实相沿陋习，亟宜删除。惟新设之成都将军管辖众番，每有必需赏犒之事，而所定养廉较少，若再令其自行发赏，未免不敷用度，自应酌量加添，俾无缺乏。著传谕文绶，即将该督衙门所有赏需一款永远裁去。其成都将军每年应添给养廉数千，以供赏用，但不必仍留赏需名色。将此由四百里传谕知之，仍将作何酌定之处即行复奏。"

（高宗朝卷一〇〇八·页一三上～一五下）

○ 乾隆四十一年（丙申）五月乙未（1776.7.10）

谕军机大臣等："据毕沅奏：陕甘两省各营将备现俱带领凯旋兵丁回营，内有打仗出力经将军、参赞奏请升任者，均应送部引见，又各营题升预保各员，缘近年本营乏人署事，亦未给咨送部，现俱纷纷请咨。共计有六十余员，请分作两班给咨送部等语。所办亦好，已于折内批示。但此等人员俱系军营出力经将军等奏请升擢者多，即送部引见亦不过仍令回任，无可另为甄别。且伊等甫经凯旋，其本营事务自须稍为经理，至本省题升预保各员亦有署任交代之事，均不必亟亟概行送京。况人数多至六十余员，即分作三班轮替来京，亦无不可。著传谕毕沅，如头班业已起程，即将后班分为两起；若目下头班尚未起程，即酌量分作三四班进京，并俟前班引见回营，再将其次给咨送部，庶营务不致乏人料理。勒尔谨回任后，即照此接办。其湖广、云、贵、四川各省回营将弁内有似此者，均著一体办理，将此谕令各督、抚知之。"

（高宗朝卷一〇〇九·页一〇下～一一下）

○ 乾隆四十一年（丙申）六月辛亥（1776.7.26）

谕军机大臣等："据阿桂等奏：绘画功臣图像，正在陆续进呈，并将已画、未画及行文查取小像各员，分别开单呈览。自应如此办理。至另片所奏行文明亮处咨取各土司、土舍等图像一单，其事殊有关系。番人素性多疑，忽见将军处令伊画取小像，必心生猜惧，妄意以为图形镇压，其或疑天朝于平定两金川后又将办及绰斯甲布等土司，致令传布惊惶，各怀顾虑，于安辑蛮陬之道大非所宜。且此等土司列在后五十功臣，非若前五十功臣另须汇画成卷、亲书像赞无可比。其画像与否，本属无关紧要。阿桂、丰升额在彼统兵已久，伊等面貌皆所熟识，而番人形状彼此相仿者多，即当就在京所有番众内择其约略相似者，指示画工，令其绘像备数足矣，又何必远道求图，致生疑畏。且番境传神未必即能酷肖，复经摹写。更至失真，其与仿佛拟画者又何必异耶！或此时暂行写得，俟伊等轮班朝觐时再行改定。使其见内地将军、大臣等皆有画像，彼亦得厕身图列，必以为荣，而不以为惧，不过迟早之间，而事之可否相去判然。阿桂等平日办事精细，岂于此等处竟未计及耶！经朕指示，阿桂等谅必心服，亦必自笑其疏也。所有行文明亮咨取土司、土舍图像一节，如尚未行文，即行停止，若已经发去，著阿桂等由六百里寄信明亮，迅速将原文赶回，不必传知土司。"

（高宗朝卷一〇一〇·页二一上～二二下）

○乾隆四十一年（丙申）六月甲寅（1776.7.29）

谕曰："郝硕、颜希深各有应行革任之案，因其在军营办事，节经谕令该部于军务告竣后再行请旨。今据吏部奏，郝硕议处共三案，颜希深议处共二案，朕细核情节，两人因公处分之案其过尚轻。惟郝硕于浙江按察使任内有孝丰县盗犯陈永加串通禁卒越狱同逃一案，颜希深于木池军营有轰烧火药一案，均属伊等咎所应得。但念其均在军营出力数年，著加恩各照应议之案，于布政使任内以革任注册。至白瀛近在阿桂一路办理粮务甚为奋勉出力，所有军营兵丁口粮于通行各站文内统行半折半支奉行舛错，部议降二级调用之处，著该部查明此案如系办理粮饷各员公错，所有白瀛应得处分即可加恩宽免。如系白瀛一人专办之事，即著将所降之级带于按察使新任。"

（高宗朝卷一〇一〇·页二六下～二七下）

○乾隆四十一年（丙申）七月丁丑（1776.8.21）

又谕："此次平定金川，所有各省绿营调往马步兵丁，其借支行装银两，应于回营后扣饷还项。因伊等俱曾效力行间，业于恩诏内展限三年分扣。今复念该兵等应扣之项较多，若于三年内扣完，恐月饷所存无几，不足以资养赡。著再加恩照从前平定伊犁、回部之例，分作十年坐扣，以示体恤。"

（高宗朝卷一〇一二·页一二上）

○乾隆四十一年（丙申）七月庚寅（1776.9.3）

又谕（军机大臣等）："前据荆州将军兴兆奏，此次往四川军营之荆州驻防兵丁，内有委署官八十余人，其原给顶带应否仍令其戴用等语。朕因此项委署官员何至如许之多，谕令阿桂、丰升额查奏，并传谕吉林、黑龙江等处将军，将有无似此委署人员，及作何办理之处，一并查明具奏。兹据阿桂等奏称：此等委署官员，除缺出挨次补用外，亦有参赞大臣等在前敌见有出力兵丁偶然赏给空翎顶者，撤兵时应行摘出，从前办理准噶尔、回部有似此者，撤兵时俱即摘去，此次自应一体照办等语。此次在军营之驻防满洲兵内，既有委署人员过多之事，绿营谅亦有之，撤兵后如何办理，未据各该督、抚等奏及。著传谕各该督、抚将此次派往四川各营有无似此委署之人，及是否戴用顶带之处，遇便复奏。"

（高宗朝卷一〇一三·页七下～八下）

○乾隆四十一年（丙申）十二月戊午（1777.1.29）

库车三品阿奇木伯克、阿克伯克等十三人、哈萨克阿布赉使臣鄂托尔齐等八人、明正土司甲尔参得沁、木坪土司甲尔参纳木卡、瓦寺土司策楞雍中、孔撒土司策丹纳木扎勒、绰窝土司朋楚克喇布坦、里塘土司丹津衮布、巴塘土司衮布嘉木沁、拉林楚木长官司巴尔杰策尔丹等及各土舍头目二十九人瞻觐。各赐冠服有差。

谕："四川边外各土司所戴帽顶，自应照阿桂等所奏各按品级戴用。但此次征剿两金川，该土司或多派土兵协同攻剿，或派出乌拉馈运军粮，已属奋勉出力，现在共抒瞻就，趋赴阙廷，其诚悃尤属可嘉。所有伊等官阶仍照原授品级外，著加恩均赏戴二品红顶，并令子孙承袭后一体戴用。至随来之土舍头人向有于本职上越级戴用帽顶者，亦著加恩仍旧赏戴，以示优奖。"

（高宗朝卷一〇二三·页一一上～一二上）

○乾隆四十一年（丙申）十二月丁卯（1777.2.7）

是年，追予金川出师阵亡之署参领多尔济等七员、副参领平保等六员、候补副将赵琮一员、三等侍卫达兰泰等三员、佐领托进一员、参将惠世溥等四员、游击沈涪等二员、都司左明德等七员、三等侍卫纳松额等三员、土都司衔坤朋一员、蓝翎侍卫穆克登保等二员、署闲散章京哲昆保等八员、防御董邦起一员、云骑尉沙尔呼达等一员、守备马进忠等十八员、骁骑校得保等四员、亲军校佛木丕一员、前锋校平保等三员、副前锋校福全等三员、护军校喜住等三员、千总方士贵等五十员、署七品官科灵阿等二员、把总折雄等三十一员、外委张卓等三十九员，护军、披甲、马步兵二千二百六十七名祭葬恤赏如例，俱入祀昭忠祠。"

（高宗朝卷一〇二三·页二四上～下）

○乾隆四十二年（丁酉）二月壬寅（1777.3.14）

谕军机大臣等："上年金川大功告蒇，所有该处地界，经将军等绘图奏明归入版图，安屯耕种，原应如是办理。兹朕检阅平定金川方略内，如从前绰斯甲布、布拉克底、巴旺、党坝等各土司即有被金川侵占地方，此时以我大军之力全境扫平，前金川所吞邻境尺寸莫非我土，但念该土司等数年以来跟随打仗守卡出于诚悃，其勤劳亦属可悯，所应特沛殊恩，示以奖励。现已面谕明亮赍此旨，俟到川时会同总督文绶、提督桂林，将绰斯甲布、布拉克底、巴旺、党坝土司等被金川侵占地方逐加详勘，查明无碍田土，可以取给者，绘图具奏，候朕降旨，酌量赏给，以示优恤远番逾格加恩之至意。将此传谕文绶、桂林知之。"

（高宗朝卷一〇二六·页一一下～一二下）

○乾隆四十二年（丁酉）二月甲辰（1777.3.16）

钦差吏部侍郎刘秉恬、四川总督文绶复奏："遵旨查参不俟大兵先回达乌之知县张永升、典史冯世昌。除冯世昌业经身故，兹调讯张永升，据供伊原系协办南路军营铸炮物料之员，三十八年六月炮局裁撤，在营已无应办之事，适奉总理李藩司委赴达乌催趱夫粮接济，遵即星夜驰赴。密询原管总理李世杰，并验原札，皆属相符，自系实情。再该员居官勤妥，是以此次大计，文绶列入卓荐，恳免其参革。"

得旨："虽免参革，亦不宜卓荐。"

（高宗朝卷一〇二六·页一七上～下）

○乾隆四十四年（己亥）十二月己卯（1780.2.4）

是年，追予出师金川阵亡之外委张士伦一员祭葬恤赏如例，入祀昭忠祠。

（高宗朝卷一〇九七·页一五下）

○乾隆四十七年（壬寅）五月庚子（1782.6.14）

谕曰："甘肃兵丁所领季饷内，尚有从前出征金川置备军装应行坐扣之项，前经传谕李侍尧，令其查明据实具奏，候朕酌量加恩。兹据李侍尧奏：该省兵丁扣项共计十案，内除本省详准借支及川省咨追查扣仍应按季扣还归款外，其节次制办衣履运送军营一款未完银一万八千二百六十九两零，又川省军营代制各兵帐房、衣履，其借支俸饷接济一款尚有未完银二万七千八百二十两零，又征兵随带余丁长支盐菜银一千三百九十八两零，系无可著追等语。该省协调兵丁所领制备帐房、衣履及接济盘费等项银两，本应扣还归款，但念兵丁等按季所领饷项无多，若再行坐扣，兵力未免拮据。著将李侍尧所奏未经扣还前项银两，俱加恩豁免，以示朕体恤戎行之至意。该部即遵谕行。"

（高宗朝卷一一五六·页一五上~下）

办理军需报销、台站并撤等事宜

○乾隆四十年（乙未）八月壬午（1775.9.1）

又谕："据富勒浑等奏：川省报销款项繁多，必须熟于销算之员方为得力，前于李湖到川时，询有原任大关同知余庆长向办云南奏销，甚为实心，该员服阕候补，现在调取来川入报销局办事，实能细心综核，请旨将余庆长留川补用等语。著照所请，余庆长即留于川省办理奏销事务，遇有相当缺出，即行奏请补用。"

（高宗朝卷九八八·页一二上~下）

○乾隆四十年（乙未）八月乙巳（1775.9.24）

（湖广总督署四川总督文绶）又奏："从前军需奏销，系先将实销各数题报完竣后，始将驳减银数核追。但为时既久，经手之员一遇升迁事故，移查咨追未免拖延。请就案比较，如有核减，按款饬追。"

得旨："早应如此办理，何待今日。"

（高宗朝卷九八九·页三四上～下）

○ 乾隆四十年（乙未）十一月丁丑（1775.12.25）

又谕："据刘秉恬奏：川省办理军需，钱粮奏销甚关紧要，现在省局司道各有本任应办之事，未能专心经理，以致节次催趱，仍多延搁。查有湖北安襄郧道浦霖，系户部司员出身，办事颇能留心认真，请令来川帮同钱鋆等办理，并令该道将平日所知属员及书吏内各拣派数人带同帮办；又云南镇雄州知州白秀办事细致，亦请令来川帮办，并请各以本任之官在川办事等语。所奏甚是。浦霖著即拣派应带员役，由湖北驰驿前赴四川。白秀解铜来京，现已事竣，著驰驿前往川省，会同军需局司道上紧查办军需报销事务。至浦霖、白秀仍著各以本任之官赴川办事。其员缺，著该抚委员暂署。如该员等果能实心出力，著有劳绩，仍著出具考语，送部引见。"

（高宗朝卷九九六·页七上～下）

○ 乾隆四十年（乙未）十二月丁卯（1776.2.13）

署四川总督文绶、布政使衔李湖奏："川省军需报销自乾隆三十六年军兴日起，至三十八年六月止，动放银一千九百七十余万两。现据各属请销之数，大率照例造报，似应准销。及检阅底案内原报文领并藩库月报册开支放之数，有当日领数本少，而现在应销例价转多，应行找领者。盖缘办事之初，章程未定，承办之员无所遵守，恐干驳查，撙节请领，宁少无多，是以不能画一。但现核诸成例，有减无浮，是已领之银数即实发之工价，自毋庸援例找领。臣等现除原行牌檄及文领内声明垫办有据者始准找领外，其余悉以底案文领为凭，照数核销，不准找给，以归节省而杜流弊。再查官运背米长夫照乾隆十二三年金川旧例折给口粮银两一款，检阅原卷，此项折支口粮银两，自乾隆三十六年官运以来，藩库从未给发，各属亦无有具报垫办者，是折支虽有明文，奉行并未照例。今为期日久，事后补领，断难按名给发，适以启浮冒而滋流弊。查旧案计需口粮折价不下二十万两，臣等现将此款核删，庶实支实销，经费皆归有著。"

得旨："所办是。知道了。"

（高宗朝卷九九九·页一三下～一五上）

○乾隆四十年（乙未）十二月辛未（1776.2.17）

军机大臣议复："督理粮饷吏部右侍郎刘秉恬奏称：儹拉、促浸地面添驻营汛，揆之地势情形，不外美诺、底木达、大板昭、勒乌围、噶喇依等数处。查日耳现存粮二万石，除酌留凯旋兵粮外，俱应取道沃日、明郭宗尽数运赴美诺，以备各处支食。撒拉、大板昭存贮之米除酌留外，应由乌尔当一路拨运底木达等处。勒乌围一带余存之米，应由沿河分运噶喇依等处。其南路协运木池之米，已运赴觉木交，如觉木交尚有存贮，亦赶运扎乌古等处，庶皆可就近酌拨。又楸砥一路，自汶川至沙坝每站先酌存米四五百石，以为凯旋兵夫口粮。如有余剩，一概运往撒拉。其草坡一路，自桃关至木耳每站亦先存米五六百石，以备兵夫口粮。如有余剩，一概运往美诺。又查西路现设药局，指日攻克噶喇依，所得必更有增添，应将临时余存之火药、火绳、枪子等项，照营制大小，酌量兵数，派拨分贮。又查各路军营铸成铜炮，将来凯旋后临时酌留数位，分存各营汛，余俱饬令镕销，无论在营在途，全数运交省局鼓铸。又查各路军营打出炮子及存用生铁不下数百万斤，不便听其散而无稽，应将附近美诺一带者，交美诺等处营汛收存，附近噶喇依、勒乌围一带者，查照道路远近，运交各该营汛收存，将来屯田农具所需，即可取资于此。均应如所请。"

得旨："依议速行。"

（高宗朝卷九九九·页二三下～二五上）

○乾隆四十一年（丙寅）正月戊寅（1776.2.24）

又谕（军机大臣等）："前因川省军需款项纷繁，已阅数载报销，恐不无牵混浮冒等弊，是以特派富勒浑、刘秉恬、鄂宝、桂林会同文绶核办，并添派李湖在局专司综核销算。自派办以来，虽据文绶奏，饬局将前案军需核出四十案先行造销，迄今又及一年，经部臣节次行催，仍无一案到部。兹袁守侗在川查审事件回京，询及该省奏销之事，据称闻报销造册到局，经李湖查核办定，复咨送各该处核查，有准于此而驳于彼者，往返咨商，是以未能题达等语。所办未为妥协，军需案件承办各有专司，如富勒浑、文绶俱系该省现任总督，事无巨细皆所应知。刘秉恬、桂林从前均曾任总督，即各有承办之案。鄂宝虽专司北路粮运，亦各有经手案件。自应各先就本人承办之事详悉查核，统归报销局总核报部，方可画一就理。至李湖系后来到川，诸事并未经手，因其平日办事尚肯认真务实，是以令其帮同稽核报销，以昭慎重。是销算一事，自应以彼为归宿，不可因其衔系藩司，亦如外省办理寻常事件之必须自下而上，以致辗转稽延。政如治丝而棼，难归画一，则军需各案何日方能造册题销耶？著传谕富勒浑等，即就各人各路承办案件、所动款项详细核明，总交报销局，即令李湖逐款查核，交该署督迅速具题，毋得再行延缓，致滋丛脞。"

（高宗朝卷一〇〇〇·页二〇上～二一下）

○ 乾隆四十一年（丙申）正月辛卯（1776.3.8）

谕军机大臣等："阅阿桂等进到所克雍中喇嘛寺图样，形势颇觉可观，此系番地最大庙宇，其材料装饰有用者多。今剿平番境，设汛安营，此等寺庙即另招喇嘛居住，亦无须过于华丽，倘概行毁弃又觉可惜。莫若拆运来京，择地照式建盖，以纪武成盛绩。或木料过大难于移送，若水路可通，亦可运致。所有铜瓦及装修华美什件，附便运送来京，以便仿造。将此随军报之便谕令阿桂等知之。"

（高宗朝卷一〇〇一·页四上～下）

○ 乾隆四十一年（丙申）正月庚子（1776.3.17）

又谕："据阿桂奏，随营办事之礼部员外郎曹焜于口外粮站事宜颇为明白，兹当军务告竣应行回京，若调户部核办报销，似有裨益，请旨调补等语。著照所请，曹焜即以户部员外郎调补。该部知道。"

（高宗朝卷一〇〇一·页二一上）

○ 乾隆四十一年（丙申）正月壬寅（1776.3.19）

办理军需布政使衔李湖复奏："遵旨查核军需银款，口外各案均归承办诸臣分核。其口内各营属支领银两，查系指款，详请督臣批饬藩司核发，按月造册咨部，均有文案可据。现督局员攒送销册，确核趱办，核转题销。"报闻。

（高宗朝卷一〇〇一·页二五下～二六上）

○乾隆四十一年（丙申）二月甲寅（1776.3.31）

督理粮饷调任四川总督富勒浑、四川总督文绶奏："南路章谷以外至军营，章谷以内至打箭炉各站，大兵现将凯旋，存米渐次运峻，均可次第卷裁。"报闻。

（高宗朝卷一〇〇二·页三〇上）

○乾隆四十一年（丙申）二月己未（1776.4.5）

又谕："据郝硕奏请于官兵凯旋后即来京请训，再赴浙江藩司新任一折，不便准行。郝硕查办粮运已阅二载有余，必有经手承办之事，此际大功告成，所有一应军需报销，正宜乘经办熟手未散之时及早上紧赶办，庶不致舛错稽延。若遽各回本任，设有未经明晰之案，必须行文别省咨询，不但案牍纷繁，徒延时日，且恐督办大员远离该处，其下承办各员妄恃无可查对任意混开，于销算军需要务甚有关系。至浙江藩司现有徐恕署理，郝硕自可毋庸急于前往。且不独郝硕一人为然，即刘秉恬、富勒浑、鄂宝、颜希深等均各有经手事件，现当赶办报销，亦不可即离川省。统俟将各人经办之事查有头绪，造册交文绶、李湖查核，方可各自奏明起程请训，各赴本任，不必更候各案题达。昨于富勒浑调补湖广总督旨内，有'俟大兵凯旋后即赴新任'之语，楚督印务现有陈辉祖兼署，富勒浑亦俟将经手之案办毕，交文绶等核办，再赴新任，不必拘泥前旨也。可将此各传谕知之。"

（高宗朝卷一〇〇三·页七上～八上）

○乾隆四十一年（丙申）二月壬戌（1776.4.8）

谕军机大臣等："前日据郝硕奏请于官兵凯旋后即来京请训，再赴浙江藩司新任一折，因不便准行，业经降旨通谕军营现有经手事件各大员俱不必急回本任。今日又据颜希深奏请进京陛见，即赴河南藩司之任等语。所奏与郝硕相仿，殊不思豫省藩司现在荣柱署理，并无急待颜希深办理之事，而颜希深承办粮运已阅三载，其经手事务必多，现在大功告成，一切军需报销，经手大员正当乘此时上紧清厘，庶无舛混。若各回本任，设有未经明晰之案，行文咨询各省，徒繁案牍，又延时日，并恐督办大员一离该处，承办各员更致混开滋弊，甚有关系。虽据称以请训为辞，但军需要务，自当权其轻重，颜希深平日尚知事体，何于此竟未计及而急于请训赴任耶？著再传谕刘秉恬、富勒浑、鄂宝、颜希深、郝硕，仍遵前旨各将经办事务上紧查核，俟办有就绪，造册移交文绶、李湖，再行具折请训，不必复俟具题部复，方为妥协。"

又谕："据阿桂等奏，查噶喇依官寨为大炮所轰，已成一片土石，杂以乱木，至官寨内物件，讯据索诺木管事之阿木鲁绰窝斯甲等供称，自大炮轰打以来，寨墙所压物件俱经损坏，此内尚有银二千余两，现派司员尚安等监看，督率兵丁，令番人指引，于土中逐一刨挖找寻，俟查明另奏等语。所办尚未周妥。贼酋等预将银两、什物等项密行埋藏，防为官兵所得，屡经投番等供明。今寨墙虽为炮轰摧，未必能损及埋藏之物。至所有银两，据供止二千余，尤不足信。前岁木果木失事时，军营被劫之银共计五万六千余两，皆经逆酋等运至噶喇依贼巢。伊等用银之事无多，岂能将如许银两概行花费，仅存二千余金？此乃贼目阿木鲁绰窝斯甲等狡饰之词，岂可为所瞒哄。况贼酋贼目前此曾欲聚族自戕，而其所藏银物必不肯落我之手。今该贼目等现俱就擒，焉肯转以深藏诡谋向我吐露！阿桂平日办事极其精细，岂于此事竟未思及耶？虽扫穴俘囚大功已藏，查办贼巢物件一节原非要务，但既洗荡其巢，自应详查所有埋藏，悉行搜获，不宜草率了事，仍使瘗物存留。将来噶喇依官寨须设营屯驻兵丁，岂可令贼人在木果木劫去官银，留于日后绿营兵丁等刨用。前经传谕阿桂，令于番人内细加访询，务得实情，悉行搜获，勿使稍有遗留。令阿桂等计日凯旋，以备举行郊劳大典，自不能在彼久驻办此一事。桂林系四川提督，并须驻扎美诺，该处一切事宜皆所应办。著桂林即往噶喇依，令阿桂将此查搜贼寨银物之事交与桂林，悉心妥办，勿稍遗漏。仍将查办情形据实即行奏闻。将此由六百里传谕知之。"

调任四川总督富勒浑奏："军营后路留驻官兵分布防守远近不同，储积之粮未便零星分贮，应于总汇之所留备供支。现饬于西路之噶喇依、勒乌围、大板昭、底木达、美诺，南路之马尔邦、章谷等处修理旧碉，搭盖棚厂，以贮后运之米，随到随收，不致露积。俟将军定有章程，派定防兵多寡，为存粮盈缩，宽为贮备。"

得旨："嘉奖。"

（高宗朝卷一〇〇三·页一七下～二二上）

○乾隆四十一年（丙申）二月癸亥（1776.4.9）

又谕（军机大臣等）："昨阿桂等奏查勘噶喇依贼巢所藏物件一节，仅据阿木鲁绰窝斯甲狡猾供词，所办未为周到。已传谕阿桂，并令桂林前往切实妥办矣。如银两一项，据该贼目供称，仅存二千余金，即不足信。贼酋等在木果木劫去之银共五万六千余两，俱运往噶喇依贼巢收藏。逆酋等平日并无花用，其下番众因乏食向借口粮，尚吝不轻给，遇有番人出力者，不过杀数牛以犒劳，众已称为难得，焉肯赏以银钱。伊等又并无用银制买物件之事，且官军分路围剿，贼众更无从他出购觅。其所有银两销归何处，自系预行深埋，不欲为我所得。阿木鲁绰窝斯甲狡恶异常，必不肯将实情吐出。已另谕福康安将阿木鲁绰窝斯甲押解行在，详加鞫讯，谅难更有所支饬。阿桂等凯旋在即，自不能在彼久驻，著桂林即速驰往噶喇依，遵奉昨降谕旨妥协办理，慎勿草率了事。将此由六百里发往，一并谕令知之。"

（高宗朝卷一〇〇三·页二六下～二七下）

○乾隆四十一年（丙申）三月辛巳（1776.4.27）

又谕（军机大臣等）："向来军营官兵凡有奋勉出力者，俱降旨令该将军等核其功绩，定为超等及头、二等交部分别议赏、议叙。兵丁等常加恩赏给月粮，赏赉不为不多，自不应复有随营赏号之事。乃前据桂林奏，绒布军营除赏号银两外，其自成都取用绸缎、茶、布等项，计值银不下一万数千余两。此等赏号起自何时？曾否奏有成案？且前此平定准部、回部时，并未闻备有赏号，何独川省有此？必系该地方官多备此项，自取其扰。至赏给所需，亦当约有定数，岂有听凭将军、参赞等自行咨取，漫无节制之理。至军营取用后作何赏给及赏何项兵丁之处，是否行知该粮员等存档备核，并著文绶逐一详查复奏。至军营需用赏号银两、绸缎等项，当征剿之际，将军、参赞等或借以示鼓励士众，因亦未为论及。且该地方官已经备办，其动支赏用果有确据者，自仍当令其核实报销，但不得援以为例。著交户部存记，嗣后或遇办理军需之事，如有请备赏号者，即遵此谕驳饬。将此传谕文绶，并令户部知之。"

（高宗朝卷一〇〇四·页二七上～二八上）

○ 乾隆四十一年（丙申）四月丁未（1776.5.23）

又谕："……现在平定两金川大功告蒇，非惟边徼永靖，而海宇亦共臻乂安，惟愿从此洗兵，不复另有征调之事，但国家安不忘危，兵固不可一日不备，莫若于功成善后之时，将各省军需事例核定规条，俾各有所遵守，不致临事周章，此亦承平时所当讲求，以冀有备无患者。即如川省赏号一项，实属滥设。军营随征员弁奋勉出力者，俱令该将军等核其功绩，定为超等及头、二等交部分别议赏、议叙；兵丁等亦常加赏月粮，其中奋勉出众者，又特加升用，及赏给巴图鲁号，并赏戴花翎、蓝翎，所以鼓励戎行者至为优渥，何得更有随营赏号之事？或将军等自顾体面，欲格外加赏，以示奖劝，将各人自有之绸缎等物量行赏给，未为不可。向有大学士公傅恒经略金川，即以朕赏赐之物分赏将士，并非地方官办给。又如平定准噶尔、回部时，亦并无此项开销。何独川省办及赏号之事？即富德此次在军营止于无功，并非有罪，乃因有赏号一项，始则滥赏沽名，继则冒支混扣以图弥补，甚至克扣赏银分两，侵用官备缎匹。身蹈重愆，虽其自取，实由地方官多备赏项以酿成之。可见赏号一项，断不应有。昨已谕户部存记，将川省赏号一项不准报销，著令备办之地方官及将军、参赞分赔示儆，嗣后即当永远删除。至各省调兵整装、安家等项，或赏或借不同。又，土兵安家一项向系有名无实，及盐菜、口粮等项多寡不同，以至余丁驮载数目并运送军装、粮石扛抬斤重参差不齐者甚多，均应推类确查，俾令画一。著交军机大臣会同该部，分别条款悉心妥定章程具奏，俾得永远通行遵照。"

寻奏："军需章程应以平定西陲为正则，参以云南旧案比较。至现议条款，须俟川省逐案依限题复，臣部始能依次核定。统俟奏销得其大概，再将各项章程酌拟，列款请旨。至各省调派，因地制宜，断难画一，亦俟定议时另为一款，酌定载入则例。"从之。

（高宗朝卷一〇〇六·页一一上～一三下）

○乾隆四十一年（丙申）四月壬戌（1776.6.7）

四川总督文绶奏："川省各路台站次第裁撤后，仍有往来运送差使，须另为经久之计。查通藏站路，向由打箭炉饬明正土司雇拨蛮夫乌拉，给与脚价运送。其经由里塘、巴塘等地方，该土司亦一体雇办接递。今西路由桃关出口经瓦寺、鄂克什境，中路由雅州出口经木坪境，北路由杂谷出口经梭磨境，均应饬照藏例，令该土司头人雇拨蛮夫、乌拉应用。其由孟固至噶喇依、勒乌围等处，即于杂谷移往屯户及安插种地降番内就地酌拨，一体给与脚价，以资运送。"从之。

又奏："汶川县桃关地方为西路出口要道，距县城四十里，遇有紧急边务，鞭长莫及。查保县县丞可以移驻桃关，请改为汶川县县丞，并派千把一员，带兵三十名长驻该汛。"

得旨："如所议行。该部知道。"

又奏："请酌定成都将军统辖事宜。查松茂、建昌二道，松潘、建昌二镇，阜和一协及所属管理土司者，均听将军统辖，事关番情者，均与总督、提督一体商办。各属举劾亦一体考验。"

得旨："如所议行。该部知道。"

（高宗朝卷一〇〇七·页八下～九下）

○乾隆四十一年（丙申）五月甲戌（1776.6.19）

吏部左侍郎刘秉恬、湖广总督富勒浑、四川总督文绶、山西巡抚鄂宝、四川提督桂林、浙江布政使郝硕、河南布政使颜希深、布政使衔李湖会奏："臣刘秉恬等现已先后抵省，会同臣文绶等，将奏销按照案次上紧督催。惟每办一路销册，必须将一路站员齐集，方能迅速定案。现分檄各路，将各站员调回，分头赶办，查造既属无难，销追亦可立判。至军需支放，虽有口内、口外之分，而按款核销，必须汇成一贯。臣等现会集省城，若仍遵前旨各归各办，添局既多靡费，复核亦恐迟延。请将各路报销，令各站员造报，由总理核明，随案移交报销局。各司道复核后，呈送臣等核定具题。其有例案参差应销、应追，臣等各就知闻，核实酌定，于会办之中仍寓分查之意，事理既便，自不稽延。"

得旨："好。尽心妥速为之。"

（高宗朝卷一〇八·页一二上～一三上）

○乾隆四十一年（丙申）五月乙亥（1776.6.20）

谕军机大臣等："据文绶奏，打箭炉尚有存米一万八千余石，储峙甚充。凡西藏一路各台，应需官弁兵役口粮，现在足敷支拨，并请查照旧例，量为借给明正番民，分限照数易还稞麦，并将阜和协应支兵米折色暂行改支本色一折，已批该部议奏矣。及复加披阅，觉该督所办未为妥协。此等米石运费甚多，今请借给番民，以青稞易米，价值贵贱既属悬殊。而兵米向例折色，为数谅属有限，自不值以重价转运之米漫为散给。该督虽意在出陈易新，且寓体恤官兵之意，然亦当核计所给之米脚价所费较之折色浮多若何。若所差不过十之一二，尚不妨暂为给发；倘价值相悬几半，即不便如此筹办，致多糜费。著传谕文绶另行酌核，妥议具奏。"

寻奏："现据明正土司头人禀称，番民借米任意花销，催还时又复拮据，不愿领借，无庸办理。至阜和协改支本色之处，价值相悬几半，自未便改支，臣悉心另议。查该处兵丁所需食米，原向内地采办，目下军务甫竣，秋成尚早，请准于存米内借支，以供日食，俟米价平减，仍照数还仓。其打箭炉殷实铺户有愿借者，亦照此办理。"报闻。

又谕曰："富德前在军营多用赏号银两，朕以军营官兵凡有奋勉出力者，俱核其功绩，分别升拔赏赉，各项加恩之处不为不多，何以复有赏号名色，节经降旨查询，并交部核办矣。今日据阿桂奏称：赏号一项系沿川省之旧，不但将军、参赞等各有赏号备用，即总督衙门亦有赏需银数千两等语。总督养廉丰厚，遇有奖赏之事，理应于养廉内自行赏给，何得复备赏需款项。此实相沿陋习，亟宜删除。惟新设之成都将军管辖众番，每有必需赏犒之事，而所定养廉较少，若再令其自行发赏，未免不敷用度，自应酌量加添，俾无缺乏。著传谕文绶，即将该督衙门所有赏需一款永远裁去。其成都将军每年应添给养廉数千，以供赏用，但不必仍留赏需名色。将此由四百里传谕知之，仍将作何酌定之处即行复奏。"

（高宗朝卷一〇八·页一三下～一五下）

○乾隆四十一年（丙申）五月戊寅（1776.6.23）

又谕："现在川省军务告竣，文报往来无须加紧驰递，所有沿途驿站自应照旧办理，其添设之军台各站俱著裁撤。"

（高宗朝卷一〇八·页一七下）

○ 乾隆四十一年（丙申）五月甲申（1776.6.29）

谕军机大臣等："据富勒浑奏，现在大功告竣，赶办军需销算，所有川督任内专赔、分赔各项银两，饬局查扣，并称伊历今三载，口外所用夫粮偶遇一时赶办不及，势不能不取给粮台，现饬各站员据实开造赔缴等语。此奏语中似有隐情，实大不是，已于折内批示矣。军营遇有无著款项，例应经手各员分赔归款。如富勒浑应赔木果木并冀国勋之案，虽属分所当然，而核其情节，或尚有可原。若以本省总督往来口外，并非将军等可比，其一切夫价、口粮本应于养廉内自行给发，何得取给粮台，令站员经手，又于事后饬令开造赔缴耶？伊从前既不应如此办理，此时又忽为此奏，不过因现值查办粮站，恐被文绶查出，因而预占地步，冀盖前非，此实难逃朕之洞鉴者。富勒浑既误于前，又图掩饰于后，实属大非，著传旨申饬。"

（高宗朝卷一〇八·页二四上~二五上）

○ 乾隆四十一年（丙申）五月丙申（1776.7.11）

又谕："据毕沅奏，甘省历年承办军需，应行支发款项甚多，司库别无闲款，请于附近省份拨银二十五万两来甘，以便分别归款还项等语。前因平定金川大功告成，将部库拨解四川备用银三百万两截留存贮西安藩库，著即于此内拨银二十五万两，就近解交甘省备用。该部即遵谕行。"

（高宗朝卷一〇九·页一二上~下）

○ 乾隆四十一年（丙申）六月丁未（1776.7.22）

又谕（军机大臣等）："前因大功告竣，各路军营存贮火药太多，谕令明亮等于各镇协营汛宽为储备外，余送口内营协较大之处收贮备用。今日据明亮等复奏以火药五年后类多发变，须挽合新鲜硝磺尚可搭配，但运赴口内脚价甚巨，除美诺等处所存火药分散各营备用外，其大板昭局内火药、铅丸十二万余即收该局存贮等语。火药运送口内，核其脚价既较内地制造为费较多，自应即存原处备用。但火药存贮日久尚恐霉变，而铅丸则虽历年久远，其质不至损坏，而每年操演铅丸非所常用，其存积更多。著传谕明亮等即饬各将弁将各处所有铅丸收贮妥密之地，派拨弁兵小心看守，仍不时派员稽查，毋致稍有疏失。其大板昭多余火药，并著一体严密收贮，以备将来搀合制造之用。"

（高宗朝卷一〇一〇·页一五上～一六上）

○乾隆四十一年（丙申）七月辛卯（1776.9.4）

谕军机大臣曰："勒尔谨奏：此次平定金川，所有甘省绿营调往马步兵丁借支行装等项，应扣追银十五万余两，请代完银三万两，布政使王亶望代完银二万两，余于总督、提督至道、府、参、游等员各照养廉摊扣，以清款项等语。此项应扣银两，昨已降旨加恩照从前平定伊犁、回部之例，分作十年坐扣，兵力自可不致拮据，毋庸代为完缴。将此传谕知之。"

（高宗朝卷一〇一三·页一〇上～下）

○乾隆四十一年（丙申）八月己未（1776.10.2）

又谕（军机大臣等）："据刘秉恬等参奏顺庆府知府朱绍章勒令彭县知县李德举出具印领借支帑银一万两，交谷噶站员洪成龙支用，请旨革审一折，已降旨将朱绍章等革职交文绶严审定拟矣。此事实堪骇异。李德举至谷噶站系二月十二日已经大功告成之后，所办不过凯旋差务及善后安站各事宜，而混领混借混用，荒唐一至于此！则军兴时各站员之混冒妄费尚可问乎？富勒浑、文绶均系总督，一在军营，一驻省城，同办军需事务，稽核站员乃其专责，岂竟全无董饬觉察，任凭各该员恣意妄为？即刘秉恬等督办粮运往来其地，又岂全无闻见？何以前此竟未早为办及，直至此时尚系据李德举之禀揭始将此参奏乎？著传谕刘秉恬、文绶、富勒浑、鄂宝等即行查明，据实复奏。至此次办理两金川，悉行扫荡灭丑献俘实为一劳永逸之计，即多费帑金朕心原所不惜，但必须实用实销，岂可听凭站员等任意花销，饱其欲壑而置帑金于无著。即如军需奏销，户部议定分为旧案、新案核办，而旧案中又将各藩司任内分为三节。今刘益一任，已经题结报销仅九万余两，较之原报动用之四十余万，尚不及四分之一，则所少之三十余万两作何著落。旧案一节如此，其余大概可知。且通计节次发往川省军需银共六千一百余万，闻其中实可开销者仅四千余万，则其余二千余万如何糜耗？又作何归结？岂有将国家实发之库帑一任各劣员之浪费侵渔消归乌有。即使水落石出，将侵亏之辈及办理不善之人治罪追抵，亦未必能足数，岂竟欲俟之日久，率以人亡产尽概请豁免乎？刘秉恬及该督现办此事自必通盘筹核，亦曾计及将来奏销报完之后所缺帑项作何归款不致悬宕乎？著传谕刘秉恬等，将实在情形及将来作何归帑之处据实迅速复奏，毋稍支饰。将此由六百里谕令知之。"

（高宗朝卷一〇一五·页八上～一〇上）

○乾隆四十一年（丙申）八月丁卯（1776.10.10）

谕军机大臣等："前因川省办理军需一事，通计节次发往帑银共六千一百余万两，闻可以报销者仅四千余万两，则其余二千余万两将来作何归著，不可不通盘核计，使帑项不致虚悬。曾谕令刘秉恬、文绶、富勒浑等，将现在筹办情形及日后如何归款之处据实查奏，此奏尚未到。昨据户部奏金川军需奏销原议分为旧案、新案核计，而旧案又就各布政使任内承办之案分为三段。今刘益任内第一段共十四案，业经随案核复完结，仅报销银九万二千九百余两，较原奏动用银四十万一千七十两之数，尚少银三十万八千余两。虽题销各案内有'声明口外供支银粮，另行核造，及核减长支借垫应缴各项，饬追归款'之语。但其中应另造核销者若干，应行追缴者若干，未据声叙明晰。事关军需钱粮，未便含糊悬宕，请敕交刘秉恬等即行彻底清查，据实具奏等因一折，已依议速行矣。此事实属大奇，军需动项已多，原不能悉皆符数销算，但或零星未清，或所差不过十分之一，尚属情理所有。今第一段奏结之案，报销者止十之二，而不能符数者十之八，其故实不可解。即有口外另行核造之案，为数谅亦无几，而所谓饬追归款者属之何人。若云旧案第一段系阿尔泰、刘益办理不善，应令追赔，则二人俱已治罪，家产亦皆查抄，又将如何追缴。若应现在承办之人代赔，则文绶、富勒浑等安能赔偿如许。且此后未结之案尚多，又岂能责令二人独任之理。而刘秉恬则木果木一案已赔完五万余两，又岂可复令代赔。若欲于四川通省各员养廉内分摊扣抵，无论川省岁需养廉有限，完缴无期，且后来之人何辜，而代前人代还欠项，更何以为办事之资，则此后除授川省各员不几视为畏途乎？大约前此办理军需各员，其中急公办事间有赔累者，固不乏人，闻从中染指侵冒肥橐者，亦复不少。若漫无区别，凡经手者概行赔偿，亦未为平允。谅从前支发之项俱有册档登记，自可按籍而稽，并宜详细访查，将承办各员之曾经侵渔耗费者察出治罪，即将其资产抄没抵还。如果曾赔垫办公者，又当释之不问，方足以示劝惩而昭公当。至经办之商人等，如止按其应得之数谋利自赡，原不为过。若有曾经垄断居奇多获重利，以致帑项难归者，此等奸商恶贾亦应查明确实，查产追赔，不使其得以封殖漏网，亦为情法之平。倘不分别妥办，惟俟奏销全完之日将无著银两著落数人追赔完事，致积累累，悬宕难追，迟之日久，概以产尽人亡邀请豁免，有是理乎？征剿两金川之事本属至难，而将士等不避艰险，奋勉宣力，遂成大功。至军需报销，虽头绪繁多，究系坐办，较之用兵攻战其难易相去何如，司事者岂可诿为难办而不实心甄核乎？朕成此大功为一劳永逸之计，多费帑金原所不惜，然必须实用实销，使款皆有著，方不负朕筹饷绥徼至意，岂可听贪黩之徒侵肥糜耗而使实发之帑金消归乌有乎？设或果有急于办公之员，当时恐误军需多费钱粮，今核之部例难以报销者，原不妨将实情具折陈明。如果确有炳据，奏到时朕原可加恩宽免，但不可因朕有此旨，将无著之项悉作为实在赔垫具奏，无论难逃朕之洞鉴，即令伊等扪心自问，可妄为文饰而甘蹈欺罔乎？且朕于刘秉恬、文绶、富勒浑等不令赔偿，体恤至此，伊等岂尚忍稍昧天良负朕恩意乎？至李湖系朕特命前往之人，熊学鹏则身获重愆之人，念其平日尚知认真办事，是以发往川省帮办军需奏销，伊二人若不知共发良心，实心查核，妄以为随办之人非其专责，辄思颟顸了事，则其获谴更重，不能复为宽宥矣。总之，此事非实在用心体察不能得其要领。今户部虽曾奏定一年半之限，而现在题结者仅二百余万，不过三十分之一，其六千余万分案核报为数尚多，恐未必果能依限完竣，而其中应行查核，使帑项不致虚悬，更非可潦草塞责。看来刘秉恬、富勒浑、鄂宝等尚不宜即赴新任。若不将军需全局办清，难离川省，即郝硕、颜希深虽非总办大员，亦须将各人承办之案逐项查清方可各回本任。将此由六百里发往，传谕刘秉恬等，并令转谕郝硕、颜希深、李湖、熊学鹏知之。仍将如何查办缘由，先行详晰速奏。"

(高宗朝卷一〇五·页一四上～一八下)

○乾隆四十一年（丙申）九月丁亥（1776.10.30）

谕："据刘秉恬、富勒浑、鄂宝、桂林奏称：川省办理军需蒙发帑金六千余万之多，凡例准开销者，现在随案核销，其与例不符应行删减者，核计千百余万，除于承办各员名下追赔及该管上司分赔外，为数尚多，拟于四川省养廉内扣半摊赔，犹恐归结无期，帑仍悬宕，请令各直省督抚以下、州县以上等官，于应得养廉酌扣十分之三代为赔还，不出十年即可全数完结等语。所奏大非，无此办法。朕征剿两金川之故，因其系服属土司，敢于负恩抗拒，吞噬邻封，实为边圉之患，势不得不行剪除。五年以来，朕宵旰运筹，调兵裕饷，幸将士宣劳用命，扫穴俘酋，大功告蒇，为一劳永逸之计，即用数千万帑金，朕心原所不惜，但须核实报销，使用项悉归有著，不得谓之妄费。若贪劣之员借端侵冒，自为法所必诛。设其中有因军务紧急，趱办过费，致逾成额，难以按例准销者，如果核实奏闻，未尝不可格外加恩宽免。即如站员冀国勋承办粮台诸事，滥用无度至于累万盈千，法司议以大辟，拟入秋审情实，朕犹念其讯未入己，且究因急公所致，是以勾到时并未予勾，亦可知朕办事准情酌理，务期至当，而不肯稍有偏倚矣。今刘秉恬等乃因军需奏销例应删减者多，恐帑项悬宕，欲令各省将养廉酌扣摊赔，所见鄙谬，不能深体朕意至于如是乎！夫金川军务系四川一省之事，若因经手之人办理不善，致多糜费，于各员名下追赔，并著落该上司分赔归款，理所宜然。或因为数过多，于通省养廉分年摊扣，尚系就川省以完川省。然朕犹以为各官养廉扣至一半，办公不免拮据，且事属已往，后任何辜，而令其代为前人赔累，亦未平允。并恐川省各官所得者少，不足以养其廉，致有黩货病民之事，更滋流弊，近经降旨无与刘秉恬等矣。至各直省官员与此事尤毫无干涉，顾可从而波及之乎？且如军行所过省份，一切皆官为资给，丝毫不扰闾阎，虽用兵而人不知兵，朕之体恤下情若此，其周且至，安肯以军需无著之项贻累率土臣工乎？况此次军需共发帑六千余万两，删减即至千百余万，不过十分之二，方今府库充盈，并不必急欲归还此千万之数。若刘秉恬等所奏，竟似因军需费多，而令天下官员公同填补？成何政体乎？昔康熙年间江西藩库亏帑二百余万两，部臣议请赔究，皇祖谕云：'此必因朕屡次南巡垫用之故，朕为太平天子，省方观民，即动帑金以供巡幸亦无不可，毋庸追赔究治。'煌煌圣训，人皆感诵，今朕因征剿叛蕃绥靖边徼致费帑项，岂不能效法皇祖之概行宽免乎？刘秉恬等系朕特派会同该督文绶等核办军需奏销大员，惟应各发天良，将用过军需各项彻底清查，核实销算，以次题结，通计准销者若干，应删减者若干，分别明晰，勿使稍涉朦混。至于删减之项，总不离各站员经管，伊等支领收放俱有册档可稽，其实用多寡，难掩众人耳目。刘秉恬等在军营董办粮运年久，亦应早有见闻。若有站员于事后浮冒捏开，查无确据，即属借端肥橐，或将官银私自花费，胆敢侵蚀军需，其罪实浮于冀国勋，即当查明参奏，必不姑宽，勿使贪劣之员得以侵帑幸免。若有因军需紧迫必需多费，以免贻误，查系众见确凿，实有凭据，如冀国勋之类者，虽与部定之例未符，而其急公之心可谅，不但不当治罪，并不当复向追赔，该侍郎等即当据实奏闻，候朕施恩豁免。但不得因有此旨辄思将劣员侵冒妄费之项滥行混入，以图掩盖弥缝为邀誉市恩之事，非特难逃朕之洞鉴，即伊等抚心自问，亦恐为天理所不容矣。至所奏各省摊扣养廉之说，断不可行，将此明白宣谕，使咸知朕意。刘秉恬、富勒浑、鄂宝、桂林均著严饬行，并通谕中外知之。"

（高宗朝卷一〇七·页六上～一〇上）

○ 乾隆四十一年（丙申）九月戊戌（1776.11.10）

钦差吏部侍郎刘秉恬、四川总督文绶等奏："川省军兴以来费用浩繁，一切章程俱从严办理，但动帑至六千余万，承办各官至数百余员，难保无侵欺浮滥情弊。臣等逐案清查，除实系赔垫办公者分别办理外，其并无实用之项亏缺帑金者，即根究严治，将任所、本籍资财抄没赔补。至各商领运米石，俱系零星小商，实无垄断居奇多获重利之人。"

得旨："览。"

又奏："川省此次军需，凡民间应帮贴之数一时未能凑齐，先动官项酌借。今大功告竣，应速催缴。除已解缴归款外，统计各州、县递年未完者不下百余万，为数稍多，议将各州、县欠数，自来岁为始，在三千两以下者，定限二年完缴，三千两以上者，三年完缴。"

得旨："如所议行。"

（高宗朝卷一〇一七·页二一上～二二上）

○乾隆四十二年（丁酉）正月庚午（1777.2.10）

谕："据傅玉奏称，此次由金川撤回黑龙江官兵损坏弓矢、枪刀、棉甲等项，应分析补造，所需工价银两，即于官兵俸饷内坐扣，分年偿还等语。从前军营阵亡人等损坏军器，俱经施恩免其偿还；撤回官兵所损军器，其补造工价俱著落官兵赔还。此次官兵所损军器，虽应照上届办理，但此次官兵进剿金川俱属勇往奋勉，自应加恩。所有应行补制军器、棉甲等项工价银两，俱著加恩免其赔补。其刀箭所需铁料，交该部官为办给添补。再，该省现有棉甲三千余副，即有所需，足敷应用，无庸急为补制。"

（高宗朝卷一〇二四·页四上～下）

○乾隆四十二年（丁酉）九月戊寅（1777.10.16）

谕军机大臣等："据郝硕奏：所有经手大板昭一路各站销册，业经核算就绪，造册送局，现在川省并无应办之事，请遵前奉谕旨，诣阙请训赴任，候旨遵行。又同日据李世杰奏，川省各站支放银米，业经造册送局完竣，俟本管段内销案总局全行核定，一面奏闻，一面诣阙请训赴任各等语。李世杰所奏，俟总局核定销案再奏闻请训，自应如此。至郝硕折内既称应遵前旨赴阙请训，又称候奉到谕旨起程，殊未明晰，似伊于行止之间尚怀犹豫，故尔隐跃其词，但伊经手奏销之案虽已造册陆续核题，而经部议驳者正复不少，自应逐案详细核明，登复完竣，方可离川省。况东抚印务现有国泰护理，并无必须郝硕承办之事，亦无庸急于赴任。著传谕郝硕、李世杰，均俟经手奏销各项经部指驳之案登复核准，再行进京请训，前赴新任。"

（高宗朝卷一〇四一·页二上～三上）

○乾隆四十三年（戊戌）十一月戊戌（1778.12.30）

户部奏："出派金川各省兵丁制办衣履银两，请于本省未经出师之文武员弁养廉内摊赔。"

得旨："此项办送征兵衣履银两，户部议在本省未经出师之文武员弁，酌量养廉多寡，分别摊赔归款，固属允协。第念此次平定金川，大功告成，各省绿营官兵均能奋勉出力，应予加恩优恤。且此项节次运送衣装，均在乾隆三十七年准予开销恩旨之后。所有陕、甘两省应完川省垫支夫价、米价银二十六七万两，俱著加恩准入军需项下作正开销。其湖广、云贵等省，亦著一律开销。"

（高宗朝卷一〇七〇·页四五上～下）

○乾隆四十四年（己亥）二月甲戌（1779.4.5）

谕军机大臣等："朕披阅方略馆所进金川方略，卷内于叙述各土司处有绰斯甲布土司工噶诺尔布人又狡猾，心存观望，及绰斯甲布土司亦难深信各等语。从前进剿金川时，绰斯甲布与金川地界毗连，又谊属姻娅，彼时办理自不得不严加防范。其余各土司类此者亦多有之。今金川久经平定，各土司俱恭顺守法，同为仆隶，自当开诚布公，使永远安心向化。将来方略告成颁行，或流传该处，各土司内有认识汉字者，见书内尚有此等语句，转致心生疑畏，亦非所以示中外一体之意。现谕令军机大臣，检查方略内凡有谕及防范土司者概为删节。至川省从前办理军务时，各处文移或有行知防范土司之处谅复不少，自宜一体删除。著传谕文绶，即将从前川省各衙门关涉土司文移案件逐细详查，如有此等防范字句，即于案卷内删节不使存留，并于嗣后文移内留心检点。可将此传谕知之。仍著将作何办理缘由，遇便复奏。此亦系要务，文绶莫复漫视之。"

寻奏："奉旨后即将在省各衙门前经理军需及查办夷务文卷，遇防范土司字句摘删，其余曾委办军务或曾辖各番土司文武衙门，均以奉文日始，限一月将旧存文卷查明应节删处呈删，并通饬嗣后移文加意检点。"

得旨："览。"

（高宗朝卷一〇七·页四下～六上）

○乾隆四十四年（己亥）四月庚申（1779.5.21）

又谕："川省军需银报销正案，现已全数题报完竣。其经部驳查各款，该督文绶自可详悉登复。所有办理奏销之尚书富勒浑，前已降旨令即回京。其熊学鹏现今尚在该省，并无应办之事，且年力亦已衰老，著即令其来京候旨。"

（高宗朝卷一〇八〇·页九下）

○乾隆四十四年（己亥）五月癸巳（1779.6.23）

谕："户部议复富勒浑等奏销川省军需项下分别民欠、商欠、专赔、分赔各款一折，本欲依议行，及阅军机大臣所查各款清单，其中如民欠一款，系民间津贴雇民，及站夫口粮先借官项动用，事后自应按限分追。但念办理金川军务买粮运饷悉发官帑，丝毫不以累民，而川省百姓挽输负送，踊跃赴公，业经各出其力。今于大功告蒇之后，复令偿还前借帑项，朕心实所不忍，且为数甚多，每年均须按地匀派，则是正供之外又加赋敛，亦甚非政体。所有该省民欠津贴及采买站夫口粮共银一百九十六万八千四百余两，均著加恩豁免。再商欠一项，未完米价、脚价银九十八万六千九百余两，虽各有亏缺实情，并非侵蚀，但既亏原数，即应赔还。据称应将各商有家产者查封变抵，自应如此办理。其实在家产尽绝无可著追者，并著加恩一体豁免。又，报销项下与例案不符各款，请分别专赔、分赔，于通省文职内按年在养廉内扣半赔偿，并于富勒浑等及升调别省知县以上各官养廉扣半赔补等语。但念此项扣半养廉，其经手承办之员固无可辞咎，若原办各员既陆续离任，至接任各员并未经手，亦将养廉扣半，于情理未为平允，而扣至五十余年亦不成事。且养廉扣半，所余无几，众必视川省为畏途，并恐不肖之员因养廉不敷借词贪黩，于该省吏治尤大有关系。因思朕于平定金川之事费帑六千余万，期使番民永除后患，何必以此难于报销之案累及各员，所有专赔、分赔银二百八十三万二千余两、粮米十五万三千六百余石，及代赔无著一半商欠应扣通省一半养廉，并富勒浑等与升调别省各员应扣一半养廉，俱著加恩一并豁免。嗣后该省各员均宜奉公守法，洁己爱民，毋负朕格外施恩至意。将此通谕知之。"

（高宗朝卷一〇八二·页一六下～一八下）

○乾隆四十四年（己亥）十一月丙午（1780.1.2）

又谕曰："工部议复川省军需报销案内，采办铸炮铁斤较之军器则例多用银六万一千六百余两,节经驳查,未据删减,请于承办各员名下照数著追归款一折。固属照例核驳,但川省军需项下民欠、专赔、分赔各款,为数不下千万余两,俱经降旨加恩一体豁免。所有此项核减银六万一千六百余两,亦著加恩准其开销。"

(高宗朝卷一〇九五·页一三下～一四上)

设镇安营,安插降人,屯垦驻防等

○乾隆四十年(乙未)八月癸卯(1775.9.22)

谕军机大臣等:"现在阿桂督兵进剿噶喇依,扫穴犁巢固属要事,而于擒捕逆酋贼党尤为先务。……至善后事宜亦应预为筹及,一俟官兵扫平金川,即应于两金川之地酌安绿营,设官驻守。如噶喇依、勒乌围、美诺三处择其最要者设立总兵,次则令副将驻之;其余自章谷至巴朗拉一带,酌量形势轻重,分设参、游、都、守驻之。令官兵营制联络,横隔于众土司之中,方可谓之一劳永逸。至驻兵必先筹粮饷,现在运往各路军粮颇多,大兵凯旋时各处自多有余存米石,应量其道里相近处所,陆续运赴各营,建仓存贮备用。但现在所有余粮止可为初立营制之需,将来经久恒规,自当以屯田为妥。两金川地面可耕之土甚多,而绿营兵众屯种又其所习。今新疆各处耕屯俱已收实效,阿桂向为伊犁将军,屯政乃所深悉,将来金川营务自当酌仿而行。至成都满兵,必须移驻打箭炉,该处控制诸番,远抚西藏,实为厄要之地,并须添设将军镇守,声势方为尊重。所有移驻满兵,或即仍将成都现数,或须添拨若干,并著阿桂妥计行之。其所需粮饷,由内地运往,谅亦不甚费力,或兼用新营屯种有余之米,亦令阿桂一并筹办。又,打箭炉移驻满营,添设将军,一应廨宇、兵房、仓库均须建盖。或现在城内可以安营,或须另筑新城,并著阿桂与文绶咨商,悉心筹画,务在工程坚固,规模宏整,方足以壮观瞻,不可存惜费之见。其金川新设绿营,或即住彼官寨散碉,则所省实多,亦一体办理。至于各土司,经此番辑靖之后,务须使之怀德慑威,上下维系。所有各土司,应令将军、总督一体管辖,在内则属之理藩院,方为妥协。以上应办事宜,并著阿桂于稍暇时,札致文绶,商同详定章程具奏。……"

（高宗朝卷九八九·页二三上～二五下）

○乾隆四十年（乙未）闰十月辛亥（1775.11.29）

军机大臣议奏："将军阿桂酌筹善后事宜一折。查边外各土司令仿照回部伯克之例轮流入觐，以理藩院为之典属，俾扩充知识，以革其犷悍之风。据阿桂奏，布拉克底土司腿患瘫痪，巴旺子幼未袭，系土妇管理，不能进京外，其木坪、瓦寺、明正、沃克什各土司率皆倾心向化，恳请入觐，应同绰斯甲布土司，均令将军阿桂于凯旋时先行率带来京，共与盛典。其余各土司仍令酌量远近定以年限，轮流朝觐。又，查川省口外各土司向隶地方文武管辖，今令于促浸、儹拉之地各设镇驻兵，则附近土司自当有所专属，特设将军驻扎近边，与总督、提督同理番务，其各土司应办事宜，仍隶之理藩院总统，不必如从前之专隶地方文武，则体统既尊，易于控制。再，向来驻防将军皆不兼辖绿营，今番地既分布镇协，特设将军临边控制，绿营将士若仅属提督，恐将军呼应不灵，令将提镇各标所辖绿营统听将军节制。应令将军等遵照妥办。"从之。

（高宗朝卷九九四·页一二下～一三下）

○乾隆四十一年（丙申）正月丁丑（1776.2.23）

命安插新降番众。谕军机大臣等："据明亮等奏，河西贼境全已荡平，于噶喇依对河之巴布朗谷密布营卡，会擒逆酋。富德亦奏，占据噶咱尔谷等寨落，现与西、北两路官兵会合，攻围贼巢等语。览奏均为欣慰，已于折内批示。至各路番人纷纷投出，其中大小头人俱复不少，此等番众从前抗拒官兵，舍死固守，情罪均属可恶，直至兵临巢穴，计穷力竭，始行投降，非若大兵尚未深入以前陆续来投者可比。但众番皆系曾与官兵打仗之人，此时难以分其所犯轻重，且其抵拒官兵固属可恨，而原其所以舍死坚守，尚知各为其主，亦复可矜。况为数过多，又系投降乞命，若尽予骈诛，实觉心有不忍。惟其中大小头人及其眷属自不便仍留本处，应照前此平定准部时所有台吉、宰桑、德木齐等概行移徙例妥为办理，但须趁官兵未撤时即为查明，于八旗及吉林、索伦兵凯旋之便，令其分队携带押至京城，再行酌量分别安插。伊等既系投降，与党恶要犯应行献俘者不同，途中不便加以锁枢，惟当留心照料，毋致脱逃，并不动声色，勿使惊畏，方为妥善。但各种头人及其眷属为数甚众，其如何分别押带之处，著阿桂妥为核定，一面奏闻。至各处降番若移于他处编管，未免人多费事，伊等俱系娴于耕作之人，两金川又有可耕之地，现在凯旋后两金川地方立汛安营，添设提督、总兵等官，足资弹压，其应办善后事宜内原有随处耕屯之议，莫若即用此等降番就所在垦耕安业，尽力农功，各有将弁管束，久之亦可消其桀骜不驯之气，而令其交粮，亦省川省运粮之劳。惟是编立营屯，必须安设头目，当于随营攻剿之他处土兵内择其出力者充当，既足以示奖劝，又令他处之人管理，更不虑其故智复萌。至此等降番饿乏已久，既欲令其耕种，自难以枵腹从事，著将军等量为赏给籽种、口粮，俾口食有资，自更安心尽力。将军等宜及此时早为筹办。将此由六百里加紧谕令知之。阿桂自奏报攻围贼巢以来，距今又阅三日，想早应扫穴擒渠，大功全蒇，惟望红旗即至。"

（高宗朝卷一〇〇〇·页一二下～一五上）

○乾隆四十一年（丙申）正月己卯（1776.2.25）

（定西将军尚书阿桂等）又奏："索诺木之母、姑、姊妹等均至大营。现准其母所请，遣随来之喇嘛噶布则前往噶喇依谕令出降。又西、北两路投出番众，现将其大小头人等派弁兵看守，余除有可疑情节随时正法外，俱分别安插绰斯甲布、革布什咱、梭磨、卓克采、从噶克、党坝、明正、木坪、布拉克底、巴旺、沃克什、瓦寺十二土司地方，其各土司又分安各寨，有头人管束，且各有册档可稽，将来即有另办之处，亦无难查办。"

（高宗朝卷一〇〇〇·页二七上～下）

○乾隆四十一年（丙申）二月乙卯（1776.4.1）

谕军机大臣曰："土妇扎什纳木前经设计投出，情尚可原，竟可毋庸解京。伊子诺尔布湛都尔现在革布什咱，即可发回，令其完聚。再，革布什咱土司纳旺被害之后，并未另袭土司，伊子诺尔布湛都尔是否可以承袭，著阿桂查明，奏闻办理。至金川地方既已设镇安营，止宜令兵丁屯粮驻守。如兵丁不敷，于该处降番内择其妥当者在彼耕作。仍遵前旨于出力土兵内拣选妥人作为头目管理，方为妥协。此一节交文绶、桂林办理。"

（高宗朝卷一〇〇二·页三六下～页三七上）

○乾隆四十一年（丙申）二月丙辰（1776.4.2）

定金川营制。谕军机大臣等："前据议复阿桂奏金川设立营镇各条，酌拟提督驻美诺，并于噶喇依添设总兵，勒乌围添设副将，此时正当办理善后事宜，阿桂自应筹及。四川提督现系桂林，止须令其移驻，其副将一缺，亦可就内地简僻营分酌量改调。惟总兵一缺，或于内地各镇内择其事简者量为裁减，移设噶喇依，而其人则拣在军营劳绩最著、明干能事者酌量调补。若内地镇缺难于裁并，即添设总兵一员亦无不可。此事著阿桂会同文绶熟筹妥议具奏。至新设将军，原议驻扎雅州，将成都副都统一缺议裁，今思各省驻守将军俱有副都统协同办事，其成都副都统自应仍留驻扎省城，所有额兵二千名酌量一半在成都同副都统驻守，止须移一千名随将军在雅州镇守，于体制既合，即移建兵房等事亦较为省便，阿桂自必以此说为然。著询之阿桂，令其将作何移改之处一并妥议具奏。又，将军驻扎雅州，原为番地初定新设营汛资其控驭弹压，是以令将军节制绿营，将军每年自应至金川新设营分巡查一次，并当巡阅成都驻防之兵，即副都统亦当每年往来巡历。至二三年后则令将军移驻成都，副都统移驻雅州，尤为妥协。已交军机大臣存记，至期再行提奏请旨。将此由六百里传谕知之。"

（高宗朝卷一〇〇二·页四〇上～四一下）

○乾隆四十一年（丙申）二月辛酉（1776.4.7）

谕军机大臣曰："成都驻防满洲兵原以控驭番夷，防守内地，冀挽绿旗兵怯懦之习。乃该兵丁等驻防年久，渐染绿营风气，竟将满洲旧习全行废弃。此次进剿金川，并不勇往，经将军等奏请将伊等钱粮裁减，按照绿旗兵支给。嗣因各知愧愤，临敌奋勉，是以复其粮饷，以示鼓励。今大功告蒇，撤兵后若不乘势善为整饬，自必仍染陋习，关系甚重。现已拟将明亮授为该处将军，著即传谕明亮，将成都满洲兵加意训练，挽复旧习，或遇携带公出，亦须留心教训，不得仍前玩误。"

（高宗朝卷一〇〇三·页一四下～一五上）

○乾隆四十一年（丙申）三月乙亥（1776.4.21）

谕军机大臣等："……又，阿桂等复奏三路节次投出番人二万有零，分别赏给各土司等因一折，亦只可如此办理。前因促浸番众党助逆酋，抗拒天兵，甚为可恶，曾谕军机大臣存记，俟大功告成时提奏，将此等曾经抗拒至势穷力竭始行投出之贼番查明分发伊犁、黑龙江等处安插。彼时因伊等顽梗情形实堪切齿，故欲示以严惩。今促浸巢穴既已扫荡，逆酋逆党悉就俘擒，其事业已办完，而此等番众分赏各土司，并分别安插，其势已散，而作恶之头人俘戮已尽，更无虞其日久滋事。且分赏土司之人，并经伊等养赡，难以复行追回。至各土司随征打仗伤损精壮男番颇多，今所赏之人尚不足以抵补其所损之数等语，此等番人即照阿桂等所奏办理，毋庸另行查办。将此由六百里谕令知之。"

（高宗朝卷一〇〇四·页四下～六上）

○乾隆四十一年（丙申）三月己卯（1776.4.25）

又谕："前经军机大臣议复定西将军阿桂筹办善后事宜案内，令于大功告成后，特设成都将军一员驻扎雅州，统兵镇守，节制绿营，并于两金川之地安设营汛，移驻提镇，以资控驭。今两金川全境荡平，即应驻设。所有成都将军员缺即著明亮补授，移成都满兵一千至雅州随将军驻守。其原设之成都副都统仍留驻省城，分兵防守。俟二三年后，再令将军驻扎成都，副都统移驻雅州，永资绥靖边圉之益。所有移驻满兵事宜及两金川设镇安营诸事，统令阿桂会同新设将军及该督等妥议具奏。"

（高宗朝卷一〇〇四·页一二下～一三上）

○乾隆四十一年（丙申）三月庚辰（1776.4.26）

定西将军协办大学士尚书公阿桂奏："查舒常与明亮久在一路，性情相得，此时明亮授为成都将军，所有料理善后事宜，自应酌留舒常佽助。至大功已藏，明亮定边右副将军印应于臣进京时同缴。其明亮此时文移来往，舒常处现有钦差大臣关防，应即交与明亮为暂时办事之用，俟新铸四川将军印颁到更换。"报闻。

又，阿桂会同丰升额、明亮奏："湖广、陕西绿营兵已全数撤回，所余甘肃、云、贵兵共一万五千余，臣等已将西、南、北三路甘肃兵令总兵斐慎等分起撤回甘肃，余西宁镇标兵亦即酌撤。其贵州、云南兵亦令总兵特成额、刘国梁等分带起程。总计三月初八日可以全撤。至三路四川兵共一万四千余，应留新疆者六千余，其余亦当酌撤。已交与明亮、桂林，俟各省兵撤后，分别应留、应撤，妥协办理。"

得旨："嘉奖。"

（高宗朝卷一〇〇四·页二〇下～二一下）

○乾隆四十一年（丙申）三月辛巳（1776.4.27）

命议成都将军统辖番地事宜。谕军机大臣曰："昨授明亮为成都将军，节制绿营，控驭番地，已明降谕旨矣。该处所以设将军之意，原因此次逆酋抗拒不法皆由历来地方官酿成。向来管理番地各员于土司漫无经理，惟附近之明正土司等数人引而亲之，加以礼貌，其余则皆视同膜外，众番已久怀不平。且于软弱者，纵胥吏肆其鱼肉，而于强横者，畏如虎狼，益为番众所轻，遂至毫无忌惮。历任总督如开泰、阿尔泰又皆无整理之能，畏葸贻误。即从前莎罗奔、郎卡之事亦未必非彼时督、抚之优柔畏事积渐而成。今费五年之力、十万之师、七千余万之帑，始能将两金川削平，扫穴俘渠，用申国威而肃法纪。兹议于其地安营设汛，移提镇大员统兵驻守，并添设将军驻边弹压，固足以震慑诸番，但所设之将军，若不委以事权，于地方文武不令其统属考核，仍与内地之江宁、浙江等处将军无异，尚属有名无实。且番地事宜仍由地方文武办理，仅禀知总督而行，而将军无从过问，非但呼应不灵，即于绥靖蛮陬之体制亦不相合。现在文绶为总督，明亮为将军，自不虞有掣肘。若将来接任之员或彼此稍存意见，即不能资和衷任事之益，且恐不肖员弁久之故智复萌，不免仍蹈前辙，尚不足为一劳永逸之计，此乃善后事宜之最切要者，不可不及早酌定章程，俾永远遵守。自应令成都将军兼辖文武，除内地州县、营汛不涉番情者将军无庸干与外，其管理番地之文武各员并听将军统辖。凡番地大小事务俱一禀将军，一禀总督，酌商妥办。所有该处文武各员升迁调补及应参、应讯并大计举劾各事宜，皆以将军为政，会同总督题奏，庶属员有所顾忌不敢妄行，而番地机宜亦归画一。若日后将军或因事权专重擅作威福，扰及地方，干与民事者，总督原可据实陈奏。又或总督轻听属员之言，于番地情形动多牵掣，致误公事者，将军亦当据实奏闻。朕惟按其虚实，秉公核办，以定是非，必不肯有所偏向。其应如何酌定章程之处，著阿桂等于回至成都时会同明亮、文绶、桂林悉心妥议具奏。至各土司内宣慰司、宣抚司、安抚司、招讨司等职，其每年轮班入觐时，应作何按次轮派，并听将军核定，会同总督、提督料理送京。至该土司等到京后应照年班回部之例归理藩院管理，使土司头人各遂其瞻仰之情，承受恩泽，倍加荣耀。其土司袭职等事亦由将军、总督咨报理藩院办理。所有应行事宜，并著阿桂等一并酌定具奏。将此由六百里加紧传谕知之，仍将酌定章程各条迅速复奏。"

（高宗朝卷一〇〇四·页二四上～二七上）

○ 乾隆四十一年（丙申）三月癸未（1776.4.29）

军机大臣议复："定西将军协办大学士尚书公阿桂等奏称，两金川番人因有凶恶头人指嗾，是以敢为不法。今投降者皆攻剿歼戮之余，且于先降头人内择令管领，又有官兵弹压稽查，自不虞其滋事。查瓒拉地方就地屯田事宜，除美诺、底木达、布朗郭宗、大板昭及南路僧格宗、翁古尔垄、约咱、章谷等处前议令所驻官兵授地垦种外，其改土为屯之别斯满一带，应令杂谷脑屯弁阿忠保居住管理。其汗牛一处于三十七年投降时令明正头人权为管理，亦应派屯弁管束，改作屯兵。其帛噶尔角克及萨纳木雅地方本系侍卫木塔尔所管，即令管理此一带降番屯种。其宅垄头人安本投顺后久在南路出力，即令其管理宅垄屯垦，其所管降番均照屯兵办理。至促浸地方除官兵耕种外，查有日尔底头人丹比西拉布、章杂寨头人得洛思达拉上年投诚，屡在前敌打仗，又，达尔卓克寨头人色木里雍中率六寨番民同时投顺官兵，因得直抵噶喇依，其在北路投降头人霍尔甲等打仗亦为奋勉，此等所有家属、番众拟分安于促浸河东、河西，与官兵错居，并一体酌给籽种、牛具，俾及时种艺。再，降番多者三四十户，少者不过一二十户，日久无虞反侧。此屯垦之初仰恳免其租赋，俟三年后照屯练纳粮例交官以佐兵储。应如所议，交成都将军拣派应放土弁及管理屯弁，照阿桂议定章程妥办。"从之。

（高宗朝卷一〇〇四·页三五下～三七上）

○乾隆四十一年（丙申）三月丙戌（1776.5.2）

军机大臣议复定西将军协办大学士尚书公阿桂等奏会商两金川设镇安屯善后事宜：

"一、明正、木坪等土司，现令于本年冬季进京。统俟各土司入觐后，再照回疆例定以年班，应令将军明亮等妥为酌派，以均体恤。

一、原议将军驻扎雅州，但将军、总督两地相悬，遇紧要番情，不获立时商榷，并勘明雅州城地势逼仄，满兵难于掣眷，宜令将军仍驻成都。

一、原议提督移驻美诺，查美诺仍在各土司境地东界，其距夔州、川北、永宁均已窎远，于专辖内地绿营事宜多所未便。绿营兵散布居处，与满营不同，应于雅州拓城建房，令提督移驻，即交桂林筹办。

一、泰宁协副将移驻打箭炉，改阜和协，兵额照旧分协、标左右两营，阜和营游击移驻花林坪，改泰宁营，兵额亦仍原数。

一、原议增添满兵一千，今将军、副都统既同驻省城，兵额只应仍旧。

一、促浸共安兵三千名，于勒乌围设总兵一、游击一、都司二、守备二，驻兵一千；噶喇依设副将一、都司二，驻兵七百；噶尔丹寺设游击一、守备一，驻兵三百；茹寨设参将一、守备一，驻兵四百。马尔邦设游击一、守备一，驻兵三百；曾达设守备一，驻兵三百；赞拉共安兵三千名，于美诺设总兵一、游击一、都司二、守备三，驻兵一千；底木达设都司一，驻兵五百；大板昭设守备一，驻兵三百；僧格宗设参将一、守备一，驻兵五百；翁古尔垄设守备一，驻兵三百；约咱设都司一，驻兵三百；明正、章谷原设防兵添足一百名，酌派千把一员驻防，应设小汛塘递，均各于所安兵内拨设。至赞拉、促浸地土瘠薄，今授田伊始，应将兵三人给地亩一分，令两人当差，一人耕种。建昌、松潘、维州等处兵愿挈眷来居者，官为咨送。初至给盐菜、口粮，俟垦种已成停止。再有余地，于杂谷脑五寨屯兵内移驻，并于维州、保县来营贸易番人内招垦，其家眷照例给资迁徙，兵缺出，即于番人内募补，并一体酌给牛具、籽种。再，番地房屋不能经久，应令分建碉寨居住。盐、茶、布、棉等项每年官为办运，定价销售。其屯种收粮等事，于同知佐杂内派委分驻经理，三年更换，实心奋勉者奏升。现在边外各土司系松茂、建昌道所属，应即令该二员赴口外经理。

一、应设官兵每年所需盐菜银，应照原议于江浙等省酌裁名粮，以符其数。俟番民乐业后，再行酌减。

均如所奏。"

谕曰："军机大臣核复阿桂等议奏两金川善后事宜折内，所有番境应设绿营兵六千五百名，岁需屯垦盐菜银七八万两，请于江苏、安徽、浙江、江西、湖北、山东、河南、山西等腹内省分酌减名粮抵补一款，尚未妥协。朕平定两金川不惜七千余万帑金，原为绥靖边圉一劳永逸之计，何靳此七八万盐菜之需？况江浙等省营分虽居腹地，亦有差操防汛之事，若酌减名粮，于各该省兵丁生计殊属有碍，自可无庸裁减。所有川省岁需屯兵盐菜之费，著该督文绶即于正项内动支。至番地初定，新设营汛全资将军控驭弹压，自应令将军每年至两金川新设营分巡查两次，副都统亦当每年巡查一次，将所有满兵轮派随往，庶驻防兵丁尝得演习勤劳，即绿营官兵亦知所观法。馀依议。"

四川总督文绶奏："大兵凯旋，三月内全数进口。其口内西、北路自灌县至杂谷、南路雅安等处尚有存粮。查成都、雅州等属额贮常社仓谷节年都已碾运，应将前项军米及时出借，秋后照一米二谷例如数还仓，免其加息。"

得旨："嘉奖。"

（高宗朝卷一〇〇四·页四六下～五〇上）

○乾隆四十一年（丙申）三月戊子（1776.5.4）

谕军机大臣等："从前出有提督各缺，留俟大功告成再行酌量简放，因派员暂行署理。今已降旨，即令陈杰补授江南提督，窦斌补授贵州提督。其湖南提督李国柱因年老休致，已将段秀林调补，所遗直隶提督员缺，仍令王进泰补授矣。现在尚有广西提督一缺，著阿桂于军营所有之副都统、总兵各员，择其劳绩出众实在堪胜提督之任者，即据实奏请补授。再，阿桂昨奏善后事宜折内称，松潘镇总兵五福、重庆镇总兵高璪俱熟悉夷情，令其分办美诺、噶喇依事务，专指美诺一缺而言。其勒乌围应添总兵尚未筹及，著传谕阿桂等，如五福、高璪二人果皆能胜夷疆之任，何不即以该二员调补美诺、勒乌围总兵，令其安心任事。其所遗之缺，另行简放。若阿桂另有应行酌办之处，并著阿桂会同明亮妥核具奏。将此由六百里谕令知之。"

（高宗朝卷一〇〇四·页二下～三下）

○ 乾隆四十一年（丙申）三月己丑（1776.5.5）

谕军机大臣等："昨据阿桂等派委副都统德赫布将都甲、聂垄两喇嘛解至行在，因派令军机大臣逐加讯问。据都甲喇嘛供称：索诺木曾令在噶尔丹寺率领徒弟诵绰沃经，诅咒大兵。彼时莎罗奔曾遣画匠画蛇、猪、雕、马、狐各一，并书咒语，作为纸卷填入牛角，埋地镇压等语。因将上年阿桂等所进噶尔丹寺图令其指出埋藏方向，据供只见一份系埋于该寺大门门槛四五尺外，约深二三尺，余四份分埋各处路口，离寺不远，却不能指出何处等语。因思阿桂上年攻克该寺时，曾降旨令将该喇嘛寺埋藏镇压物件，形迹可疑，逐细刨挖。后据复奏寺内有土台，系喇嘛等作法之处，业经铲平刨看，并未见有可疑物件。又称寺经焚烧，地面多积石块，刨挖起验需夫颇多，须俟攻剿稍暇再行办理等语。今据该喇嘛所供，是其埋藏之地，阿桂等从前似未刨及。因令将噶尔丹寺原图方向约绘一分，标签发去，即可按照查办。现在阿桂等业已起程，著传谕明亮即选派妥员前赴噶尔丹寺，照该喇嘛所指之地刨挖查验，并于该寺左近要隘路口，勘有形迹可疑之处，逐细刨看，务将牛角画卷、咒语各件全行起出。并须嘱咐委员不动声色，密为妥办，毋得稍涉张皇。仍将如何办理之处奏复。此旨著随军报之便发往，并谕阿桂等知之。"

（高宗朝卷一〇〇五·页三下～五上）

○ 乾隆四十一年（丙申）三月癸巳（1776.5.9）

又，吏部侍郎刘秉恬等奏："两金川现已设镇安营，军火等项为巡防操练所必需。查三路军营各站共存炮子、枪子、火药、火绳、喷筒、火弹、战箭、鸟枪、铜炮、铁炮，除南路业已运贮章谷、马尔邦两处并原存勒乌围、噶喇依两处药局以及酌留底木达、大板昭外，其余各按道里远近酌量分运噶喇依、勒乌围、美诺以备拨用。至生熟铁不便转运，即交附近营汛分晰记档，发交松茂道，移明该镇将有需用处随时支领。"

谕军机大臣曰:"……又据刘秉恬等奏三路军营各站所存火药、炮子、枪子等项,酌量分运噶喇依等处收贮,以凭拨运等语。此项火药、炮子、枪子为数太多,两金川之地虽已设镇安营,即美诺、勒乌围两处宽余存贮及分给各营预备操演亦不须用至如许。若过于多积,徒存无益,且恐附近番人等乘间窃取,或绿旗兵丁盗卖,甚有关系。自应于美诺、勒乌围、噶喇依有总兵、副将处所存贮稍宽,其分给各营汛者酌敷备用,余俱就近运送口内营协较大之处加谨收贮,以备内地各营拨用。现在站夫尚未撤完,即令其归途带运亦属甚便。又,火弹一项专为攻碉摧卡而设,今两金川已经平定,设营驻守,火弹无所用之,据称尚存六千二百三十九个,即以每个贮火药三五斤而计,亦可得净药二三万斤,自应并运内地,仍解作火药存贮。其喷筒二千六百五杆,如已装火药者亦一并酌办。至各处原损之铁炮、鸟枪存留无用,自应销毁。其所存生熟铁几及六千万斤,更觉太多,但其价本轻,自不值运送糜费,而久存亦属无益。除留给各兵番作为农器、锅具外,有可设法经理者,并当酌量筹办,庶不致归于无用。以上各条著交明亮、舒常、桂林悉心妥酌办理。"

成都将军明亮、参赞大臣副都统舒常、四川提督桂林奏:"噶喇依为两金川适中之地,臣等现驻该处商办一切事宜。目下应留川省官兵六千名,已如数挑出。查总兵五福于小金川一带最为熟悉,已令带兵在美诺驻防,高瑽随征数年,于口外番情、山形道路亦渐领略,即派带兵驻勒乌围,并令将派拨所辖官兵逐一安营设汛。至耕屯所需之农具、籽种,已饬松茂、建昌道约核数目速为储备散给。再,臣等现驻口外,一切文报往来,仍令将西路各站每站留马六匹递送。"报闻。

督理粮饷吏部侍郎刘秉恬、调任四川总督富勒浑、山西巡抚鄂宝、浙江布政使郝硕、河南布政使颜希深奏:"前大兵由玛尔古当噶一路进攻,各营卡俱在山顶,不得不尾随供运。今官兵全数凯旋,只须趱运存粮,应改由勒乌围沿河行走,直达噶喇依贮粮处所。现已将西里各站裁撤,所有人夫即带赴勒乌围沿河安设。"报闻。

又奏:"臣等前奏准分拨军粮视各处驻兵之多寡,为存粮之盈缩,核计道路远近妥为分贮。查促浸、赞拉及明正司所属共驻汉屯兵六千五百名,计现存米数自楸砥至梭洛柏古等处尚有七万余石。勒乌围现有米一万二千石，应再运八千石，茹寨、噶尔丹寺等处兵即于勒乌围支领。噶喇依现有米二千余石，应再运一万二千余石。美诺现有米一万余石，应再运二万石，僧格宗、翁古尔垄等处兵即于美诺支领。底木达现有米四千石，应再运六千石，余二万贮大板昭。南路运贮章谷米九千石，约咱兵即于章谷支领。马尔邦米五千石，曾达兵即于马尔邦支领。约计足敷二年有余，加以办理屯田官役人等口粮均属充裕。现分路转输，并派分段总理各员查催。"报闻。

（高宗朝卷一〇〇五·页一二下～一六下）

○乾隆四十一年（丙申）四月戊戌（1776.5.18）

谕军机大臣等："据明亮等奏酌筹现留屯兵请照旧例每日给米一升，其加给银四钱即可裁去一折。屯兵原非打仗征兵可比，所有加给银四钱自应节裁，即每日给米一升之处亦暂时筹办则可，将来酌定屯兵永远章程，自当照例妥议。至称余丁一项，目下分设营汛，各处兵丁砍运木石赶砌碉房，尚属无暇，可否俟碉房工竣即行裁撤等语。此项留屯兵丁原不应有余丁，若以赶筑碉房需用工作人力，则屯土兵练等素所熟悉，尽可役使。即云此时兵丁无暇，或资余丁之力，亦当定立限期，或半月，或数月，示以节制，严行督催。一俟工竣即行裁撤，庶不致久延糜帑。著将此传谕明亮等知之。"

（高宗朝卷一〇〇六·页二上～下）

○乾隆四十一年（丙申）四月壬戌（1776.6.7）

（四川总督文绶）又奏："请酌定成都将军统辖事宜。查松茂、建昌二道，松潘、建昌二镇，阜和一协及所属管理土司者，均听将军统辖，事关番情者，均与总督、提督一体商办。各属举劾亦一体考验。"

得旨："如所议行。该部知道。"

（高宗朝卷一〇〇七·页九下）

○乾隆四十一年（丙申）四月庚午（1776.6.15）

四川总督文绶奏："前因进剿金川，招募新兵，以资战守。今当凯旋，除伤亡顶补外，尚有二千余名，自应分别酌办。请将屡经攻战者，除情愿归农遣回编户，其余留营，暂给守粮，遇缺尽补。至在后路防守，挑验勇健者一体暂给守粮，其余裁汰。仍将额兵内技力平常者秉公革退，以便新兵顶补，统于一月内补完。"

得旨："著照所请行。该部知道。"

（高宗朝卷一〇〇七·页三三下～三四上）

○乾隆四十一年（丙申）五月乙酉（1776.6.30）

谕："军机大臣等议复阿桂等奏两金川善后事宜折内，所有番境应设绿营兵六千五百名，岁需屯垦盐菜银七八万两，请于江苏、安徽、浙江、江西、湖北、山东、河南、山西等内地省份酌减名粮抵补一款，尚未妥协。朕平定两金川不惜七千余万帑金，原为绥靖边圉一劳永逸之计，何靳此七八万盐菜之需。况江浙等省营分虽居腹地，亦有差操、防汛之事，若酌减名粮，于各该省兵丁生计殊属有碍，自可毋庸裁减。所有川省岁需屯兵盐菜之费，著该督文绶即于正项内动支。至番地初定，新设营汛全资将军控驭弹压，自应令将军每年至两金川新设营分巡查两次，副都统亦当每年巡查一次。将所有满兵轮派随往，庶驻防兵丁常得演习勤劳，即绿营官兵亦知所观法。"

（高宗朝卷一〇〇八·页二五下～二六下）

○乾隆四十一年（丙申）六月丙午（1776.7.21）

成都将军明亮、参赞大臣舒常、四川总督文绶、四川提督桂林等会奏："自桃关出口至巴朗拉，计十四塘，请每塘安兵五名，于内地额兵内酌拨，并于适中之卧龙关酌派千总一员，带兵十名驻扎。各汛文报，俱令稽察。其自巴朗拉以外，自松林口至鄂克什官寨共五站，于留驻僧拉屯防兵内拨设，仍归美诺新营管辖。"报闻。

（高宗朝卷一〇一〇·页一四上～下）

○乾隆四十一年（丙申）六月丁未（1776.7.22）

谕军机大臣等："据文绶奏成都将军拟添公费折内夹片声称，成都副都统每年亦须出口，盘费、赏犒在所必需，可否量为加增公费之处恭候钦定等语。成都新设将军，控驭番地，兼辖文武，其体制即与总督无异。是以令其每年出口两次，抚绥弹压，理应酌添公费银两以备赏犒之用。至副都统本属旧有之员，与将军同驻省城，亦有应办事件。若令其出口巡查，地方官自不能照将军统属之体相待，未免呼应不灵，于控驭番境之事未必有益。且两金川新设营汛之处，既有将军一年两次巡查，又有提督桂林常驻镇抚，毋庸复令副都统出口巡查。其所请酌添公费之处，亦不必议给。将此传谕知之。"

（高宗朝卷一〇一〇·页一四下～一五上）

○乾隆四十一年（丙申）七月丙子（1776.8.20）

谕军机大臣等："现在两金川全境荡平，设镇安营，驻兵控制，实为一劳永逸之模。至该处各地方，虽经阿桂等绘图进览，彼时尚未亲履其地，山川形势不过约略遥计，未能悉准。又，两金川四境接壤系何土司，及通藏之路从何行走，前图俱未详晰。著明亮即将两金川四境所有各土司地界、远近次序及有几路通藏之处逐一确查，按准方向绘为总图，详加贴说呈进，俾该处境壤一览瞭如。将此传谕知之。"

（高宗朝卷一〇一二·页一〇上～下）

○乾隆四十一年（丙申）七月辛巳（1776.8.25）

军机大臣等议复："成都将军明亮等奏称：两金川善后事宜已办有就绪，所有塘马除郫县、灌县、映秀湾、桃关四站照内地例归地方官经管外，其桃关口外，草坡至噶喇依共二十五塘，自卧坡至二道桥，令桃关汛员经管，自卧龙关至巴朗拉，令卧龙关汛员经管。至桃关口外，经过瓦寺、鄂克什两土司番地，道路荒远，各塘止有汛兵五名，请酌派土兵五名当差。再自成都至广元一带，每驿奏留台马八匹，以供驰递，今请裁。均应如所奏。"从之。

（高宗朝卷一〇一二·页一五上～下）

○乾隆四十一年（丙申）八月乙巳（1776.9.18）

谕军机大臣等："前经降旨，令明亮将两金川四境所有各土司地界远近次序逐一确查，按准方向，绘为总图贴说进呈。至该处现已设镇安营，驻兵控守，其规制亦俱详备。著传谕明亮，即于图内地方注明何处设立总兵副将，何处安营分驻参将、都司等官，及何处驻兵若干之处，一并详加贴说进呈，俾该处情形一览瞭然。将此由四百里传谕知之。"

（高宗朝卷一〇一四·页六上～下）

○ 乾隆四十一年（丙申）八月庚申（1776.10.3）

又谕（军机大臣等）："向来各省苗民杂处地方，如湖广镇筸、贵州古州，俱曾有汉奸滋事，因设文武大员弹压，不许汉奸潜入苗地。其余凡有苗疆省分，例禁俱严，但恐奉行日久，地方官或视为具文，现已另降谕旨，令各该督、抚留心整饬矣。至川省近年来如偾拉之虎儿、促浸之张坤忠，俱以该省民人潜窜其地，构衅滋事，则汉奸之尤甚者。今两金川全境荡平，两逆犯又俱就获诛磔，自皆稍知畏惮。但川省民情狡黠，其通事及贸易人率多习为番语，与番蛮声气相通，易于窜入滋事。即如布拉克底、巴旺、绰斯甲布、三杂谷等处，未必不有内地民人在彼。第此时大功初蒇，兵威震叠，自当以镇静为主，不宜因此稍露端倪，然亦不可不随时稽察，预防其渐。著传谕将军明亮、总督文绶均各留心实力整饬，总宜不动声色、妥为经理。仍将如何筹办之处。即行复奏。"

寻奏："两金川番境设镇屯田，方事招徕，其中奸良不一，宜随时稽察。前经饬办屯各员，仿内地保甲，设法编查。并谕各土司如有内地人逃入番境，即令拿送屯防文武，臣等现即再加译谕各土司遵照。至通事人等，通饬慎选诚实驯良有产业、亲属者，取具保结承充，该管官仍不时查察。"报闻。

（高宗朝卷一〇一五·页一一下～一二下）

○ 乾隆四十一年（丙申）九月辛未（1776.10.14）

四川成都将军明亮等奏："番地籽种先经采买四十余石，不敷散给。饬茂州、保县于存仓内拨五百名[石]，解往噶喇依、底木达等处。于内地采办麦一千石，解赴美诺、勒乌围等处。至牛只先经采买五百余头，随饬于松潘所属番地采买一千六百头，内地附近各属采买四百头，陆续解往。各项农具，军营存贮生铁多熟铁少，除内地制解外，雇铁匠十名赴屯打造。再，小金川纳木觉尔宗一带土盐味苦，内地兵夫不能食，现酌令兵丁遇换班等便，准其带盐前往接济。"报闻。

（高宗朝卷一〇一六·页五下～六上）

○ 乾隆四十一年（丙申）九月戊戌（1776.11.10）

又谕曰："两金川喇嘛均系邪教，不便仍留其地。但番人习奉佛教，该处独无喇嘛，似非从俗从宜之道，应于噶喇依、美诺两处酌建庙宇，即于京城喇嘛内派往住持。所有应派人数著理藩院议奏。其建庙事宜著文绶妥酌办理。"

（高宗朝卷一〇一七·页一八下）

○ 乾隆四十一年（丙申）十月乙丑（1776.12.7）

谕军机大臣等："据明亮等奏：请将两金川屯防兵六千名分作三班更换等语，所办尚未允协。两金川屯政初开，必得勤妥兵丁留驻垦耕，以期久远之利。川省绿营兵众疲玩者多，若令分班更换，安得如许有用之兵选派前往。况屯垦贵于熟习地利，非驻藏换台者可比。设伊等知有及瓜之代，惟盼如期换回，且以所种之地并非恒产，谁肯安心尽力，徒令仆仆往来，仍无实济。莫若令屯驻之兵挈眷前往，使各有室家可恋，自皆安居乐业，力耕作以期赡给，方于屯政有裨。即搬眷应筹资助，亦不过此一时酌办，较之每年换班繁费其省便相去何如。或其中有不愿挈眷者谅亦无多，不妨及此初办之时，于内地另选精壮兵丁挈眷往代，庶乎一劳永逸，可为经久良图。将此由五百里传谕知之，仍将如何筹办缘由，即行妥议复奏。"

寻奏："绿营兵丁有田业者，惮于弃产长戍，即无恒产者，亦以妇女等不能越岭攀林远赴番地。臣等悉心筹议，似应仍照原奏办理。"

得旨："如所议行。"

（高宗朝卷一〇一九·页一四上～一五上）

○ 乾隆四十一年（丙申）十二月丁巳（1777.1.28）

谕："平定两金川后，现于其地设镇安营，所有该处道里形势，及各土司疆域界址，均应绘图纂入方略。虽番境地图屡经该将军等呈进，但不过约略而计，其方隅偏正恐尚未能悉准。著派傅作霖于开春随将军明亮前往成都，并著明亮同文绶派委妥员随其往各该处，逐加测量，另绘新图呈览。伊事竣回省，乃著明亮、文绶派员送伊回京。"

（高宗朝卷一〇二三·页八上～下）

○乾隆四十二年（丁酉）正月戊子（1777.2.28）

署成都将军副都统舒常等奏："种地降番上年赏给籽种、口粮，奏明在案。兹查各番户收获杂粮，或收石余，或仅数斗，缘番境久荒，耕屯伊始，未能一律收成。所获有限，又须留来年籽种，若将口粮概行停支，穷番口食无资。请将不敷口食之户，分别酌借口粮，以资耕作，俟春收，准其以麦抵还。"报闻。

（高宗朝卷一〇二五·页一三上～下）

○乾隆四十二年（丁酉）七月壬申（1777.8.11）

谕军机大臣等："上年金川全境荡平，所有该处地界归入版图，安屯耕种。此内有系从前绰斯甲布、布拉克底、巴旺、党坝各土司被金川侵占地方，因念该土司等数年以来跟随打仗守卡，其勤劳亦属可嘉，自应特沛殊恩，以示奖励。前曾面谕明亮，并令赍旨到川，会同总督文绶、提督桂林将绰斯甲布、布拉克底、巴旺、党坝土司等被金川侵占之地，伊等前往逐加详勘，查明无碍田土，绘图具奏，候朕降旨，酌量赏给。迄今已阅半年，何以未见奏到，著传谕明亮等迅速查明具奏。再，金川既归版图，其地所有名山大川亦应崇以祀典，如索乌、甲索诸山曾经阿桂等祭祀，颇为效灵，自应推类查明，予以春秋秩祀，用彰报功之典。并著明亮等详查绘图具奏。此旨著由五百里发往，谕令知之。"

（高宗朝卷一〇三六·页一〇上～下）

○乾隆四十二年（丁酉）七月己丑（1777.8.28）

又谕（军机大臣等）："……至绰斯甲布、布拉克底、巴旺、党坝等各土司，数年以来跟随打仗素著勤劳，曾面谕明亮到川后，会同总督文绶，将绰斯甲布土司等被金川侵占之地逐加详勘，查明无碍田土绘图具奏，候朕降旨，酌量赏给。明亮到川后已阅半年，此事亦应筹办。前于七月初曾传旨询问，此时亦应接奉，著再谕明亮等迅速详查，绘图具奏。将此由五百里发往，谕令知之。"

（高宗朝卷一〇三七·页二七上～下）

○乾隆四十二年（丁酉）八月辛丑（1777.9.9）

谕："昨岁平定两金川大功告蒇，其地已归入版图，安屯耕种。所有该处名山大川效灵助顺，自应列入祀典，曾降旨令明亮等查奏。今据奏复金川之索乌、甲索二山及小金川之墨尔多山，均为番众所敬奉，大军进剿时亦颇著灵应等语。又，金川大河当官兵攻剿勒乌围时，立栅沿河，坚持数日，适值阴雨连绵，河水旋长旋消，于沿滩栅寨并无妨碍。及攻得勒乌围，官兵移栅后，河水即徒然涨发，前所立栅之处均漫水甚大。河神效顺，实赞成功，均应春秋秩祀，以彰报功之义，著载入祀典，用垂久远。所有撰文及一切礼仪，交各该衙门照例办理。"

（高宗朝卷一〇三八·页一四上～下）

○乾隆四十三年（戊戌）正月己巳（1778.2.4）

（军机大臣等）又议复："成都将军明亮等奏称：前因雅州与南路打箭炉、木坪相近，奏请将省城提督移驻雅州。今复查该处既非沿边扼要，又非适中控制，若将提督移驻，遇有应会议番民等事，往返多有不便。如径由省城办理，提督竟不与议，又非慎重边陲之道。臣等不敢拘泥前奏，徒事更张，请毋庸移驻。应如所请。"从之。

（高宗朝卷一〇四八·页七下～八上）

○乾隆四十三年（戊戌）三月癸亥（1778.3.30）

兵部议奏四川总督文绶等咨改阜和、泰宁营制事宜：

"一、阜和改营为协，泰宁改协为营，应将原设泰宁协副将改为阜和协副将，泰宁协左营都司改为阜和协左营都司，俱移驻打箭炉。其原设阜和营千、把、外委及额兵七百名，悉归协标。再于原设泰宁协左营额兵内拨给阜和协左营十七名。原驻清溪之泰宁协右营都司改为阜和协右营都司，仍额兵三百名。阜和左右两营定额兵共一千十七名。至泰宁改协为营，应将原驻炉城之阜和营游击改为泰宁营游击，原设阜和营守备改为泰宁营中军守备，同移化林坪，隶阜协，定额兵共六百八十三名，各营千、把、外委等分驻汛地各仍其旧等语。均应如所咨办理。

一、阜和、泰宁副将、游击、都司、守备俱系边地要缺，今营制虽改，而地仍边要，应仍在外题补等语。应令该督将作为题缺、调缺之处查明报部注册。

一、移改副将、游击、都司、守备请换给四川阜和协副将关防一、四川阜和协副将中军都司兼管左营关防一、四川阜和协右营都司关防一、四川泰宁营游击关防一。其泰宁营中军守备系由阜和营移改，向未给有关防，应给四川泰宁营游击中军守备条记一。此外千、把、外委应用木戳，照例由司刊给等语。查泰宁营中军守备仍与游击同城，应由司换给钤记，未便由部铸给条记。再原设泰宁协副将传敕，应令缴销另给。余均如所请行。

一、副将、游击、都司、守备等官衙署，宜照旧移驻，毋庸另建。应如所咨办理。"从之。

（高宗朝卷一〇五二·页九下～一一上）

○乾隆四十三年（戊戌）三月庚寅（1778.4.26）

四川总督文绶、提督明亮奏："两金川办理屯务，应拨杂谷兵户赴屯垦种。其素有产业者，不免安土重迁。今查愿往兵共一百五十户，计男妇大小三百六十五名，现拟分地安插，如小金川之大板昭、丹札寨各五十户，金川之卡卡角、沈角沟各二十户，卡尔金十户，责成分驻员弁管辖，并给口粮、籽种、牛具如例。"报闻。

（高宗朝卷一〇五三·页二二下～二三上）

○乾隆四十三年（戊戌）五月庚辰（1778.6.15）

又谕（军机大臣等）曰："文绶等奏土守备阿忠强夺屯番地亩，复任性喜怒，责毙三人，并侵蚀恤赏银两至一千余两之多，请照例拟斩监候等语，所办殊属非是。金川荡平以后，安立耕屯，设官分守，遇有屯弁等不法之事，即应照西域新疆之例绳以重法，庶可惩一儆百。今阿忠敢于贪酷妄行若此，自应一面将其家产查抄，一面奏闻，将阿忠于该处即行正法，以昭炯戒。乃文绶等仅照内地律例拟以监候，此时既无足以示儆戒，将来勾到时将伊处决，业已时过事忘。愚番且不解其何故，岂足以肃法纪而示劝惩，文绶等何不晓事体若此？况阿忠贪酷各款迹俱系明亮将军任内之事，土司系其专管，乃竟漫无觉察，所司何事，文绶、明亮均著传旨严行申饬，并令文绶等即将阿忠在该处正法，并选派明干可信大员前赴该处，将阿忠家产查抄入官，即行据实具奏，仍晓谕各番，俾知儆惧守法，以示辟以止辟之义。将此由五百里传谕知之。"

（高宗朝卷一〇五七·页八上～九上）

○乾隆四十四年（己亥）正月丙申（1779.2.26）

谕曰："广西提督员缺，著五福补授，其四川松潘镇总兵员缺，著刘俸补授。所有五福办理新疆屯田事务，即著刘俸前往驻扎接办。"

户部议准："成都将军特成额奏，两金川新收屯粮请照打箭炉至西藏一路台站贮粮例，存仓及支放兵粮，每石准销耗米五合，拨运别屯，每石准销盘折一升，并令逐年册报部核。"从之。

（高宗朝卷一〇七四·页一五上～下）

○乾隆四十四年（己亥）正月乙卯（1779.3.17）

是月，成都将军特成额等奏："新疆原驻屯防兵六千，经奏准撤二留四，已饬该镇等选年壮娴耕及愿留兵不拘班次挑留，余兵撤回。至两金川屯务，向派总兵二员分办，现奏归一镇统辖。查金川土司地方原属松潘镇，应仍令该镇驻美诺督办，兼辖促浸屯务。驻阿尔古之重庆镇总兵撤回，阿尔古屯务改派维州协副将驻办，仍听驻美诺总兵管辖。"下部知之。

（高宗朝卷一〇七五·页二五下～二六上）

○乾隆四十四年（己亥）五月壬子（1779.7.12）

成都将军特成额、四川总督文绶、提督明亮奏："两金川屯务前经奏明酌存绿营兵四千名，并发留屯练二百名，给地耕种。兹各屯透雨沾足，督饬各兵勤力耘耔，所有拨留种地屯练，及调赴各屯之携眷屯兵，及各降番民户，俱相率力作，以冀有秋。至屯练一项，原留差防兵五百名，除奏明拨出种地兵二百名外，尚余三百名。今查各屯既有种地屯练二百名，又有调往挈眷屯练一百五十户，共计五百余人，且自裁减官兵后又已半载，番地宁谧，差防无误，前项单身屯练三百名应一并撤回，以节糜费。"

得旨："欣慰，览之。"

（高宗朝卷一○八三·页二三下～二四上）

○乾隆四十四年（己亥）七月丙申（1779.8.25）

谕军机大臣曰："特成额等奏酌定金川新疆屯防经费奏销章程一折，据称：节年拨解新疆支给官兵、夫役、番屯人等盐菜、月费、工价及办运耔种、牛具、口粮、脚价等项，共拨用银五十一万四千五百余两，并请于军需实存项下再拨银十八万八千四百五十余两，另存备用，连前共拨银七十万两，统归屯防案内报销等语。金州新设屯防以来仅阅三载，何以拨用银款至七十万两之多，殊不可解。况从前移驻屯兵，原就彼处旧有之房屋、粮食，并非事事俱由创始。即或房屋略需添葺，及修建庙宇，所费亦属有限，不致数逾巨万。至耔种、牛具、口粮、月费等项支给本自无多，况官兵既经屯种，亦有所得粮食可以凑给，而番人屯种，自耕自食，更毋庸滥给口粮，何至糜费若此？且新疆设立营汛系经久之计，若每年动用至十余万，则是平定金川竟成永增多费，实属不成事体。著传谕特成额、文绶等即行详悉确查，将支给过银数分款开列清单即行呈览，究当每岁多增用若干迅速具奏。此旨由六百里谕令知之。"

（高宗朝卷一○八六·页一四上～一五上）

○乾隆四十四年（己亥）八月壬申（1779.9.30）

又谕（军机大臣等）："据特成额等复奏，金川新疆屯防经费历年用过银四十一万五千余两，皆照奏咨定例支用，自应照奏明酌定章程造册报部核销。至所称每年约需银十万余两，除前经奏撤屯防官兵二千三百余员名，计岁需已减十分之三，所有四十四年分约计应用银六万五千余两等语。殊觉不成事体。两金川设镇安营本属绥靖边圉经久之策，若因此而岁需兵饷不赀，除已裁撤屯防官兵尚需六万余两，年复一年，长此安穷，实为非计。从前平定准噶尔筹办屯田事宜，将陕甘两省腹地各营兵额渐次裁减，不但足供新疆经费，且支给之外尚有盈余，所办最为妥善。今金川所设屯防经费亦当仿而行之。盖边省多设弁兵原为捍御外夷之计，如准部、回部既归版图，则陕甘内地兵额即可裁减。至川省各营兵额较多，原为防守番境而设。今两金川俱经荡平，新设镇营屯驻足资控制，毋庸川省内地兵丁复为卫御，自应将川省腹地各营兵数酌量裁减，以抵新疆经费之用。但兵额一时未便遽裁，止须遇有兵丁缺出即为停补，数年之后自可足数。如此不动声色，以渐妥办，裁兵既不虞其失所，而经费亦不致于添多，方为两全之道。至欲将新疆官兵于今冬再撤一千名，转可不必。原议添设防兵本为弹压番境，若裁减过多，恐不敷驻守，且于体制非宜，自不若议裁腹地兵额之为得当也。著传谕特成额、文绶、明亮即行悉心筹画，通盘核计，详悉妥议，迅速复奏。"

（高宗朝卷一〇八九·页一二上～一三下）

○乾隆四十四年（己亥）十月甲寅（1779.11.11）

大学士等议准："成都将军特成额等奏，两金川宁谧，额设兵四千余名可裁千余，将米折一项酌增，本折兼支，不另给盐粮，岁收足敷搭放。仍于川省腹地各营酌裁兵千五百名，以其粮资边饷。再，裁兵后并应如所请，将所设粮务厅七员留五员，裁原驻阿尔古知州，归美诺同知辖。存兵并为五营，责成总兵一、游击二、都司一、守备四、千总、外委四十四员管领，换班屯练兵并裁。"从之。

（高宗朝卷一〇九二·页四下～五上）

○乾隆四十四年（己亥）十一月乙未（1779.12.22）

军机大臣议复四川成都将军特成额等奏再筹新疆驻兵事宜：

"一、新疆旧驻兵四千名，屯田四载，边境安恬，请撤回一千名，余兵于儹拉分设二营：一美诺营驻总兵、游击、守备各一，千、把、外委十四员，兵八百名；一底木达营驻守备一，千、把、外委六员，兵六百名。

又于促浸分设三营：一阿尔古营驻游击、守备各一，千、把、外委十一员，兵七百名；一噶喇依营驻都司一，千、把、外委七员，兵六百名；一茹寨营驻守备一，千、把、外委六员，兵三百名。各处汛塘就近于各营拨兵分驻，五营均归美诺总兵辖。将弁果奋勉出力，董劝有方，三年以应升之缺奏补。

一、派驻将弁于内地简僻营分裁缺改补，请将泰宁、叙马二营游击裁归新疆。泰宁营改设都司，以永定营都司改补，泰宁守备改永定营；叙马营改设都司，以维州协右营都司改补，叙马守备改维州协右营。至新疆应设都司一，裁嘉顺营都司改补；应设守备四，查四镇右营原系游击，均有中军守备，后游击改都司，中军守备未裁，即以此四缺改补。以上游、都、守俱改为题调缺。其千、把、外委四十四员，于腹地各营内量其差防繁简酌裁移设。至两金川旧系松潘镇辖，今驻美诺，所属内地营伍，仍每年巡查一次。内地各本营原扣养廉、公费、名粮，并裁充新疆经费。

一、屯防兵查按内地各营情形均匀摊减，汛广差繁者减半核裁。口外跬步皆山，马不得力，应定为马一步九，足资差操。裁兵之饷解新疆供支，马干省补经费。杂谷屯练二百名，除八户愿留屯外，馀各有原籍产业并撤。

一、屯防兵应令长驻，以省换班各费。以二兵合种地一分，自耕自食，免其交官。所有例给口粮，明岁秋收可停。其额饷内米折一项，照阜和协兵十两八钱例给。镇、将、备、弁盐粮与兵丁一体停支。惟文官员役、喇嘛人等每岁需口粮千石，现在仓贮尚充，屯练降番所余地亩广招屯种，陆续升科，足资接济。

一、新疆西路由桃关出口自大邑坪至巴朗拉共十五塘，系瓦寺土司境，无田可种，不便与长驻兵一例办理，请拨松潘镇、维州协所属各营兵安设。其南路自打箭炉以外之三道桥至章谷共十五塘，系明正土司境，请拨阜和协兵安设，应得盐粮及换班分例仍旧。

均应如所请。再，今冬正届换班期，饬于现驻兵内将愿携眷及单身愿留者留驻，其内地应拨一千名亦尽愿携眷及单身长驻兵拨往。如不敷，随时募补，抽换足额。"从之。

（高宗朝卷一〇九四·页一三下～一六上）

○乾隆四十五年（庚子）二月壬申（1780.3.28）

又谕（军机大臣等）："向来两金川番众俱不剃发，但自大功平定以来沿边各土司无不隶我版宇，所有番众即与内地民人无异，自应恪遵定制一例剃发。况现在安营设镇屯驻兵丁，而该处番人若复仍沿旧俗，殊于体制未协。著传谕文绶，即行明白晓谕各土司，令该处番众概行剃发。并严饬驻扎各员弁实力稽查，务使远徼番民永遵法守。并谕特成额明亮知之。"

（高宗朝卷一一〇一·页一一上~下）

○ 乾隆四十五年（庚子）三月辛丑（1780.4.26）

谕军机大臣等："本日文绶等奏复番众剃发一折，据称，新疆番众久经剃发，并半已穿戴内地民人衣帽，至西、南、北三路沿边土司番众亦均已遵制剃发，并无仍沿旧俗之事等语，所办未免过当。两金川等番众自收服以后隶我版图，与屯土练兵一并遵例剃发，自属体制当然。至沿边土司番众如德尔格、霍耳等处自可听其各仍旧俗，毋庸饬令一律剃发，更换衣饰。将来伊等轮班进京朝贡，衣服各别，亦可见职贡来朝之盛，何必令其换衣服以生其怨也。即现在收服之两金川等番众亦止须遵制剃发，其服饰何妨听从其旧，又况沿边土司番众何必更改服饰耶？文绶办理此事殊未妥协。可将此传谕文绶等知之。"

（高宗朝卷一一〇三·页一八下~一九下）

○ 乾隆四十五年（庚子）三月壬寅（1780.4.27）

四川总督文绶、提督明亮会奏："两金川各屯降番定于四十八年输赋。惟查汗牛二百九十二户于三十二年先已投诚，今大功告成又经三载，应先令供赋，以益边储。"下部知之。

（高宗朝卷一一〇三·页二二上）

○ 乾隆四十六年（辛丑）三月戊子（1781.4.8）

谕军机大臣等："户部议驳特成额等奏请将两金川新疆现存米石出借官兵，将来易还麦稞之处仍毋庸议一折，因属照例议驳。但此项旧存米石既经春碾盘运，兼以山谷气潮，易致霉变，实难久贮，亦只可准令官兵易交稞麦。即使以贵易贱，亦不得不如此办理。至该将军等所称将来官员需米，可令自行买食。其本地喇嘛及书役人等，即令全支麦稞。惟由京派来喇嘛，仍请照巴塘、里塘军米由内地运往等语。从前巴塘、里塘定给军米价值七八两一石，办理本属未善，只以行之日久，未便轻为更改。今若金川屯所需支米石亦照此为永远定例，则程途愈远，需费愈多，部议所云辗转縻费脚价，总属明亏暗折，其事自断不可行。朕意将来金川新疆应支米石时不如全用折色，听其自行买食，毋庸再给官米，庶免长年縻费之虑。著传谕特成额、文绶即将此案再行详悉妥议，酌定章程，复奏到日，候朕另降谕旨。"

（高宗朝卷一一二六·页一五下～一六下）

○乾隆四十七年（壬寅）八月庚午（1782.9.12）

谕曰："福康安奏，请将松潘镇属维州协副将移驻美诺，新疆五营归其钤束，仍听松潘镇统辖，责任既专，于屯戍边陲实有裨益等语。美诺为新疆要地，自应设立协镇大员驻扎其地，办理一切屯戍事务。莫若即于该处另添副将一员驻守。其维州协各属营制俱著照旧，毋庸更动，于边防控驭责成尤专。该协仍归松潘镇统辖，嗣后该镇每年亲往巡查一次。该将军、总督每年轮流一人往查一次，尤足以壮声威而资弹压。其新添美诺副将所属官弁兵丁，即交福康安会同特成额等酌定分拨具奏。该部知道。"

（高宗朝卷一一六二·页一一下～一二上）

○乾隆四十七年（壬寅）十二月戊子（1783.1.28）

兵部议准："四川总督福康安等奏称，美诺懋功营改设副将一员，管辖抚边、绥靖、崇化、庆宁四营，归松潘镇总兵统辖，将懋功营游击、守备移驻崇化营。其崇化营原设都司一员移于懋功协，作为副将中军都司，其原驻之千、把总与外委、兵丁等，各仍其旧，毋庸移改。其懋功协副将作为题调之缺，移驻懋功协中军都司，崇化营游击、守备均照原议作为题调之缺。"从之。

（高宗朝卷一一七一·页一七上～下）

○乾隆四十八年（癸卯）四月丙戌（1783.5.26）

四川总督福康安奏："灌县西门外之镇夷关路通桃关，为新疆要路，请于灌县汛新募实兵数内拨驻五名，设为一汛。"从之。

（高宗朝卷一一七九·页一七上）

○乾隆四十八年（癸卯）十一月己丑（1783.11.25）

军机大臣遵旨议奏："据四川成都将军特成额奏称平定两金川后，该处降番就近安插，八年以来该降番等久沐深恩，各安耕作，遇有差遣莫不奋勉出力，无异内地民人，恳准改土为屯，除去降番名目。又称降番等生齿日繁，男妇约计九千余名口，应设专员管理。请令懋功协中军都司与绥靖营游击就近弹压，仍饬懋功协副将统为控制。其钱粮、命盗案件，归美诺同知办理，该营员不许越俎干与。均应如所奏。"从之。

（高宗朝卷一一九二·页三下～四上）

○乾隆四十九年（甲辰）三月乙未（1784.3.30）

铸给四川新疆管屯同知佐杂各官关防。从调任成都将军特成额请也。

（高宗朝卷一二〇〇·页二〇上）

○乾隆四十九年（甲辰）闰三月辛酉（1784.4.25）

军机大臣议奏："四川总督李世杰奏称，将阿尔古屯存米二千石拨至噶喇依。查该处米石不敷即支稞麦，久经特成额奏定章程，乃李世杰并不查照原奏办理，率行运往，除米石即存噶喇依以备支放，其用过脚费，令该督照数认赔示惩。至各屯存剩军米八千八百九十石，积存已久，应如该督所请，先尽借领，易稞麦还仓。再将逐年升科之粮亦易收稞麦，每年照常平仓收新出陈，以免霉变。"从之。

（高宗朝卷一二〇二·页一〇下～一一上）

○乾隆五十一年（丙午）四月辛丑（1786.5.25）

四川总督保宁、提督成德奏："新疆五营额兵二千六百七十八名，现设鸟枪手一千五百名，今拟添一百五十名，即从弓箭守兵改补。旧存枪筒，除炸损改农具外，现有堪用者一百五十杆，无庸另制。药弹等项现存章谷、大板昭等处，取携不便。查各营俱有演武厅，仓廒局库均极宽敞，应照各营兵数分领回营。"

得旨："嘉奖。"

（高宗朝卷一二五三·页二一下～二二上）

○乾隆五十一年（丙午）十一月戊寅（1786.12.28）

谕："据鄂辉等奏新疆屯练民户应还牛价、口粮请宽限征收以恤屯戍一折。四川新疆屯练承垦地亩，业经照例升科。其所借牛价、口粮，原分作三年征还，除上年已按款征收外，其余借项若与升科额粮三项并征，屯众不无拮据。著加恩将该屯练等未完五十一二年份应征牛价、口粮概予豁免。其民户所借牛价、口粮，亦著一并宽免，以示体恤。"

（高宗朝卷一二六八·页一二上～下）

○乾隆五十二年（丁未）三月丁亥（1787.5.6）

军机大臣等议复："成都将军鄂辉、四川总督保宁奏称，川省新疆五营屯兵自奏裁后，实存兵二千六百三名。从前办屯所需牛只，系官为采买，每年倒毙，动项买补，所收粮石尽数交官。嗣经奏明停支盐菜、口粮，将地给兵自种自食，惟该兵等领有官牛未缴原价，遇有倒毙仍须买补，或借扣饷银，及遇事故除粮，更不免公赔摊派，殊多未便。查该处地久经垦熟，非若办屯之初必资牛力，如需用牛，不妨听其自行措买。所有原领牛价，请令分年缴纳清款，以纾兵力。应如所奏。"从之。

（高宗朝卷一二七七·页七下～八上）

○乾隆五十二年（丁未）四月丙寅（1787.6.14）

是月，暂署四川总督成都将军鄂辉奏："川省自平定两金川分设五屯，归松茂道管辖已逾十年。应请将兼理新疆屯政字样增入松茂道敕书关防。"

得旨："是。下部知之。"

（高宗朝卷一二七九·页二八上～下）

○乾隆五十二年（丁未）十月癸亥（1787.12.8）

四川总督保宁奏："定例种地民番，每户拨给地三十亩。今新疆屯户生齿日繁，请增拨地亩承垦，较之招募新户事半功倍，仍照例升科。"

得旨："嘉奖。"

（高宗朝卷一二九一·页四五下）

○乾隆五十三年（戊申）正月己丑（1788.3.3）

调任四川总督保宁奏："金川屯务，经前任将军、参赞等丈出地十一万七千六百六十亩，节年屯员广为招徕，穑事日兴，荒土尽辟，除原丈地已垦外，多垦地一万八千九百七十五亩，仍照例每户给三十亩，并限六年升科。查各屯官役、喇嘛人等，及岁修桥梁等项，需粮九百余石，俟升科后，统计新旧地亩，并汉牛一屯，每年共应征粮一千二十一石零，各项供支自可有盈无绌。"报闻。

（高宗朝卷一二九七·页三一上～下）

○乾隆五十三年（戊申）三月戊子（1788.5.1）

户部议准："前任四川总督保宁奏称，新疆五屯兵民杂处，生齿日繁。现据茶商等请由懋功厅增给腹引一千张，于灌县采配茶斤运至各屯售销。应征课税三百七十余两，以乾隆五十二年为始照例征收，并于二道桥、达园二处各设书巡二名，分卡盘查。"从之。

（高宗朝卷一三〇一·页三二上）

蠲免、缓征官兵经过地方及旁近州县钱粮

○乾隆四十一年（丙申）二月乙卯（1776.4.1）

又谕："年来征剿金川，军粮等项皆官为办给，而负任运供不免稍资民力。川省百姓踊跃急公，甚属可嘉，业已叠次加恩。将乾隆四十年以前应征钱粮，特令该督等查明分数分别酌免。兹金川全境荡平，逆酋兄弟及助恶头人悉就擒获，红旗报捷，大功告藏，用是广沛恩施，以昭优恤。著该督文绶，将川省节年应征缓带钱粮，查明承办运务地方，就其出力轻

重、差务繁简分别妥酌，或全行蠲缓，或量其分数蠲缓之处详细核定。计将军阿桂此时尚未起程，并著会同查办，迅速奏闻。候朕特溥渥恩，用副嘉惠劳民至意。"

（高宗朝卷一〇〇二·页三五下~三六下）

○乾隆四十一年（丙申）二月己巳（1776.4.15）

又谕："前岁调派八旗劲旅及吉林、黑龙江、索伦等精锐进剿金川，直隶为首先经行之地，曾予缓征。兹大功告成，凯旋在迩，允宜特沛恩施，用敷庆泽。除大兴、宛平、良乡等县，业于跸路经由谕旨内加恩，所有清苑、永平、磁州、赵州、柏乡、定州等六州、县未完乾隆三十八、九两年军行缓征，并因灾缓带地粮银三万九千五百六十四两零，又清苑、满城、定兴、望都、栾城、赵州、定州等七州、县未完乾隆三十五、六、七、九等年因灾出借常平谷三千七百九十石零、米三千二百九十石零，一并加恩蠲免，以示优恤。该部即遵谕行。"

（高宗朝卷一〇〇三·页三六下~三七下）

○乾隆四十一年（丙申）三月辛卯（1776.5.7）

又谕："迩年征剿金川，一切军需粮运等项，节次发帑不下七千余万，官为办给，不欲丝毫累及闾阎，而负任运供不无稍资民力。业已叠次加恩，将乾隆四十年以前应征钱粮分别蠲免。兹两金川全境荡平，大勋克集，念川省百姓踊跃急公，甚属可嘉，自宜广沛渥恩，以昭优恤，特令该督文绶会同将军阿桂查明奏闻。兹据分晰差务繁简复奏，著加恩将成都、华阳、新都、汉州、郫县、灌县、德阳、绵州、梓潼、剑州、昭化、广元、汶川、保县、杂谷厅、双流、新津、邛州、名山、雅安、荣经、清溪、打箭炉二十三厅、州、县乾隆四十年份缓征钱粮全行蠲免。金堂、简州、资州、资阳、内江、隆昌、泸州、纳溪、叙永厅、永宁、中江、三台、蓬溪、射洪、渠县、南充、大竹十七厅、州、县所有四十年份全缓钱粮蠲免十分之七。其茂州、松潘厅、江北厅、巴县、永川、荣昌、壁山、乐山、犍为、宜宾、眉州、奉节、云阳、万县、巫山、梁山、芦山、天全州十八厅、州、县四十年份前经酌缓十分之七钱粮一并蠲免。温江、新繁、彭县、什邡、崇宁、崇庆州、蓬州、长寿、垫江、南溪、富顺、长宁、蒲江、大邑、安县、绵竹、仁寿、井研、广安、岳池、安岳、荣县、遂宁二十三州、县所有四十年份已经酌缓十分之七钱粮内蠲免十分之五。其西充、营山、仪陇、邻水、江津、綦江、南川、合州、涪州、铜梁、大足、定远、忠州、酆都、盐亭、乐至、丹棱、彭山、青神、峨眉、洪雅、夹江、威远、合江、江安二十五州、县四十年份前经酌缓十分之五钱粮全行蠲免。阆中、苍溪、南部、巴州、通江、南江、马边厅、庆符、高县、筠连、珙县、兴文、屏山、雷波厅、酉阳、秀山、黔江、彭水、开县、大宁、石砫厅、达州、东乡、太平、新宁、平武、江油、石泉、彰明、西昌、冕宁、盐源、会理州、越嶲厅三十四厅、州、县四十年份前经酌缓十分之五钱粮内蠲免十分之三。其各营、县番民认纳银米，前已降旨缓征，著并将该年夷赋一体按照分数蠲免，俾民番均得普沾实惠，用示庆洽武成、嘉奖劳民至意。"

（高宗朝卷一〇〇五·页六下～八下）

查处站员冀国勋亏缺脚价银两事件

〇乾隆四十年（乙未）六月辛巳（1775.7.2）

又谕（军机大臣等）："据鄂宝、颜希深奏松冈站员冀国勋侵亏军需银两一折，内称不敢以事隶川省咨明督臣查办，所奏甚属取巧，已于折内批示。此事前据富勒浑参奏，冀国勋藐法侵帑至八万九千余两，实出情理之外，已谕令文绶将冀国勋革职，迅速严讯。审明之日，即将该犯正法，俾众知儆戒。所有冀国勋任所、原籍资产严行查抄，并将北路总理知府王立柱革职，将任所及在京资产一并查封，以备抵补冀国勋资财之不足。但该犯侵亏银米为数甚多，恐王立柱查封资财不敷抵补。鄂宝、颜希深系北路总理粮饷大员，稽查是其专责，况该犯冀国勋承办松冈站务已历三载，似此侵亏至累万盈千，鄂宝等岂竟毫无见闻？直至富勒浑查参，始为此奏塞责，伊等在彼所司何事？至鄂宝、颜希深二人各有分管地方，松冈站究系何人所管，自应该本管大员出名具奏，何以鄂宝、颜希深二人联衔具折？显有诿过卸责之心，殊属非是。著文绶即行查明松冈站系鄂宝、颜希深二人何人所辖，据实具奏。至各路派出管理粮站大员，并非止稽查粮运迟速，凡银粮各项有无亏短之处，皆其责成。今冀国勋亏至八万九千余两，鄂宝等岂能脱身事外。至该省督臣，粮务虽其统辖，但相隔尚远，非若该管大臣之可以就近稽查，自应稍示分别。所有冀国勋亏短银两，如该犯家产及王立柱资财不敷抵补，即将所余之数，著鄂宝、颜希深分赔十分之七，富勒浑、文绶分赔十分之三。若西路粮台则系富勒浑、刘秉恬专责，将来设有亏缺等弊，除本犯及该管之员查抄赔补外，亦著将不敷之项，令富勒浑、刘秉恬分赔十分之七，文绶分赔十分之三，以昭平允。著传旨申饬鄂宝、颜希深，并令文绶详晰查办。兼谕富勒浑、刘秉恬知之。"

寻文绶奏："查颜希深驻觉木交一路，距松冈较远，鄂宝驻卓克采一路，距松冈甚近。是松冈站应以鄂宝为专辖。"

得旨："知道了。如应分赔，汝即照此办理，咨部可也。"

（高宗朝卷九八四·页二下～四下）

○乾隆四十年（乙未）六月丙戌（1775.7.7）

谕军机大臣曰："巴延三奏：查抄亏缺军需站员冀国勋家产，讯据伊亲弟冀国维供称，伊弟兄四人，长国勋，次国猷，嫡出，次国维、国纪，庶出。国纪早故，国勋于乾隆十六年分析家产，国猷挈家赴京，在胭脂胡同放账生理，国勋将所有家私于十七年变卖，携带眷口赴京选官，历任山东县丞、贵州州同、四川通判，从未回家，总于京城居住，原籍并无财产存留等语。冀国勋亏缺军需至八万九千余两之多，必有隐匿寄顿情事。今查封本籍只有伊庶出分居之弟国维在家，所存仅破屋数间，而国勋所有田产久经典卖，是冀国勋现无本籍资财。据冀国维供称，国勋久住京师，伊同母之胞弟国猷亦挈眷在京，放账生理，冀国勋家属或现与伊弟同住，或各有住宅，托国猷为之照料，甚至侵蚀军需银两暗中寄京，交国猷代为收存营运，均未可定。著传谕英廉即速确查冀国勋在京家产，并拘冀国猷到案，严切讯鞫，一一究追，毋得稍有隐匿，仍即据实复奏。至冀国勋侵亏累万，或因川省程途遥远，仍在任所藏匿寄顿，亦情理所必有，并传谕文绶严密究追，毋使贪黩之人得遂侵亏私计。巴延三奏折并著抄寄阅看。"

（高宗朝卷九八四·页八下～一〇上）

○乾隆四十年（乙未）十月庚辰（1775.10.29）

谕军机大臣等："据富勒浑参奏站员冀国勋亏短银米一案，若照原参所称，冀国勋例外加给夫价口粮，添改粮运，并不详明上司，任意糜费至六万余两之多，借军需为名从中染指，其情罪甚重，即应在军营正法示众，难以故宽。因降旨将冀国勋革职拿问，查抄家产，并令该督严审定拟具奏。嗣据文绶奏，审明冀国勋以北路军营粮运紧要，恐致贻误，因加价雇夫，并自买骡头赶运，是该员不但非侵冒营私，且知急公办事，情有可原。是以于军机大臣会同刑部核拟复奏时，特降明旨，免其死罪。第因未经详禀上司，予以枷责薄惩，仍留军营自备资斧效力，以观后效。朕办理庶务一秉至公，遇有应行治罪之案，惟视其人之自取，从不稍掺丝毫成见。正今日军机大臣述旨之时，又据富勒浑奏：冀国勋雇觅人夫任意加价，擅将帑项借与脚户三万余两，又置买驮骡，任听灌县截留挽运，种种情节甚多，而承审之知府李永祺并不切实审究，率行定案，相应一并参奏等语。与文绶所审情节迥不相符，而富勒浑折内又只称该参员避重就轻，反复狡卸，将亏侵之项尽作为赶办军需用去，各种疑窦俱未根究确实，咨明文绶另委员将该府李永祺有无徇纵之处一并查奏，而并未将冀国勋实在侵亏柄据一一指出，仍难凭为信谳。朕于匹夫匹妇之狱尚不肯畸重畸轻，况系办理军需有关吏治，尤不可不彻底清查，因将此旨未发。富勒浑与文绶素不相协，动辄龃龉，此乃其意见之偏，尚不足深责。此案情节，若照富勒浑所奏，则冀国勋万无生理，若照文绶所审，则冀国勋又无死法。此等死生出入所关，纪纲法度所在，岂可少涉颟顸，致有枉纵。袁守侗、阿扬阿现在贵州查审苏确一案，无难即行讯鞫，尽得实情。著传谕袁守侗等于查审结案时，即由黔省就近赴川，速将冀国勋之案逐细秉公详审，务令水落石出，期无偏徇。朕办理此案并无成见，袁守侗等奉命往查，自当虚衷准理，使无遁情，断不可稍存左袒，为他人任咎也。至阿桂现在军营，此事情节自所深悉，惟此时正在进兵攻剿，自未暇办及此事。大功告竣，阿桂即当整旅凯旋，若于过成都时，酌计查办此事不致稽误郊劳日期，即就便查明，一并复奏，以便核其是非虚实。将此由五百里传谕袁守侗、阿扬阿，并附军报谕令阿桂知之。所有富勒浑、文绶前后奏折及军机大臣会同刑部定议之折，并昨日所降谕旨，著一并抄寄阿桂及袁守侗等阅看。"

（高宗朝卷九九二·页八下～一一上）

○ 乾隆四十年（乙未）十月戊戌（1775.11.16）

谕军机大臣等："据富勒浑奏文绶审办冀国勋亏短银米一案，承办各员并不切实研究，致该参员避重就轻，反复狡卸，将任意加价、擅借侵亏之项尽作为赶办军需用去，各种疑窦不无徇纵。朕以此案情节若照富勒浑所奏，则冀国勋万无生理，若照文绶所审，又无死法，此等死生出入所关，纪纲法度所在，岂可少涉颟顸，致有枉纵，不可不彻底查办。因传谕袁守侗、阿扬阿于查审贵州苏确之案完结后，即由黔省赴川秉公详审。今复据富勒浑奏：查核代办按察使顾光旭呈送审拟招详，竟将从前道员查礼、吕元亮通详冀国勋所供借给脚户银三万九千余两各紧要情节全行删去，并招内所叙查礼原详，诘讯松冈土司头人等咸称，如果番夫并未领加多脚价，岂肯代冀通判捏饰等情。查查礼等各详内，番民并无此等词句，俱系凭空添出。一删一添，情弊显然等语。此事殊不可解，冀国勋所供加价借给脚户银至三万九千余两之多，若果系捏饰，即属该员借端侵冒，必有存积之处。如苏确加征税银一案，于其原籍景州查出苏确在镇远府任内前次寄回之银计九千余两，自可为其贪赃之据。而冀国勋则经历查其任所原籍资财均属无多，即或该员在站时有嗜酒赌博及下贱不堪之事，任意花消，亦不应费至如许，且无难查访而得。今银两均无著落确据，则前项所亏之数究归何处，不可不彻底根查，使案情毫无疑窦。总之，冀国勋亏短银米之案，其关键全在入己与不入己。如实系营私肥橐，讯有确切凭据，即应按军法立正典刑，庶足大示惩创。若果因粮运紧亟加价雇夫，则其咎止于办理不善，又难加以重辟。事关罪案出入，必当使之水落石出，期无丝毫罅漏，方成信谳。袁守侗现令暂署贵州巡抚印务，且苏确之案查办尚需时日，所有冀国勋一案，即著阿扬阿就近驰赴川省，照朕指示情节秉公彻底研讯，务得实情。此案并无难办之处，一经查审明确，即著据实速奏。如查出承办之李永祺、顾光旭有瞻顾删改情弊，亦即一面奏闻，将该员等革职并讯。阿扬阿不得稍涉偏徇，自干咎戾。将此由六百里谕令知之。"

（高宗朝卷九九三·页二二下～二五上）

○ 乾隆四十年（乙未）闰十月乙巳（1775.11.23）

又谕（军机大臣等）曰："巴延三奏查办冀国勋之弟冀国猷、冀国维家资一折，此案前据富勒浑参奏，冀国勋例外加增夫价口粮，添改粮运，任意糜费，从中染指，核其情罪，即应在军营正法，是以降旨将伊革职拿问，并查抄家产。嗣经文绶审明冀国勋因北路粮运紧要，加价雇夫，自买骡头赶运，尚非侵冒军需，其咎止于办理不善，因降旨免死，予以枷号示惩，仍留军营效力赎罪。次日军机大臣述旨时，适富勒浑复奏到冀国勋一案承审官删添情节，与原奏迥不相符，其事不可不彻底清查，以成定谳。遂命侍郎阿扬阿由黔省就近前往查审。总之，此案关键全在冀国勋之是否借端侵冒，抑系实发在民，方足以定其罪状。如果侵渔入己，即应将冀国勋立正典刑，冀国猷、冀国维家产亦应查办。虽云弟兄分产，且所借王恭等十二券皆在乾隆三十五年以前，安知非冀国勋预防事发，嘱其弟倒提年月诡名寄匿，自应讯明，照例入官。若实有支领买骡确据，冀国勋即无大罪，只须将本身财产抵充缺项，自不必及其弟兄。必须俟阿扬阿审明复奏到日，始能核定。著传谕巴延三将应查之项及冀国猷等暂行看守，此时且不必深究，统俟结案时另降谕旨定夺。"

（高宗朝卷九九四·页二上～三下）

○乾隆四十年（乙未）闰十月甲子（1775.12.12）

谕军机大臣等："前因富勒浑奏文绶查审冀国勋侵亏银米一案，与原参情节迥不相符。此事有关生死出入，不容颟顸枉纵。因袁守侗现有黔省留办之事，令阿扬阿先行驰赴川省查办，复以阿桂在军营于此情节自所深悉，并谕令就便查明复奏。今据阿桂奏：详查文绶审拟折稿，其中疑窦甚多。如冀国勋加价短雇番夫浮用银四万八千余两，传唤松冈头人虎保、南卡朋等来营面讯，据供共得过冀国勋加价银二万余两，与审折所开数已不符。并查核该站额夫每月尚多空闲，均已照长夫满数开销粮米。其代邛州等九州、县垫雇夫价二万五千余两一款，其给发何人，亦查无著落，显有捏饰侵冒情弊等语。若果如此，则冀国勋之罪实无可逭，不可不彻底根究，以期水落石出。前因袁守侗留黔暂署抚篆，谕令阿扬阿驰往川省查审。今据阿桂奏到情形，其案情所关甚大，恐阿扬阿一人不能审办。若由京另派大臣前往，自易讯得实情，但闻投出番人砼朋供词称：土司向众百姓说，听得京城有一位大人来了，他是要来饶我们的等语。逆酋既造此语愚惑众番，此时若遣大臣入川，贼人更得指以借口，即绿营兵众闻知此信，亦必心懈，于事甚有关系。现今大功将成，自不宜以审事而致碍军务。因思袁守侗署理黔抚并无紧要应办之事，著传谕袁守侗接奉此旨，即速起程前赴四川，会同阿扬阿查审冀国勋一案。所有阿桂复奏之折及所录供情，并著抄寄袁守侗等阅看，务须秉公详悉审讯，勿使遁饰。至贵州巡抚印务，如新任布政使郑大进已经到任，即令其暂行护理。若郑大进未到，即令臬司国栋暂护亦可。再，云南巡抚已谕令图思德兼署，裴宗锡接奉此旨，即速驰赴贵州接印任事。又据阿桂奏现将查出案情抄录一分，寄交钦差侍郎查核。阿扬阿如已接到，即可照单逐条严行根究，务得确情。若阿扬阿尚未接到阿桂咨案，即俟袁守侗到彼，一同彻底查审，据实具奏。阿桂现在设法攻剿，自可乘胜深入，扫穴擒渠，计袁守侗等审结此案，其时阿桂等亦当成功凯旋。著阿桂、丰升额于过成都时，会同袁守侗等将此案就近复讯，以成信谳。将此由六百里各谕令知之。"

（高宗朝卷九九五·页一一下～一四上）

○乾隆四十年（乙未）十一月癸未（1775.12.31）

谕军机大臣等："前次派令阿扬阿赴川查审冀国勋一案，复据阿桂复奏之折，其案情关系甚大，恐非阿扬阿一人所能审办，因谕令袁守侗速即自黔驰赴川省会同查审。至阿桂前奏称现将案内可疑情节逐一指出，开列清单，同虎保等供词另抄一分，先行咨会钦差侍郎查照审办。而阿扬阿到川后，即奏称已飞调查礼带土司、头人及蛮夫、茂州夫数名到省备质，自属正办。但阿桂之折于闰十月初九日拜发，而阿扬阿于闰十月十六日抵成都，所有阿桂咨文早应接到，即所调之查礼及虎保等亦应早到省城，阿扬阿自应将案内情节质讯大概，先行奏闻，何以至今未据奏及？岂因案情重大，闻袁守侗将至，欲俟其到川同办，不敢专主耶！至前据阿桂称传唤松冈头人虎保、南卡朋等面讯，据供共得过冀国勋加价银二万余两，与审折所开数已不符。尚有浮用银二万数千作何着落？又称若用长夫不敷，因短雇蛮夫，即应将此项夫价添用于加价之内，何以雇用番夫之加价又于军需项下关支，且每月俱有空夫，亦俱照长夫满数开销各等语。此两节实为案内紧要关键，以此诘讯冀国勋复何置辩，从此根究，自无难水落石出。前已详悉传谕袁守侗等，悉心秉公查审。今据袁守侗奏，接奉前旨即于闰十月二十九日自黔起程前往，计此时应抵四川省城。此案是非虚实，无难质讯明确，不可稍涉游移。若云冀国勋所侵之数，即虎保一案，已多至二万余两，而该犯任所、原籍查抄资产寥寥无几，或疑该犯侵蚀非真，此则不可误认。该犯既侵项如许，必其在站食用奢华，妄行花费，或并有嫖赌下贱之事，皆不可知。由此访查，自难掩饰。总之，此案关系生死出入，不可少存成见，亦不得稍涉偏私。若图救冀国勋之命，令虎保等改供，强为开脱，则阿桂闻之，必不肯依。若止顾周旋阿桂原奏，将案犯锻炼成狱，非但无以服冀国勋之心，即文绶亦未必甘受委屈。若袁守侗等无瞻顾两面、遂尔颟顸了局，为和事老人之见，断难逃朕之洞鉴。伊等系派往审事钦差，此案本与伊无涉。若查审稍有不实不尽，则伊二人自取重愆，恐不轻为宽宥也。至阿桂所奏与审案情节两歧，若系文绶颠倒是非，有心开释，其罪即不可逭。朕思或文绶因办理军需事繁，不及亲审，而承审之顾光旭、李永祺等在徇庇冀国勋，曲为开脱，捏词诳禀，文绶为其所蒙，不复详查，率行结案，亦未可定，则其罪重在顾光旭等。若顾光旭等仰承文绶意旨，扶同完结，则其罪重在文绶。该侍郎等又不可以朕有此旨，稍为迁就也。朕办理庶狱，惟期平允，使案情无枉无纵，轻重惟视其人之自取，从不预设成心。袁守侗等惟当一秉虚公，实心研鞫，以成信谳。此案有一是必有一非，再不能两立，勿稍存偏向调停之见，自取罪戾。将此传谕袁守侗等并阿桂、丰升额知之。"

（高宗朝卷九九六·页三二下～三五下）

○乾隆四十年（乙未）十一月壬寅（1776.1.19）

谕军机大臣等："据袁守侗到川会同阿扬阿奏查审冀国勋一案，内称：加价雇用短夫一节，总不能彻底明晰。其所审冀国勋供内称：前因各州、县解到长夫多有病逃，屡催不补，才详明解送津贴，代雇应役；再，杂项差使内，如过兵每百名，准销夫八十名，或用至一百二三十名，我折报内照例只开销八十名。至解到津贴，我历次收过银五千一百八十余两，归在公项，其未解银两，如今算出垫用银二万五千余两。至实在加价雇用短蛮夫及茂州夫、客夫等项共亏空多少银两，未及算账等语。所奏供情，甚属游移。站员自不止冀国勋一人，其上下各站皆如是垫用亏帑乎？此亦易查之事也。此案冀国勋加价短雇之虚实多寡，自应将该站长夫是否足额，详晰核实。即用夫时多时少，夫数递增递减，俱有按旬折报可查。其津贴加价，亦必有经手之家人书役存记账目，可以核对。其如何侵冒花销，亦有在站经手之人可以查审。细心确核，无难水落石出。至虎保供情尤关紧要，前据阿桂称，面讯虎保，共得过冀国勋加价银二万余两，甚为确凿，今又称细想总数约略有二万多银子，实在记不得确数等语。南卡朋等供亦相同。虎保系松冈站头人，领银发价俱有众夫头经手，其实共领银若干，自必有领状账目文案可据。若逐一调查，无难清理，何得任意狡卸。即虎保不能逐案亲身赴领，亦必有同充头人赴站领银确据。至查礼身任道员，非虎保等头人可比，且此案从前经该员禀详，知之自必甚悉，其如何侵蚀浮滥，自应秉公据实查禀。若稍有瞻顾回护，意存迁就，欲图完案，则查礼之不是更大。总之，此案屡经降旨严切训示，袁守侗、阿扬阿等自当一秉公正，核实办理，务期审出实情，以成信谳。有一是必有一非，事难两立，断不可存偏向调停之见，自取咎戾。将此随军报发往，谕令袁守侗、阿扬阿据实查办，并传谕查礼知之。"

（高宗朝卷九九七·页二四上～二六下）

○ 乾隆四十年（乙未）十二月丙午（1776.1.23）

谕军机大臣曰："袁守侗、阿扬阿等查审冀国勋亏短军需银两一案，查出发米底簿，总计短蛮夫浮加银四万三千四百余两、骡运浮加银一万五千七百余两、茂州夫浮加银四千一百余两，核之原审浮加之数，实多银一万四千零等语。袁守侗等办理此案，查出底簿实据，又买骡帮运，且于原参四万八千余两之外，又查出一万四千有零。其草簿字迹，均系随时登记原本，并非事后添造，似可凭信。从前文绶审办此案时，承审官员何以不将底簿查出核对？至松冈站领运夫头虎保，究系实领过银若干，更须根究明确。况各站办理粮运官员甚多，何独冀国勋一站遂至滥行加价，亏短银数万余两之多，必须逐层根究，务得切实凭据，方足以成信谳。袁守侗、阿扬阿承办此事，原属局外之人，自应一秉虚公，毫无成见，将应查、应诘之处悉行根究明确，断不可少存偏向，意在调停了事。倘办理草率，不实不尽，致结案之后复留疑窦，致他人更生议论，则咎有攸归，惟伊二人是问。将此由六百里传谕袁守侗、阿扬阿知之。"

（高宗朝卷九九八·页四上～五上）

○乾隆四十一年（丙申）九月丁亥（1776.10.30）

谕："……五年以来，朕宵旰运筹，调兵裕饷，幸将士宣劳用命，扫穴俘酋，大功告蒇，为一劳永逸之计，即用数千万帑金，朕心原所不惜，但须核实报销，使用项悉归有著，不得谓之妄费。若贪劣之员借端侵冒，自为法所必诛。设其中有因军务紧急，趱办过费，致逾成额，难以按例准销者，如果核实奏闻，未尝不可格外加恩宽免。即如站员冀国勋承办粮台诸事，滥用无度至于累万盈千，法司议以大辟，拟入秋审情实，朕犹念其讯未入己，且究因急公所致，是以勾到时并未予勾，亦可知朕办事准情酌理，务期至当，而不肯稍有偏倚矣。……刘秉恬等系朕特派会同该督文绶等核办军需奏销大员，惟应各发天良，将用过军需各项彻底清查，核实销算，以次题结，通计准销者若干，应删减者若干，分别明晰，勿使稍涉朦混。至于删减之项，总不离各站员经管，伊等支领收放俱有册档可稽，其实用多寡，难掩众人耳目。刘秉恬等在军营董办粮运年久，亦应早有见闻。若有站员于事后浮冒捏开，查无确据，即属借端肥橐，或将官银私自花费，胆敢侵蚀军需，其罪实浮于冀国勋，即当查明参奏，必不姑宽，勿使贪劣之员得以侵帑幸免。若有因军需紧迫必需多费，以免贻误，查系众见确凿，实有凭据，如冀国勋之类者，虽与部定之例未符，而其急公之心可谅，不但不当治罪，并不当复向追赔，该侍郎等即当据实奏闻，候朕施恩豁免。……"

（高宗朝卷一○一七·页六上～九下）

查处参赞富德扣罚士兵粮饷，滥支赏需，侵冒肥橐

○乾隆四十一年（丙申）二月己未（1776.4.5）

又谕："据桂林奏，前经将军阿桂奏交详查富德所奏扣罚土兵盐菜银两充抵赏需一案，调取各站员支收底案并管理土兵员弁扣罚档册逐一查对，

复将该员弁隔别询问，皆与富德原奏多有不符。查富德原以节省帑项为词，今核其节省之法，一则将底旺例不应支之项冒支，一则将明正例不应扣之项滥扣，并非实有节省。并访知富德一路所用赏需过多，除由省中调取绸缎、布匹、烟、茶及军营办买牛、羊、烧酒等物值银一万九千余两，复向随营粮员取用银一万一千余两。因虑及事后追赔，急欲设法弥补，遂将土兵不应支扣粮银辗转扣罚。又恐私下抵还难免物议，是以奏明补交二千之外，又暗缴银一千两。假节省之名，偿其过用之数，则富德添用土兵，似已先存借此弥补之心等语。此事实出情理之外。富德为人小气，其沽名市惠，遇事取巧，固朕所深知。且其屡次奏折常将赏给兵丁之语附奏，焉知不预为开销地步。军营赏项自有节制，即如阿桂一路，弁兵屡立战功，尚不见其多有赏赉，富德并未寸进，何独于兵丁动辄多赏？即使所赏属实，而格外滥赏，又擅行违例支扣弥缝，已有应得之罪。若更借名赏用，而与所赏之人暗地分肥，则其罪更不可逭。今所取用支扣之项，俱有案册可查，已无疑义。至其每次所赏何人，赏用何物，计共需银若干，均无难查访核实。富德曾获重谴，复加恩弃瑕录用，即或所至立功而有冒滥侵肥之事，尚不能相抵，况此次并未著有劳绩。若此案查有情弊，则其罪由自取，更不能稍为宽贷矣。又，桂林折片奏，总兵英泰向随富德军营办事，此案原委，自所深知，即富德原奏亦有公同商议之语，乃面询该镇，但含混其词，不肯实告。而询之管理土兵守备李瑞、王朝贵，坚称扣罚俱系随时禀交该镇，均经该镇谕令转交都司陈维耀存贮，并注明档册。复据陈维耀禀称，此项银两收发，俱回明英泰。今众证确凿，该镇犹一味含糊，希冀置身事外，殊属巧诈不堪，且恐其中不无另有别情等语。英泰经手收发之处，既已众供佥同，自难诿为不知，或与富德通同舞弊，亦未可定，均不可不彻底清查。著交阿桂、丰升额、明亮会同文绶、富勒浑逐一秉公查核，务得实情。如有应革职审讯者，一面办理，一面奏闻。看来桂林此奏未必有虚假之处，今派令阿桂等会同该督等查审，自无难水落石出。但朕知阿桂素与富德不和，而丰升额之父阿里衮更与富德不和，若仅交阿桂等审办，恐无识之人妄谓阿桂借此事泄愤，而丰升额等不免随声附和，转无以服富德之心，因派袁守侗前往会同查办。其有应行提讯之人，应得查核之案，阿桂等可先行提齐查办，俟袁守侗到川省公同定案。计袁守侗到四川省城时，阿桂等亦可回成都，公同查讯此案，尚可不误将军等凯旋郊劳之期。至袁守侗与富德素非交好，自属空空洞洞，不肯稍存瞻徇。若富德果无情弊，阿桂等自无从加以深文；如或情真罪当，袁守侗亦不能稍为开脱。其是非曲直，俱难逃朕之洞鉴，朕惟一秉大公，从不预设成见，阿桂等皆所深悉。并将面谕此事原委，令袁守侗见阿桂等时传谕，更可得其中详晰矣。将此由六百里加紧谕令知之，桂林折并著抄寄阅看。"

（高宗朝卷一〇〇三·页八上～一一下）

○ 乾隆四十一年（丙申）三月乙亥（1776.4.21）

谕军机大臣等："据阿桂奏，查明富德在马尔邦等所歼番众仅止三十六人，其捏称三百四十余名之语，系富德吩咐书办邱宏道，令告知英泰照办，以图热闹，英泰即曲为承顺，照所言具禀等语。富德性喜造作，诸多不实，朕素知之。乃英泰竟与之朋比为奸，实属不堪，然此一节尚其罪之小者。至其妄报赏赉兵丁，多取银缎等物，并将土兵盐粮银两冒支滥扣充抵赏需等情，其中侵冒分肥，皆所不免。果尔，则富德与英泰之罪甚重，已差袁守侗驰往，会同阿桂等查讯。如查明侵冒实据，即将富德、英泰一面革职严讯，一面奏闻。著传谕阿桂等即遵照前旨据实审究，迅速复奏。务使水落石出，以成信谳。此一节并谕袁守侗、文绶、富勒浑知之。

（高宗朝卷一〇〇四·页四下～五上）

○ 乾隆四十一年（丙申）三月癸未（1776.4.29）

谕军机大臣曰："阿桂等奏查核富德扣罚土兵盐粮银两充抵赏需一折，据称富德借名扣罚，填还赏项，任意欺诳，已属显然。其曾否染指，尚须细加究诘等语。尚非实在情节。富德平日为人小器，其所用赏项独多，又屡次具折预存地步，难保其无浮冒侵分情事。设使无弊，又何必巧扣抵赏项乎？昨据大学士舒赫德等访查，富德于上年十月间差人到京，送有银两、缎匹回家之事。银两或系其每月所得分例节省，然亦不能过多。若缎匹则非参赞分例所应有，自系赏项下冒销分肥所得。前已降清字谕旨寄谕阿桂，无难就此详悉根求。至所用银缎等项赏给何人，每次赏用若干之处，亦无难逐一核实，自当水落石出。屡次谕旨甚明。计阿桂、丰升额等到成都时，袁守侗亦应抵川省。著即据实讯明具奏，无任稍有支饰。至所称英泰自认不能力为劝阻之处，亦未必然。前据阿桂等复奏富德歼戮投番仅三十六人冒报三百余名一案，英泰与之朋比为奸，一事如此，事事可知，务须详切研讯，使无遁情。富德、英泰等有应质讯者，仍遵前旨，一面革职审讯，一面奏闻。阿桂等至成都查审事件，计算郊劳日期酌量起程。若因此次凯旋官兵四百名人数较多，沿途行走略需时日，则令丰升额带领官兵分拨先行，阿桂务须将富德一案审明，再行起程。将军独为一队在后而行，沿途即欲趱程，尚属易事。总于四月二十六日抵良乡，亦不为迟。是日尚欲差大臣等至营赏将军等及官兵饭食也。海兰察、福康安、普尔普等虽先回京，已有旨交军机大臣存记，临期仍令伊等至将军处会齐，同与郊劳盛典。将此由六百里加紧谕令知之，仍即将查审缘由具奏。"

（高宗朝卷一〇〇四·页三三下～三五下）

○ 乾隆四十一年（丙申）三月戊戌（1776.5.14）

谕军机大臣曰："阿桂等奏：查审富德扣罚土兵盐粮银两一案，其不应支领而领，及借端罚扣以为弥补赏需，众口如一，实已毫无可疑，是富德冒滥行私，朦混欺诳，其罪已干重辟。至所赏银两、绸缎俱系零星分洒，以为人数众多，难于逐一查讯，而管理赏需之李万年等坚称并无他故，或因富德尚为参赞大臣，心存顾忌，富德亦未肯遽吐实情，已将富德革职严讯等语。自应如此办理。至所称英泰于富德冒支滥扣之处曲为承顺，已属不堪。及讯以富德有无侵渔情弊，一味诿为不知，更为苍滑取巧，并将英泰解任严究等语。英泰竟当革职严讯，已于折内批示矣。富德将赏需银两、绸缎零星分散，以冀人众难查，此即富德私诈用巧预为地步，必有与众人私分之事，而借赏多，恐罹罪为赔补，仍可令众人感激为之抱屈，其情尤为可恶。此事虚实止须严究富德，即可令其水落石出，并无庸遍质众人。前据舒赫德、英廉查富德于上年十月内，差家人徐九之子自军营送银两、绸缎等物两车到京。徐九旋于闰十月内赴涿州置地七八顷等语。地价每顷以二三百金而计，所值亦在二千金内外。昨海兰察自军营赴行在，询以所得盐菜银两每月不过二十余两，富德同系参赞大臣，其得项相等，即以到军营后两年余所得之银全数寄回，尚不及千数，安得二千余两之多。且富德家产向曾查抄，焉能复有蓄积。而军营甫寄银两回家，即置地亩，其情节更属显然。止须问以此项银两从何而来，谅富德断不能复有支饰。至绸缎等项，皆非参赞分例所应支，更当问富德从何而得。是其侵肥情弊尤难隐遁，且现已传谕舒赫德、英廉将富德家人概行拘拿严讯，自可得其底里。著阿桂等即将富德切实严审，务得确情，即行定拟具奏，其英泰等，并著一并严审具奏。将此由六百里加紧发往传谕知之，仍著将讯明缘由迅速复奏。"

（高宗朝卷一〇〇五·页三〇上～三二上）

○乾隆四十一年（丙申）四月癸卯（1776.5.19）

又谕曰："富德之子二等侍卫富哈善著革职，拿交刑部监禁。"

（高宗朝卷一〇〇六·页四上）

○乾隆四十一年（丙申）四月乙巳（1776.5.21）

谕："据舒赫德等奏称查抄富德家产，将伊家人俱交刑部审明取供，一并奏闻等语。看来富德扣取赏号银两入己等款已皆属实。富德前获重罪，朕复施恩用为参赞大臣，遣往军营，伊不知感激，反行此卑鄙无耻之事，实属丧尽天良，有负朕恩，断难轻宥。富德所行之事，伊子富哈善自无不知，现既将富哈善革职交部，伊家人如有不能细知之事，即严审富哈善，务必究出确情，不可稍涉姑息。至富德家人穆特布、赵亮供词内称现在抄出缎三十余匹皆系相识之人馈送，并非官物。此亦难信，恐亦系军营赏缎借端入己者，亦著详悉研审具奏。再，现随富德家人赵清尽知此案备细，已降旨隆安将赵清拿解送京。俟赵清拿解到时，舒赫德等即归案详细质讯。"

（高宗朝卷一〇〇六·页七上～八上）

○乾隆四十一年（丙申）四月辛亥（1776.5.27）

又谕曰："富德之孙慈宁著拿交刑部监禁。"

谕军机大臣等："本日据舒赫德等奏，审讯富德家人穆特布，供出从军营带回金子二十两，又据赵亮供出带回金子五十两等语。更出情理之外，实属自取其死。富德寄回绸缎、银两等物，尚系从赏号内侵肥克扣。至金子一项，又从何处而得？即或伊带兵攻获寨落，搜取番人藏蓄，侵匿不报，亦所不免。然通计富德攻克寨落甚少，得金安能如许之多？此必系向明正、巴旺、布拉克底各土司等勒索，其罪更重。将来富德解到时，彻底严讯，自无能复有捏饰。但袁守侗差往川省会同将军等查审此案时，何以不将此等情节详细审明，任其供词含混，致有不实不尽之处。在阿桂必自念伊系原参，避嫌不肯深究。丰升额办事本不能细致。若袁守侗素属明练，且系军机大臣专差审理大案，自应详细研求，何以竟不将富德寄回金银、绸缎之事逐一审出，并究其物所自来。辄尔颟顸完案，袁守侗实难辞咎。朕阅阿桂奏折于富德一事，言外有引而不发之情，谅富德侵扣婪索诸罪迹，阿桂俱有真知灼见，特因上年袁守侗同阿扬阿审办冀国勋亏帑一案，与阿桂所奏情节不符，阿桂因此引嫌不肯显然抉破耳。今富德诸事俱已败露，岂复能稍有隐讳。著传谕阿桂，即将所知富德勒索侵克各款迹逐一据实具奏。将此由五百里谕令知之，仍即由驿复奏。"

（高宗朝卷一〇〇六·页一九下～二一上）

○乾隆四十一年（丙申）四月戊午（1776.6.3）

谕曰："阿桂奏：据押解富德之员外郎开泰禀报，该员解送富德进京，沿途有人指称富德前站需索滋事等语。富德系有罪之人，业经革职，令其解京审讯，自应派委妥员沿途小心管押，乃仅令向随富德办事之员外郎开泰伴送，并任听携带家人照常行走，毫无防范，致使在路滋事，殊属非是。阿桂于此一节未免避嫌过甚，丰升额何竟置之不管？现已另行传旨饬谕。至袁守侗以军机大臣专差前往审办此事，且伊并非不晓事之人，结案时即应将伊所带之刑部汉司员，并令文绶派委满员，将富德押解，其家人亦当隔别管押，方为正理，何率意错谬若此？袁守侗著交部严加议处。"

谕军机大臣等："本日阿桂奏到折内有成都县为富德预备应需夫马及随从官员分例，广元县亦预备马七十余匹、夫一百五十名并公馆二座等语。无论富德系有罪之人，业经革职，理应派员解京审讯，何得任其携带多人，沿途应付如许夫马，并为预备公馆，即将军凯旋，亦不应如此也。地方官因何如此办理，将来又作何开销，文绶岂竟毫无见闻？著传谕文绶即速查明，据实复奏。至其经过之陕西等省，未经隆安传旨拿问以前，富德到站时，是否照川省一例应付，并著各该抚一并查明复奏。"

又谕："据阿桂奏：闻富德前在南路，因所用赏需太多，恳求粮员代为帮补垫还，各粮员共凑给富德银一千两，其后并未交出，不知作何下落，若谕询桂林，即可得其实在，或竟传谕李世杰，饬其详悉回奏，伊系大员，谅亦不敢掩饰等语。富德侵蚀赏需，扣克平色，及诬告阿桂谋反之语，其应得重罪甚多，不待此一节方可定罪。且俟解到时逐一审讯，无难令其水落石出。若传谕桂林、李世杰查办各粮员等，知有与受同罪之例，岂肯自行承认，即或据实查出，而拖累多人，又将作何办理。川省军务甫竣，一切宜从镇静也，此事竟可无庸查办。且往返稽查多需时日，及至复到，富德一案早应审明定罪，川省更不必多此一查也。将此由五百里传谕阿桂知之。"

又谕曰："阿桂奏，据押解富德之员外郎开泰禀报，富德在途仍不安静等语。富德系阿桂等审实革职解京之人，即未奉到拿问之旨，亦不应仍听其照常行走，毫无防范。且开泰系富德保举之人，令其解送富德，尤属非是。袁守侗已交部严议。丰升额亦系派审之人，更不应糊涂至此，著传旨严行申饬。再，开泰系曾经富德保举之人，当时不知如何趋承迎合，今见富德犯罪，即具禀倾陷，亦属败类，且本系富德案内之人，著一并拿解来京。"

（高宗朝卷一○○七·页一下~四上）

○乾隆四十一年（丙申）五月乙亥（1776.6.20）

又谕曰："富德前在军营多用赏号银两，朕以军营官兵凡有奋勉出力者，俱核其功绩，分别升拔赏赉，各项加恩之处不为不多，何以复有赏号名色，节经降旨查询，并交部核办矣。今日据阿桂奏称，赏号一项系沿川省之旧，不但将军、参赞等各有赏号备用，即总督衙门亦有赏需银数千两等语。总督养廉丰厚，遇有奖赏之事，理应于养廉内自行赏给，何得复备赏需款项。此实相沿陋习，亟宜删除。惟新设之成都将军管辖众番，每有必需赏犒之事，而所定养廉较少，若再令其自行发赏，未免不敷用度，自应酌量加添，俾无缺乏。著传谕文绶，即将该督衙门所有赏需一款永远裁去。其成都将军每年应添给养廉数千，以供赏用，但不必仍留赏需名色。将此由四百里传谕知之，仍将作何酌定之处即行复奏。"

（高宗朝卷一○○八·页一五上~下）

○乾隆四十一年（丙申）五月戊寅（1776.6.23）

刑部奏："审讯已革参赞富德扣罚土兵盐菜银两弥补赏需一案。富德仰蒙廷讯，俯首认罪，无可置喙。查富德于赏需项下扣得元宝六个入己，又收受保举知府曾承谟馈金五十两，又任性参革副将广著，不候明旨即令充当兵丁，致广著自戕身死。以上各款，业已罪有应得。至密封清字奏单所称阿桂手持黄带口发狂言一节，据供：因被严参，自知必死，必怀愤恨，砌款陷害等语。富德屡获重罪，蒙恩复用，并不奋勉立功，猥鄙贪诈。至将狂悖大逆之词写列参单上达御座，以律应寸磔之罪。有心诬陷，应照诬告大逆律拟斩，请旨即行正法。至已革总兵英泰，于富德克扣兵粮通同舞弊，应发往伊犁充当苦差。开泰系富德保举升用，于参奏广著徇私附和，及押解富德时并不严加管束，一任伊家人前站骚扰，迨恐彰著难掩，始以一禀塞责，实属狡诈，应发往乌鲁木齐当差。候补知府曾承谟因富德之母生辰馈送金两，殊属不合，应请交部严加议处。"

得旨："富德著即处斩。英泰、开泰、曾承谟均如所议行。"

（高宗朝卷一〇〇八·页一八下～二〇上）

○乾隆四十一年（丙申）八月乙巳（1776.9.18）

谕曰："候补知府曾承谟前因馈送富德金两案内革职，并经文绶审明定拟，俟伊将节年经手钱粮报销事竣，发往北路军台效力赎罪。该督自属照例办理。但念曾承谟究因富德向其勒索，不能抗违，始行馈送金两，其罪在富德，而不在曾承谟。著交该部将曾承谟调取来京引见，再降谕旨。"

（高宗朝卷一〇一四·页五下～六上）

○乾隆四十一年（丙申）十二丙辰（1777.1.27）

又谕（军机大臣等）："本日吏部将富德案内馈送金两之已革知府曾承谟带领引见，业经降旨仍以知府用矣。……"

（高宗朝卷一〇二三·页七下）

通缉军营逃兵,勒限投首,罪谴木果木军营失事,改遣溃兵,对查缉不力之地方官议处

○乾隆四十年(乙未)七月庚戌(1775.7.31)

谕军机大臣等:"据阿桂等参奏:图思德将应行立即正法之逃兵王天惠援照自首旧例枷责发落,取巧沽名,殊属舛谬,请将图思德及审办之王太岳、永慧、明安并军需局官员等一并交部严加议处等语。所奏甚是,已交该部速议具奏矣。征兵在伍脱逃,情罪最为可恶,拿获之日,即应立正典刑,以示惩儆。历来无不如此办理,即图思德擢任封疆以来,办理此等案件亦非一次,何独于该犯王天惠脱逃乃援远年从不引用之律曲为宽贷,实出情理之外。著将阿桂参折抄寄图思德阅看,令其明白回奏。"

(高宗朝卷九八六·页六上~下)

○乾隆四十年(乙未)八月乙巳(1775.9.24)

又谕:"据旺保禄、王进泰奏,拿获逃兵匡中孝一名,请示将军阿桂,今奉批示,即将匡中孝在美诺正法等语。太不晓事,逃兵一经拿获,即就所获地方正法,定例已久,旺保禄等岂尚不知?各省巡抚并无统兵之责,然遇有此等逃兵尚且恭请王命即行正法,今旺保禄、王进泰身系提督大员,现在军营带兵驻守,获有逃兵,即应以军法从事,再一面具奏,一面报知将军,方为正理。若如旺保禄等办法,设或遇贼打仗时弁兵内或有畏怯不前者,亦俟请示将军,然后以军法示众,纪律安在乎?旺保禄、王进泰任提镇有年,不应舛谬若此,均著交部严加议处。"

(高宗朝卷九八九·页二八下~二九上)

○乾隆四十年(乙未)十一月丁亥(1776.1.4)

谕军机大臣等:"前因查办木果木溃逃兵丁案内,令将空出名粮扣存,停止挑补,彼时因此等逃兵不能效力行间,转致偾事,是以停其补额。今大功将届告成,各省原调官兵均须回营归伍,其守汛差操等项自应照额补还。所有陕、甘、云、贵、湖广、四川等省从前停补溃兵缺额,俱著即照数挑补。该督、抚、提、镇务勤加训练,以饬戎行而收实效。将此传谕知之。"

(高宗朝卷九九六·页四二上)

○乾隆四十一年（丙申）三月丁酉（1776.5.13）

谕："前岁初闻木果木军营失事之信，以温福仓猝遇变临阵捐躯，特加恩赏以世袭伯爵。嗣查明木果木之事，温福既未能措置预防，及炮局被劫，复将营门关闭，遂致民散兵溃，是温福之乖方偾事，死由自取，岂可复膺五等之封？是以将所赏伯爵革去，但念其究系阵亡，仍令该部照例议给世职，即令伊子永保承袭。兹因平定金川，将军阿桂等查明木果木一案。通信勾结，七图甲噶尔思甲布实为罪魁，因命解至行在，交军机大臣审讯。据供，初投诚时派在控喀打仗，有伊叔小金川头目七图安堵尔差砠朋来营约令叛回，初时因官兵势众未敢应承，后见将军将后路防兵调去，只剩番兵看守，从察斯木翻过山顶地名登达达到勒乌围只一天路，可以绕道通信，遂勾通各番，寄信索诺木等，统贼分路潜出，先害董天弼，次劫温福，约计办了两个月，方乘隙滋扰等语。则其事全系温福酿成。七图甲噶尔思甲布系小金川罪恶头人七图安堵尔亲侄，乃温福并不查察，留于军营，又不加意防范，竟听其假称投降勾贼内应，商谋两月之久，奸细往来送信出入自由，温福毫无见闻直如木偶，已属不成事体。且据七图甲噶尔思甲布供，察斯木翻山即是登达达，到勒乌围只一天，该处既有此捷径，温福当昔岭阻遏之时，即应留心侦访，间道疾趋，出其不意直抵勒乌围，大功早可告蒇。乃坐拥重兵，守株待毙，转留此路为贼人通信构谋，是木果木之挫失全系温福之坐昧事机所误。使其尚在，必将伊立寘重典。今既已身死，即属幸免，岂宜令其滥邀世及之恩。所有此案议给温福世职即著撤销。至伊子永保等各本身原有官职，仍准其照旧当差。此即朕格外加恩，罪人不孥之意。伊等益当感激奋勉，以赎父愆。朕于军营功过，信赏必罚，悉视其人之自取，从不肯丝毫假借。如温福之失律贻误，若令其冒滥叨恩，又何以示劝惩乎？著将此通谕知之。"

（高宗朝卷一〇〇五·页二一下～二三下）

○乾隆四十一年（丙申）六月丁巳（1776.8.1）

又谕（军机大臣）："前据文绶具奏审拟投首逃兵彭士仁、汪国才一折，已批交该部核拟矣。此等逃兵如在军务未竣以前闻拿投首，其人尚知畏法，或可贷其一死。若系大功告竣以后，明知不复用兵始行投首，是已心存幸免，不可不申明军律，俾营伍中共知儆戒，因命军机大臣查明该二犯投首月日，于部复到日提奏。今据刑部按律定拟具折复奏，而该犯等原供并无投首年月，无凭查核。著传谕文绶，即查明该二犯于何时脱逃、何时投首。如在大功告竣以前，即据实奏闻，候朕另降谕旨。如系大功告竣以后，即将该二犯照拟正法，以示惩儆。"

（高宗朝卷一〇一一·页六下～七下）

○乾隆四十一年（丙申）十二丙辰（1777.1.27）

又谕（军机大臣等）："当木果木失事之后，当噶尔拉大兵未撤之先，粮员内如荣昌县知县张永升、西充县典史冯世昌先回至达乌等处，惟曾承谟一人随将军、参赞等一同撤出。彼时朕若闻知，必重治其罪。今虽不必追究，若仍令其列名仕籍，坐待升迁，断无是理。著传谕刘秉恬、文绶会同查明参奏革职，以示薄惩。将此由四百里传谕知之。"

（高宗朝卷一〇二三·页七下～八上）

○乾隆四十三年（戊戌）十二月壬戌（1779.1.23）

又谕（军机大臣等）："前此大兵进剿金川，所调各省绿营兵丁颇有潜行逃窜者，曾经屡降谕旨，令四川及调兵各省督、抚实力查拿。初时各省尚有陆续拿获奏闻正法者。近来则鲜有弋获逃兵入告之事，必系各督、抚见大功久蒇，遂不复严行督缉，而地方文武亦俱视为具文，任其远扬潜匿，不知兵丁受国家豢养有年，调至军营，正当奋勉图功，以思报效，乃敢相率潜逃，情罪实为可恶。若因日久疏怠，任其幸逃法网，何以申军律而儆将来。此等逃兵见事隔多年，捕缉渐懈，自必潜回本籍，匿迹稽诛。如地方官实力稽查，无难就获，著传谕文绶查明军营逃兵某省实有若干，即行奏闻。并令原经派兵之各督、抚，查明该省逃兵已获若干，未获若干，先行具奏。一面设法饬属上紧严拿，奏请正法。仍于岁底将一年所获逃兵多少具折汇奏，毋得仅以虚文塞责，致干咎戾。"

又谕："从前四川木果木溃兵之事，实由绿营懦卒罔顾军律，相率奔逃，置将军于不顾，以致失事，其罪本不容诛。第因人数过多，不忍悉行骈戮，是以谕令查明，发遣云贵、两广、甘肃、湖广等省安插。如有脱逃者即行缉获正法，仍令该督、抚等查明有无脱逃，于年终具奏。今其事已隔六年，各省按例每年陈奏，竟成故套，亦不成事体。著传谕安插溃兵之各督、抚，查明尚存溃兵若干，详悉具奏。俟奏齐之日，交军机大臣请旨。"

（高宗朝卷一〇七二·页二二下～二四上）

○乾隆四十四年（己亥）正月甲午（1779.2.24）

又谕（军机大臣等）曰："毕沅奏复查拿川省逃兵一折，并将已、未获各兵名数开单进呈。朕阅核单内所开，自陕省调赴军营脱逃者共一百六十八名，现在仅拿获正法过三十七名，未及十分之四。其自四川、甘肃绿营调赴军营脱逃，因原籍陕西咨明查缉者共四十三名，已拿获正法者不过三名，尚不及十分之一。此等兵丁久经国家豢养训练，及至调赴军营不能奋勉出力，乃敢相率潜逃，其情罪极为可恶，必当按名拿获正法，以示惩儆。计该犯等见大功久蒇，查拿渐疏，自必潜回原籍藏匿，冀延残喘。文武员弁如果实力查缉，自无难尽数就获。乃至今拿获者尚属寥寥，究系各该地方员弁未能实力办理之故。著传谕毕沅严饬各属，设法上紧严缉，务期尽数弋获，一面正法，一面奏闻，毋任稍有疏懈，致令漏网稽诛。将此遇各督、抚奏事之便传谕知之。"

（高宗朝卷一〇七四·页一二下～一三下）

○乾隆四十四年（己亥）三月己丑（1779.4.20）

军机大臣等议奏："四川木果木溃兵因人数过多，从宽发遣湖北、湖南、广东、广西、云南、贵州等省安插。但令安居内地不足示惩，请改发伊犁给厄鲁特为奴。"

得旨："木果木失事皆因此等绿营溃兵罔顾军律相率奔逸，情罪实为可恶。本应概予骈诛，徒以人众，朕心不忍。然仍令其偷生内地，将何以戒将来可保百年无用兵之事乎？今即发往伊犁，给厄鲁特为奴，尚属施恩格外，理应共知感悔。著各该督、抚于各溃兵起解时详悉谕知：尔等已蒙恩贷以不死，实邀非常旷典，如不知安静守法，或于中途乘间脱逃，无不即时拿获，照改发新疆例立行正法，决不再为宽贷。俾共知凛惧，不致自蹈刑辟，副朕法外施仁之意。"

（高宗朝卷一〇七八·页八上～九上）

○乾隆四十四年（己亥）十二月辛未（1780.1.27）

谕军机大臣等："据毕沅奏：前奉谕旨，查拿进剿金川潜逃之绿旗兵丁，悉心设法，严切晓谕，悬立赏格，实力缉捕，除节年拿获四十名正法外，本年又拿获二名审明治罪。现在仍将未获各犯饬属严拿，务期全获，以肃军纪等语。所办甚好，已于折内批令告知刘秉恬矣。前此大兵进剿金川，所调各省绿营兵丁均有潜行逃回者，情罪甚为可恶。节经降旨上紧严缉，并令各该省督、抚于岁底，将一年所获逃兵多少具折汇奏，何以各省奏报拿获各犯审明正法者甚属寥寥？非该督、抚日久因循，查拿不能实力，即系设法未善，一任漏网稽诛。著将毕沅原折抄寄派兵之各省督、抚阅看，令其仿照上紧实力查办。将此传谕知之。"

（高宗朝卷一〇九七·页六下～七上）

○乾隆四十五年（庚子）七月庚寅（1780.8.13）

又谕："据伊勒图等奏称：金川溃散兵丁发遣湖北改发伊犁给厄鲁特为奴之沈登魁，于四月初三日脱逃，逾数日自行投回，请将沈登魁枷号，从重惩责。如再脱逃，即行正法等语，所办殊属错误。沈登魁前在军营不随将军大臣行走，私自逃窜，彼时即应正法。曾蒙宽宥，改发伊犁为奴，此乃格外之恩，理合畏罪安居。今乃私自脱逃，情甚可恶，即当一面正法，一面奏闻。今伊勒图等仅拟枷号，甚属姑息不晓事体。沈登魁脱逃数日，因迷于山径无路可逃，始自行投回，此等情节，伊勒图何意想不到？著传旨严行申饬。沈登魁著即行正法示众，嗣后如有此等逃犯，于捕获时即行正法，毋得姑息。"

（高宗朝卷一一一〇·页二七上～下）

○乾隆四十六年（辛丑）十二月庚寅（1782.2.4）

又谕："前进剿金川，所有各省绿营脱逃兵丁，曾明降谕旨，分立限期，如有自行投首者，加恩免死，发遣伊犁等处。此等逃兵一经拿获，本系即应正法之犯，朕加恩宽以一线，准其投首免死，原属法外之仁。兹据湖南巡抚刘墉奏报该省并未拿获，亦无投首等语，而各省奏报投首者亦复寥寥。逃兵等当知已赦其死，不过改遣伊犁等处，乃仍敢匿迹，希图漏网，实属不知朕恩，怙终贼刑，不可再宽矣。地方官等平日不能留心办理，仅以通缉具文，或出示了事，并不认真，亦难辞咎。兹再予限一年，如有限内不行投首续经拿获者，俱著即行正法，以彰军纪。其承缉不力之地方官，并著该部另行严定处分具奏。"

（高宗朝卷一一四七·页一三下～一四下）

○ 乾隆四十七年（壬寅）二月壬辰（1782.4.7）

谕军机大臣等："从前进剿金川，各省绿营脱逃兵丁，曾经明降谕旨，分别限期，令其自首免死。嗣因各省督、抚奏报寥寥，复经特降谕旨，展限一年，并将承缉不力之地方官交部严定议处。实属朕法外施仁，有加无已。各逃兵等具有人心，自应自知其罪，冀图免死，亟行投首。即各该地方官等，亦当仰体朕意，实力晓谕，俾穷乡僻壤咸各周知。乃本日据李本奏，黔省逃兵并无自首之犯，即富纲所奏，自首逃兵亦止陈英即陈希正一名。各省逃兵经朕屡次加恩，既免其死，乃仍惮于远遣，匿迹潜踪，幸图漏网，实为良心丧尽，不知恩，并不畏法，情罪实为可恶。现截至本年冬底，即属一年限满，如有限内不行投首，一经拿获，自当立正刑诛，断无宽贷之理。至各省州、县所属地方，向俱编查保甲，若果实力奉行，匪人藏匿，何难立即擒拿。即该逃兵等间有病故，亦必有尸可验。岂地方官平日于此编查保甲、相验路尸之案，竟置不问乎？著再传谕各该督、抚，接奉此旨后，务须严饬所属，各发天良，实心实力严切查办，毋得仍视为海捕具文，有名无实也。仍将遵办缘由，据实复奏。"

又谕："从前进剿金川，所调各省绿营脱逃兵丁，节经明降谕旨，如有自行投首者，加恩免死，发遣伊犁等处。嗣又降旨，再予展限一年。此等逃兵本即应正法，经朕加恩，宽以一线，准其投首免死，原属法外之仁。乃各省拿获者甚属寥寥，皆由地方官等平日视为具文，不能实力办理所致。至福康安受朕恩眷最为深重，非他人可比，且此等逃兵起自川省，尤为该督所应严办者，必须督饬各属设法躧缉，克期弋获，使各省督、抚之不能认真办理者知所愧励，方见实心出力。若福康安亦随众因循，置而不问，则朕又将谁责耶？著传谕福康安，务须仰体朕意，严饬员弁实力搜捕，毋使重犯久扬。一经拿获一面奏闻，一面审明正法，毋得稍有疏纵。"

（高宗朝卷一一五一·页二〇上～二二上）

○乾隆四十七年（壬寅）三月丁巳（1782.5.2）

谕："福康安奏川省未获逃兵名数一折，据称逃兵自首免死限本于四十七年届满，现在上紧宣示，务使家喻户晓，亟为投首等语。此等逃兵一经拿获本即应正法之犯，前因事隔多年，不忍概予骈诛，特加恩准其投首免死，改发新疆。并于上年十二月内特降谕旨，予限一年。复于本年二月内传谕各督、抚，以截至本年冬底即属一年限满，如限内不行投首，一经拿获自当立行正法。乃节据各督、抚奏报，逃兵自首者殊属寥寥，此等怙恶不悛之徒自难再从末减。第念穷乡僻壤或尚未能周知，以致该犯等仍复畏罪潜匿，不敢遽行投首，兹特加恩再予展限一年，以明年九月为期，俾潜身僻远之犯，得以及早自首，此系朕格外恩施。该犯等具有人心，必当闻风到案，踊跃呈报，以冀自全躯命。若再仍前匿迹远扬，希图漏网，则是惩之以法而不知畏，施之以恩而不知感，所谓怙终贼刑，自取其死，更无一线可宽矣。特此再行宣谕，该督、抚等董率各属明切晓示，俾家喻户晓，及时自新，以副朕仁义兼尽至意。"

（高宗朝卷一一五三·页八下～一〇上）

○乾隆四十七年（壬寅）四月戊辰（1782.5.13）

谕："国家养兵卫民，期于得用。遇有调遣，若能奋勇争先，克敌制胜，必立加奖拔；即或临阵伤亡，亦概予优恤，所以劝励戎行，恩至渥也。若兵丁身列行间不思效用，竟至畏葸脱逃，自应立正刑诛，以彰宪典，并不得以人数众多稍从宽减。明季军政废弛，随征兵丁每多临阵恇怯，望风溃散，此皆平日纪律不严，罔知法度，以致贻误国事，或由上恩不下逮，或由劣将扣克军粮，我朝无此事也。前次进剿金川，脱逃绿旗兵丁本皆罪应斩决之犯，特因事隔多年，不忍概予骈诛，是以特降恩旨予限一年，准其自首免死，改发新疆。复于本年三月内忆其未能遍知恩旨，再予宽限，展至明年九月。此实朕法外施仁，于无可宽减之中予以一线生路。逃兵等稍有人心，自应即时投首。乃各省投报到案者甚属寥寥，是该犯等并此改遣之罪亦图幸免，可谓施之以恩而不知感，惩之以法而不知畏，冥顽不灵，莫此为甚，拿获正法，伊等亦死而无怨。惟是各省督、抚接奉节次所降恩旨后，为日已久，兹始据福康安奏到川省自首逃兵三名，而他省并无奏报者。是福康安办理此事颇见认真，其各督、抚不过委之州、县，出示城署了事，并未督饬各属实力奉行，多方晓谕，俾穷乡僻壤一一周知，以致潜匿逃兵未能共悉恩旨自行呈首，仍致被获罹法，岂不负朕法外施仁之意耶！督、抚之于州县当如臂之使指，方能驱策得力，若似此空文塞责，有名无实，封疆大吏实心任事者岂宜如此。所有各省督、抚著通行申饬，嗣后务须各摅天良，严饬所属将前降恩旨刊刻简明告示，分发遍贴，广为传播，以期家喻户晓，俾得及早呈投，自全躯命。逃兵等经此谆切晓谕三令五申之后，尚有仍前伏匿不首者，一经拿获必当立行正法，决不宽贷。将此再行通谕中外知之。"

（高宗朝卷一一五四·页一下～三下）

〇 乾隆四十八年（癸卯）正月戊申（1783.2.17）

又谕："前因金川军营逃兵各省拿获及自行投首者甚属寥寥，皆由地方官并不实心办理，仅以通缉具文或出示了事，曾明降谕旨，将承缉不力之文武各员交部严定处分，并通行予限一年在案。今自乾隆四十六年奉旨之日为始，扣算已满一年，惟四川省自行投首者一百余名，业将福康安交部议叙。其余各省仍未有首报多名者，所有承缉不力之文武各员，本应按照部例各降二级调用，但人数未免过多，著加恩再予限一年。该地方官务宜感激奋勉，实心查办，上紧缉拿，庶不负朕格外矜全之至意。倘此次限满，仍未能全数缉获，定将承缉不力之文武各员照例降调，不能复为姑贷。将此通谕知之。"

又谕："从前金川军营脱逃兵丁积年未经弋获，历经降旨通谕各督、抚饬属严缉，并予各犯等以自首免死展限日期，并将承缉不力之地方官严定处分。乃自降旨以来，惟川省奏报拿获人数较多，自行投首者亦有一百余名，其余各省奏到拿获逃兵及自首到案者仍属寥寥。总由各省、抚不能督饬承缉之员实力搜捕，以致该犯等匿迹远飏。现在又降旨将承缉地方官处分宽限一年,各该督、抚务须严饬所属,设法实力查缉。并将各该省逃兵共有若干,现在已获若干,未获若干,各省通计已获逃兵约有十分之几,详晰查明开单具奏。将此传谕四川、陕甘、湖广、云贵各督、抚知之。"

(高宗朝卷一一七三·页一下～四上)

○乾隆四十八年（癸卯）四月丙戌（1783.5.26）

又谕（军机大臣等）："据福康安奏通计川省缉获逃兵份数一折,内称:至本年九月业经届满,现在未获各犯尚有六百十七名。设立章程,檄饬承缉各员,如一年之内果能按名全数获首,并于别属逃兵招首弋获多名者,准其专折保荐,若首获逃兵审出曾在某处久匿及出入境汛并不查拿者,从重参革,如有怠玩之员,仍随时密察严参。其余分晰等差,专立档案,记功记过等语。前因川省逃兵各省奏报缉获及自首者甚属寥寥,曾将承缉不力之员明定降调处分,后因人数未免过多,加恩再予展限一年,以期按名弋获。今川省扣至本年九月展限业经届满,而未获之犯尚有六百余名之多,如再逾定限,其处分自难宽贷。现在福康安虽已设立章程,饬令上紧躧缉,但为期不远,其承缉逾限各员应行处分者人数必多。著传谕李世杰详晰熟筹,上紧严办。并将议处人员共有若干,作何办理之处查明复奏。……"

又谕："据福康安奏川省逃兵节年拿获及自行投首共二百余名,尚有未获逃兵六百余名等语。金川军营脱逃兵丁,节经降旨加恩,令其自首免死。并于原限外加恩展限一年,将承缉不力之文武各员宽其处分,俾感激奋勉,实心查办。今四川省经福康安认真办理以来,而未获者尚有六百余名。其各省之未能实力查办奏报寥寥者,未获之数自必更多。现在扣至本年九月初即届限满,况此等逃兵为数尚多,其中又有死亡事故,搜捕匪易,而逾限之地方文武员弁一届限满即行降调,自必甚多。著传谕各该督、抚,将现在如何设法晓谕,饬属擒捕,并将来逾限后该地方文武应行议处人数若干,即行查明据实复奏,候朕另降谕旨。将此由五百里各谕令知之。"

(高宗朝卷一一七九·页一五上～一七上)

○ 乾隆四十八年（癸卯）五月丁巳（1783.6.26）

又谕（军机大臣等）："前因金川军营逃兵各省拿获及自行投首者甚属寥寥，曾明降谕旨，将承缉不力之文武各员交部严定处分，并通行予限一年。又念穷乡僻壤或尚未能周知，加恩再予展限一年。今扣至本年九月已届限满，而所有逃兵省份，未经拿获者尚多。夫国家设兵卫民，虽可百年不用，不可一日不备，全在纪律严明，方能克敌致果。若兵丁身历行间不思争先效命，竟至畏葸脱逃，按之军法，自当立正刑诛，以彰宪典。明季军政废弛，随征兵丁每多临阵悾怯，望风溃散，皆由平日毫无整饬，甚至将不知兵，兵不顾将，以致国事日非，不可不引为殷鉴。我朝八旗劲旅凡遇调遣，无不踊跃奋兴，抒忱效荩，自伊犁、回部、金川用兵以来，从无一人脱逃。乃绿营兵于金川军营溃逃数目甚多。此等逃兵一经拿获即应斩决，原不得以人数众多稍从宽减。特因大功业已告成，且事隔多年，不忍概予骈诛，是以屡经降旨，宽以年限，准其自首免死，改发新疆。此实朕法外施恩，于无可宽减之中，予以一线生路。在逃兵等稍有人心，自应即时投首。乃统计各省拿获及投首者不过十分之一二，即四川办理较为认真，曾经交部议叙，然统计亦不过十分之三。可见外省地方官从前既未实力查缉，及节次接奉恩旨，又不过以出示城署了事，未能多方设法晓谕，俾穷乡僻壤一一周知，以致逃兵尚多潜匿。今展限之期扣至本年九月又已届满，地方文武如此漫不经心，即按例降调，亦所应得。但念各省逃兵为数尚多，其中自不无死亡事故，而逾限之地方文武员弁一时降调离任者自必不少，著加恩再予展限一年，扣至明年九月为满。各该省督、抚务须严饬所属，各发天良，感激奋勉，实力查办，多方晓谕，自首者多，即可全许多生命。若其悯不畏死，及以发伊犁为苦，则是冥顽不灵。著上紧缉拿，庶不负朕格外矜全之至意。倘此次限满仍未能多所缉获，定将承缉不力之文武各员照例实降，不能以罚不及众再邀宽贷也。将此通谕有逃兵省份之督、抚知之。"

（高宗朝卷一一八一·页一二下～一五上）

○ 乾隆四十八年（癸卯）七月壬辰（1783.7.31）

又谕（军机大臣等）："据舒常等复奏两湖承缉逃兵，限满未获，例应降级调用文武各员一折。前因金川军营逃兵未获者尚多,特再加恩展限一年,扣至明年九月为满,已明降谕旨。所有承缉各员屡次邀恩展限,自应感发天良,实力奋勉,上紧查缉,庶不负朕格外矜全之意。若仍视为具文,怠玩从事,至限满时未能多所缉获,则是该员等不知感激朕恩,自取咎戾,届期必照例予以实降,断不能再为曲贷。该督、抚务严饬所属,实力查拿,毋得稍存懈弛。将此传谕知之。"

（高宗朝卷一一八四·页六下～七上）

○乾隆四十九年（甲辰）九月丁卯（1784.10.28）

又谕："前因各省承缉金川逃兵,核其拿获及自行投首者甚属寥寥,曾经两次通行予以展限。并于上年因承缉逃兵省分各员应行实降者为数较多,特降谕旨加恩将各该员从宽免其降调离任,再予限一年承缉,今年九月又届限满。兹据军机大臣将四川等省历年拿获逃兵各数及上年五月内展限后自首逃兵各数查明开单具奏,朕详加核计,所有各省逃兵已经拿获自首者尚不及半。逃兵宽以年限准令自首免死,原系朕法外施仁,于无可末减之中予以一线生路。在逃兵等稍有人心自应及时投首,即地方官节次接奉恩旨亦当各发天良,深知感奋,设法晓谕,上紧查缉。乃例限已满,缉获仍属无多,可见外省办事全不认真,不过以海捕具文因循塞责。如此年复一年,伊于何底!此而不明定处分,该员等竟罔知警惕,即朕又岂能以罚不及众再为宽贷耶!所有承缉逃兵之四川、湖北、湖南、陕西、甘肃、云南、贵州等省从前承缉之历任州、县各员,无论现任及业经升调者,俱著革职从宽留任,八年无过方准开复。其接缉之州、县各员,到任在半年以上者,并著革职留任,四年无过方准开复,限内俱准予调不准升用。其各员中有到任未及半年者,免其查议。至督缉不力之历任督、抚,著罚养廉二年。其接任之督、抚除到任未及半年者亦免其议罚外,余在半年以上者,俱著罚养廉一年。其历任承缉之司、道、府厅各员,并著该督、抚查明具奏,另外交部照此办理。此案历年既久,竟不必再缉,以致有名无实。此后各该地方官当诸事认真,遇有查缉事件,不可因有此旨仍置不问,一经发觉再不能复为曲贷也。"

（高宗朝卷一二一四·页二三下～二五上）

○乾隆四十九年（甲辰）十二月庚寅（1785.1.19）

谕："前因各省承缉金川逃兵扣至本年九月又届限满，核其拿获及自行投首者仍不及半，曾经降旨将承缉、接缉之历任州、县俱革职留任，分别八年、四年无过方准开复。其督缉、承缉不力之历任督、抚两司，俱著分别议罚养廉。原因此事历时已久，若年复一年，伊于何底，不得不明定处分，俾该员等稍知警惕，以完此案。夫国家设兵卫民，虽可百年不用，不可一日不备。行军之道，全在纪律严明，信赏必罚，方能克敌致果。若兵丁身历行间，不思争先效命，竟至畏葸脱逃，按之军法，自当立正刑诛，以彰宪典。明季军政废弛，随征兵丁每多临阵恇怯，望风溃散，皆由平日毫无整饬，甚至将不知兵，兵不顾将，以致国事日非，不可不引为殷鉴。我朝八旗劲旅凡遇调遣，无不踊跃奋兴，抒忱效荩，自伊犁、回部、金川用兵以来，从无一人脱逃。乃绿营兵于金川军营溃逃数目甚多，此等逃兵一经拿获即应斩决，特以人数众多，且大功业已告成，是以屡降恩旨，宽以年限，准其自首免死。此实朕法外施仁，于无可宽减之中予以一线生路。在逃兵等稍有人心，自应及时投首，即地方官节次接奉恩旨，亦当各发天良，深知感奋，设法晓谕，上紧查缉。乃例限已届，缉获仍复无多，可见外省办事全不认真，不过以海捕具文因循塞责。如此漫不经心，若不严加惩处，其何以儆玩愒而戒将来，即朕亦岂能以罚不及众再为宽贷耶！第念督、抚两司等自扣罚养廉之后，办公究难免拮据，其中稍知自爱者，当必能慎守廉隅，否则必至箪篓不饬，且恐不肖之员有所借口，任意婪索，亦不可不防其渐。所有各省督抚、提镇两司应罚养廉银两，俱著加恩准其支给一半，仍分年带扣完缴，此系朕格外加恩。嗣后各该地方官当诸事认真，遇有查缉事件当实力办理。若复蹈此恶习，不能再为曲贷也。将此通谕知之。"

（高宗朝卷一二二〇·页一七上～一九上）

○乾隆五十一年（丙午）十一月己亥（1787.1.18）

谕："前因各省承缉金川逃兵屡经展限，核其拿获及自行投首者，仍属寥寥，因降旨将承缉、接缉、督缉之文武员弁俱著革职留任，分别年限，方准开复，限内准调，不准升用。原因外省于查缉要犯全不认真，不过以海捕具文因循塞责，不得不明定处分，俾该员等稍知警惕，以完此案。第念自查缉以来，各省俱有拿获及自首者，而承缉、督缉之文武官员罣议停升者甚多，此内不无可用之才，若因碍于处分不得升用，亦觉可惜。且历时已久，所有此案各省承缉、接缉、督缉之文武官员逃兵处分，俱著加恩宽免。此朕爱惜人才恩施格外之意。嗣后各该地方文武遇有查缉事件，倍当认真，毋谓恩泽可以屡邀，处分可以幸免，仍不改海捕因循陋习，以致自干重戾也。夫兵可百年不用，不可一日不备。行军之道，全在纪律严明，信赏必罚。八旗满洲、索伦从无一人逃匿者，绿旗兵丁皆国家豢养之人，亦应知效法知羞耻矣。此皆由领兵将弁平时不能训习，使之有勇知方，及至临事又不能严加约束所致，其咎甚重。而将军、参赞、领队以至偏裨将领虽有专统之分，俱任领兵之责，反得置身局外，岂为情理之平？自当按照逃兵多寡，分别专辖、兼辖、统辖定以处分。且兵丁自军营脱逃后，带兵员弁势不能舍敌忾而亲自追拿，其经过及原籍地方文武各员理应实力查缉。倘逾限不获，亦有应得处分，应较亲身领兵之员稍示区别，不致畸重畸轻，方为平允。必当逐层分晰，明定章程，始可行之久远而励戎行。其应如何分别酌定处分之处，著军机大臣会同吏、兵二部详悉妥议具奏。"

寻议："军营逃兵于五日内获者免议，逾限专管官罚俸一年，兼辖官三月。一月内不获三名以上，专管官降三级调用，兼辖官降一级留任，统辖大员罚俸半年；十名以上，专管官革职，兼辖官降一级调用，统辖大员罚俸一年。逃日不报迟至两三日者，罚俸三月；捏报本日者，降一级调用；匿报，革职。军营卡座失察偷越一二名者，专管官罚俸三月，兼辖官一月；五名以上者，专管官降一级调用，兼辖官罚俸一年；十名以上者，专管官革职，兼辖官降一级调用。倘续立战功，降罚处分议叙时准抵；有超等功绩者，准奏请开复。原籍文武各员按咨日起限，一年不获，三名以上，专管官罚俸九月，兼辖、统辖官半年；五六名以上，专管官罚俸一年，兼辖、统辖官九月；十名以上，专管官罚俸二年，兼辖、统辖官一年。再与限一年不获，加重议处，督、抚、提、镇、藩、臬分别罚俸。获时讯明所过失察，专管官罚俸一年；潜匿境内不能查拿，专管官降一级留任，该上司罚俸一年。曾到原籍、原营未查拿者，专管官降二级调用，兼统官降一级留任，该上司罚俸二年。"从之。

（高宗朝卷一二六九·页二一上～二四上）

查处果洛克窃劫青海蒙古事件

○乾隆四十一年（丙申）二月辛酉（1776.4.7）

四川总督文绶复奏："现派文武各员带领备弁通丁前赴郭罗克，勒限拿获吹斯枯尔喇布坦父子解办。"

批："金川既平，想此等凶犯不日即献。"

又奏："至绷色噶布桑扎尔系无罪之人，已预饬在省藩、臬于到时酌赏，使其出力侦缉。"报闻。

（高宗朝卷一〇〇三·页一五上～下）

○乾隆四十一年（丙申）八月己未（1776.10.2）

谕军机大臣等："据明亮奏建昌道贾凝吉患病员缺，请将陈奉兹补授一折，内称目下新疆善后事宜，惟有松茂道查礼堪资倚任等语。查礼原属川省能事之员，前因郭罗克查拿匪犯一事曾令查礼前往，旋即仍回至军营办事。后因查办礼塔尔被害一案，经文绶于本年二月内奏派保宁府知府倭什布及参将李天贵驰往，会同理藩院郎中阿林，谕令该土千、百户将要犯吹斯枯尔拉布坦及同往之属下人等勒限全行拿解，迄今半年有余未据获犯。郭罗克部落虽属凶顽，今大兵剿灭两金川，诸番自皆震悚，及此时勒令查拿，谅必不敢迁延袒庇。若迟之日久，番众心渐懈弛，更难完结。今促浸凶渠逆党尚且尽数俘擒，岂有蕞尔郭罗克任其顽梗不率之理。文绶现在作何筹办，各犯曾否全获，久未奏及。至明亮为成都将军，且亦深知其事，亦不可不速将此事办竣。著即会同文绶，务严饬该土千、百户迅即获犯解审，毋任稽延。恐原派之知府倭什布、参将李天贵不能承办此事，查礼既系熟练夷情，自应即令前往，将郭罗克缉犯之事迅速办妥。其经手报销之事随带办理，亦不致有误。将此传谕知之，仍著文绶将饬拿郭罗克凶犯曾否就获之处，迅即复奏。"

（高宗朝卷一〇一五·页六下～八上）

○乾隆四十一年（丙申）九月己卯（1776.10.22）

谕："前因郭罗克贼番杀害青海公礼塔尔一事，派理藩院郎中阿林前往四川，会同该省派出之保宁府知府倭什布及参将李天贵，至番地谕令该土司等将凶犯吹斯枯尔拉布坦等勒限全行拿解。今据明亮等奏：郎中阿林等勒拿凶犯，仅据该土司玛克苏尔衮布等禀称吹斯枯尔拉布坦逃避无踪，将其寨房拆毁，搜获犯属男妇九名口及牛马等物解送，恳请撤回官兵，宽限擒拿等语。所办大谬，已传旨严行申饬矣。阿林等派往该处董司缉犯之事，理应督同该土司到处搜拿，将凶犯缉获方可完案。乃惟凭该土司一面之词及绿营虚诳恶习，辄思迁就了事，甚属不堪。阿林、倭什布、李天贵俱著交部严加议处。"

谕军机大臣等："明亮等奏：郎中阿林、参将李天贵、知府倭什布前往郭罗克勒拿凶犯，据该土司玛克苏尔衮布等禀称吹斯枯尔拉布坦逃避无踪，将其寨房拆毁，搜获犯属男妇九名口及牛马等物解送，恳请撤回官兵，宽限擒拿，随令阿林等回赴省城商办，将官兵暂撤。拣派熟谙夷情备弁一员暗驻境上，严督该土司侦捕凶犯等语。所办大谬，已于折内批示。郭罗克境壤有限，吹斯枯尔拉布坦等虽欲逃匿，谅未必遽能远飏。李天贵、倭什布系该省派令专办之员，阿林由京派往该处董司缉犯之事，理应督同该土司到处搜拿，将所有地界遍行亲历。凶犯一日不获，阿林等一日不回，官兵等一日不撤。该土司自不敢以诳言欺饰，乃阿林等惟凭该土司一面之词，妄以杀人首犯诿之绰克宗加尔。又云其已经堕碉身毙，更属死无证见。且言吹斯枯尔拉布坦等杳无踪迹，仅将犯属解送，率请撤兵宽限，明系该土司狡诈迁延，有何难察。至所云该土司欲跳河自明心迹，经把总拦救，尤必无之事。此乃绿营虚诳恶习，何足为凭。番性素不肯轻生，即如索诺木等经大兵围困势穷力蹙尚欲偷生乞命，该员等并未将土司逼迫，何至欲自投河？尤可见其虚诞。至所称贼番系该土司部落之人，虽恐不无代为隐庇，今既拆毁贼番所住碉房，获其家属、牛马，其悚惧实属真情等语。更不成话。碉房虽拆，何难再砌！其家属止系妇女幼孩，并无成丁之犯，而杀人凶犯仅获其赃，何足示儆！即顶经誓咒，尤番人狡狯长技，如何可信！至该土司愿出银一千两赔赃服罪，尤为不成事体。幸而仍饬发还，若再收之，不更贻笑柄耶！总之抚驭番人之道，慑以威严则皆畏服听命，待以姑息必致玩忽生心，从前两金川之事实由川省历任督、提优柔迁就，酿成事端。遂致大费兵力，多发帑金，又得阿桂坚心筹办，不避艰险，经五年之久始得扫穴擒渠。今大功甫竣，正诸番胆丧之时，而在土境勒缉杀人凶徒并非难事，自当严切督捕，使番众技无可施。罪人斯得，庶可惩一儆百，共知震慑天威，永靖边徼。乃当功成之后初办此事，即受该土司欺哄，遽撤官兵，草率完局，众番又将毫无忌惮，必以为天朝虽设镇安营董以大员弹压，不过仍循故辙。郭罗克既以诡谲获免无事，众皆尤而效之。设或绰斯甲布各土司复有类此者，又当如何办理？抑似前此之养痈贻患乎？此案阿林、李天贵、倭什布承办勒缉凶犯之事，轻信该土司虚语，据以禀告，惟图将就了事，甚属不堪，已另降旨，交部严加议处。至明亮等不察委员等庸懦无知之见，竟尔撤回官兵，置之不办，实大不是。文绶、桂林知识短浅，且蹈外省积习，无怪其然。明亮、舒常带兵征剿有年，习闻朕之训谕，且深知阿桂实心督办军务，不稍假借，因得成功，何尚茫无定见，不思效法？且明亮、舒常朕特委以管辖诸番，理应持正，今一事如此，其浅见可知，尚安望其能整饬制驭使群番敬畏乎？并著传谕严行申饬。据伊等奏称：官兵暂撤，贼番闻事寝息，势必回觅旧巢，土司得以分头密捕。是纵之适所以擒之，不致稍有漏网，较之守候缉拿似更妥速等语。试问伊等撤兵以后，该土司果如所计，获犯缚献尚可；若此旨到时，仍然无获，伊等又何言自解乎？朕前因阿林、李天贵、倭什布往彼勒缉凶犯，半年有余未见复奏，深知该委员等之无用，曾谕令派查礼前往妥办此事，令阿林等果不出朕所料。至前旨由六百里发往，距今已逾二十日，明亮等早应接奉，何以尚未复奏？岂因有此奏，妄思允准完案，遂意存观望耶？此事责成明亮等四人妥速勒缉要犯务获，毋任兔脱稽诛。如一年之内不能获犯，即明亮等亦当从重治罪。将此由六百里传谕知之。仍即将查礼曾否派往，及现在如何筹办之处，迅速复奏。"

（高宗朝卷一〇一六・页一二下～一七下）

○乾隆四十一年（丙申）十月丙午（1776.11.18）

又谕（军机大臣）："据明亮等奏查办郭罗克一案，请于上阿坝地方添驻官兵五百名，令游击路连英带领弹压勒缉，并沿塘安设汛兵等因一折。已于折内批示。及阅进到之图，伊等现拟驻兵地方，在阿坝土司及郭罗克土司之间，未为妥协。凶犯吹斯枯尔拉布坦自不可不勒令该土司即行缉获，如该土司知将军、提督之意不肯将就完事，自不敢托故迁延。前此明亮等令阿林等将兵撤回，竟似置此事于不问，办理实属错谬，是以传旨申饬。今伊等因有前旨，故以此奏敷衍，又未能得其要领，不知郭罗克土司本非两金川逆酋可比，其事自不值大办，而所驻不过绿旗兵丁，岂能令番众畏惧。况前此该处曾经驻兵，日久因循，绿营兵丁在彼转为番人所轻，是以撤去。今复派兵往驻，在番人视之仍与前相似，于事未必有益。且此次驻兵若专为缉犯计，原可毋庸远驻，设或稍迟月日又当何如；若竟欲在彼久驻，仅添数百无用之川兵，亦未必能制郭罗克等之不他出抢劫，徒尔添塘设汛，过涉张皇，亦不成事体。著传谕明亮等，令其深筹熟计，此举能即得凶犯，并可制其永不夹坝则可，若不能保其如此，则所派之五百官兵尚未起程，或已起程尚未出口，即当停其前往。如已至彼驻扎，只可暂时带兵勒缉，不必为久驻计，将此由六百里传谕明亮等知之。仍将接奉此旨后作何办理，并将凶犯现在曾否就获情形，迅速复奏。"

寻奏："所派营兵五百尚未起程，已遵旨暂行停其前往。现饬松茂道等分头躧线跟寻，一有凶犯踪迹，不动声色，就近添兵，星夜前进，可期一鼓成擒，以彰国法。"报闻。

（高宗朝卷一〇八·页一三上～一四下）

○乾隆四十二年（丁酉）七月己丑（1777.8.28）

又谕（军机大臣等）："前因郭罗克贼番杀害青海公礼塔尔一案，凶犯吹斯枯尔拉布坦窜逸稽诛，曾责成明亮等勒限一年，严缉各犯，务获正法。今据明亮等奏称：土司麻克苏尔衮布虽连月跟随侦缉，并不实心设法擒贼，因将该土司带至郎隋地方扣留羁押，责令寄信伊弟、伊子，献出从犯结果、喀拉布木、雍中吉、策丹四名，分别审办，仍将该土司扣留，著落伊弟等实力缉获凶犯等语，所办甚是。此皆查礼等惧干罪谴，始设法严办，即获从犯四名。可见凡事果肯认真，断无不见效之理。今既办有头绪，益当上紧督缉，务获正凶而后已，不可因已获从犯，复事因循，至重案久悬不结。著传谕明亮等，即董饬查礼等照前实力妥协，勿稍玩忽稽延。仍将曾否缉获要犯缘由，每三月奏闻一次。……"

（高宗朝卷一〇三七·页二六上～二七下）

○ 乾隆四十三年（戊戌）二月甲寅（1778.3.21）

又谕："据明亮等奏，查讯小阿树土司丹怎，据称：'我地方所管人户从不敢去做夹坝，历来也没犯过案。上年我跟着三郭罗克三阿树土目们查捕拉布坦回来，才知青海把我打牲的加科等五人在我地方拿去，旋即送回，均在途病故，后又拿去七人。'至讯之班珠尔，坚称并不敢说报仇的话等语。阿树土司平日颇属小心恭顺，似不应有放夹坝之事，或系青海地方因不能将郭罗克贼番缉获，捏造班珠尔报仇之语，致将小阿树之人屡次拿送塞责，亦未可知。但究系丹怎及班珠尔一面之词，非对质难成信谳，而其事亦非参将李天贵所能查办。著派侍郎博清额驰驿前往青海，会同法福里审办。其应行带往质讯之班珠尔等，即著李天贵押送前往，听候查讯。"

（高宗朝卷一〇五一·页二二下～二三下）

○ 乾隆五十三年（戊申）八月甲寅（1788.9.24）

谕军机大臣等："据李世杰等奏续获郭罗克抢掠夷匪审明办理一折。内称：上、中、下三土司畏惧王法，随同差弁于郭罗克各处寨落竭力探访，都已周遍，现在再无一人可以擒献，愿出具甘结，并严禁手下番人，永远不到阿里克地方滋事，所有派往官兵已行撤回等语。上、中、下寨落郭罗克业经官兵督饬土司搜拿。其已回者，现俱就获。此外逸匪，据土司等出结，实未潜回。此不过遮饰之词。但所有派往官兵，虽毋庸在彼久驻，惟仍当严饬该土司留心擒献。并派员不时前往探访饬查，一有逸犯逃回立即掩捕，从重办理。朕意明春仍派兵前往，责以半年之中岂无逸贼逃回，实力查拿一番，则土司等知惧，或复获数贼，亦未可知。将此随报便传谕知之。"

（高宗朝卷一三一一·页二二上～二三上）

查拿里塘、巴塘、瞻对、三艾等处"夹坝";成都将军特成额会同噶伦班第达进剿三艾

○乾隆四十二年（丁酉）正月戊子（1777.2.28）

谕军机大臣等："据舒常等奏查拿里塘、巴塘一带夹坝贼犯格戎七立等十三名，审拟分别斩决、发遣一折，已批交三法司核拟速奏矣。里塘一带为通藏大路，各番等敢于抢劫塘马及过路行人衣物，实属大干法纪，自应追捕尽获，从重办理，方足以示惩儆。现据奏，将所获之犯严行鞫讯，其为首之犯即行斩枭，济恶之犯亦即斩决，所办尚是。此案夹坝各犯，惟安错一犯尚未弋获，亦当上紧缉拿，勿使漏网。至里塘、巴塘两土司现俱在京，已令军机大臣晓谕，伊等属下派出土兵，随同官兵协拿脱逃各犯，颇为出力，即赏给缎匹示奖。并谕以夹坝两次抢劫，系里塘之滥泥坝、大海子二处，巴塘之黑漆沟地方，皆两土司所辖，今犯已就获，姑免深求，嗣后当严行约束属下番人，不使复有夹坝之事。设再有犯者，该土司即速查明，获犯缚献，方不负大皇帝恩德。伊等咸叩头感悦。将此谕令舒常、文绶等知之。"

（高宗朝卷一〇二五·页一一下～一二下）

○乾隆四十四年（己亥）三月丁亥（1779.4.18）

谕军机大臣等："据勒尔谨奏兰州府循化同知所辖之郎家族番民惨杀撒拉回民多命，获犯审拟分别正法、发遣一折。所办总不成事，已于折内批示矣。此案郎家族番人惨杀回民五命，且敢将被杀之尸剥皮支解，凶恶已极，自应将现获各犯严讯明确，即于番境集众正法枭示，庶足以警凶顽而戢残暴。乃该督获犯审办时，致令监毙五名，已属幸逃显戮，及审讯拟罪，仅将者黑隆本、乙舍完的二犯请即行正法，余犯七名改发伊犁为奴，

实属姑息。至该番头人，虽于事后将凶犯绑缚献出，然其平日约束不严，致所属番人凶横不法若此，自有应得之咎，勒尔谨何竟置之不问？亦属疏漏。至勒尔谨一闻循化同知禀报，自应即差大员带领兵役前往缉捕，乃先遣通丁、喇嘛往谕，继则操演枪炮藤牌，遥示兵威，实觉可笑。该督从前查办河州王伏林一案颇能妥速，今办此案舛谬无能，与前案如出两人，殊不可解。勒尔谨著传旨严行申饬。仍著将拟遣各犯俱行押赴番境，同者黑隆本、乙舍完的一并正法示众。并将该头人拟以管辖不严之罪，酌令罚赎，俾知凛畏，庶足儆戒将来。将此由六百里谕令知之，仍将办理情形即行复奏。"

寻奏："遵旨将原拟发遣伊犁为奴七犯，改同者黑隆本、乙舍完的委员押赴番境正法示众，并传饬该头人约束不严之罪，令其罚赎。"

得旨："览。"

（高宗朝卷一〇七八·页五上～六下）

○乾隆四十四年（己亥）七月壬寅（1779.8.31）

又谕（军机大臣等）："据特成额等奏：里塘土司丹津衮布禀称，所属热寨地方之麻塘寺，于五月十五日半夜，有瞻对夹坝二百余人到寺焚劫殿宇、住房及佛像、经典、衣服、器皿等物，并杀死喇嘛二名，裹去一名，随即散去，现饬道协等带领弁兵查办等语。瞻对番人向来惯放夹坝，今两金川甫经剿平，该番人理应知所儆畏，乃敢纠集多犯至里塘地方，乘夜焚劫，肆行杀掠，不法已极，不可不严行惩创。著传谕特成额等，即严饬瞻对土司速将此案赃贼全行拿献。如敢迁延庇匿，不即献出，则是该土司自取重戾，后悔无及。并派委明干大员设法严缉，务将该贼番首伙全数擒获，审明从重定拟，毋得颟顸了事。仍将如何查办之处，先行迅速复奏。将此由六百里传谕知之。"

（高宗朝卷一〇八七·页一三上～下）

○乾隆四十四年（己亥）八月壬申（1779.9.30）

又谕（军机大臣等）曰："特成额等复奏查办瞻对贼番劫杀麻塘寺僧泄忿一案，现已盘获卖马番人郎忠一名，供系跟随擦马所为，首贼番达尔结、噶马林津等焚劫属实等语。瞻对番人常在邻境偷放夹坝，乃以捕杀构怨，辄复挟忿报复，劫杀多人，实属凶顽不法，不可不严行查办以示惩创。既已获有番人郎忠究出为首贼番达尔结、噶马林津之名，特成额等应即督饬文武各员，令其严饬瞻对土司将首犯擒献。如该土司敢于庇匿迁延，即属有心怙过，并当设法将该土司诱至拘管，勒令速献为首贼番。如有续行究出同贼伙犯并令一并擒献，方可释令归巢，毋得稍事姑息，庶番夷共知警惧。将此由五百里传谕知之，并将现在曾否擒获首伙各要犯查办缘由，迅速复奏。"

（高宗朝卷一〇八九·页一三下～一四下）

○乾隆四十四年（己亥）十一月丙申（1779.12.23）

又谕（军机大臣等）："据恒瑞等奏：西藏喇嘛支领官茶行至梨树沟地方，遇贼七十余人，劫去千余两货物，此辈原系巴塘之人，常出为匪。现在带兵围住巢穴，迅速剿办，庶可宁谧地方等语。前因该处人不靖，已赏给达赖喇嘛，乃犹怙恶不悛，竟敢抢掳岁支官茶，若不痛加惩治，何以昭示炯戒？恒瑞等勇往可嘉，著传谕伊等即照所奏办理。但接应班第达声势亦属紧要，索琳系经事历练之人，伊即带兵前往。此际班第达前至甲木喀如何办理，其贼势若何，即行奏闻。将此旨由六百里驰递。"

（高宗朝卷一〇九五·页一下～二上）

○乾隆四十四年（己亥）十一月丙午（1780.1.2）

谕军机大臣等："据特成额等奏，三暗巴贼番劫抢达赖喇嘛茶包，并伤毙护送人等，现派得力弁兵驰往江卡，会同西藏所派各员，务将首伙各犯全行拿获，从重办理一折。又，瞻对贼番焚劫麻塘寺僧一案，已据该土司侧甲专差头人勒拿凶贼，将前次掳去之小喇嘛七立保献出一折。除将原奏交文绶阅看，并令一面星驰回任，一面寄信特成额等妥协办理矣。至折内所称噶布伦公班第达带领夷兵三百名前赴江卡查办，措词殊属失当。夷人劫抢重案，藏地派兵前往查拿何得亦谓夷兵？此等最为外省文移恶习，特成额于奏折内何不加检点若此！已令军机大臣传知文绶，令此后章奏、文移严行饬禁外，并将此谕令特成额等知之。"

（高宗朝卷一〇九五·页一四上～下）

○乾隆四十五年（庚子）正月戊子（1780.2.13）

谕军机大臣曰："特成额等奏拿获麻塘寺被焚仇杀案内凶番先行审办一折。据称：因达尔吉之弟七立汪等常在热赛一带行窃，经里塘协办土司阿聪罗布带兵堵截，七立汪等拒捕，致被殴死，剥皮悬挂麻塘寺示众等语。里塘因何有协办土司，阿聪罗布于何时协办土司事务，著传谕文绶即查明复奏。又，折内所获人犯，除郎忠、噶克二犯即行正法枭示外，内有阿孔一名，据称系听从随行，并未入寺，应请免死，给五百里外土司为奴。折尾又称：伙犯阿孔虽未入寺，但已附和随行，究属凶党，未便照例安插，饬交打箭炉厅牢固监禁，俟拿获各犯，讯明从重归结等语。阿孔一犯何以折内声叙罪名前后不同，阿孔敢于随行附和甚为不法，自应牢固监禁，俟各犯全获，质明情节后从重办理。金川甫经平定，似此不法凶徒不得不从严也。并著传谕文绶遵照办理。至夹片所称，三艾贼劫抢喇嘛茶包伤毙护送人等之各犯，文绶到川后，并著即饬委员及各头人严行截拿务获，毋得视为具文，致令兔脱稽诛。将此由六百里传谕知之。"

（高宗朝卷一○九八·页一三下～一五上）

○乾隆四十五年（庚子）正月庚子（1780.2.25）

西藏办事大臣恒瑞、索琳遵旨奏复："散演贼匪阻路行劫，亟宜惩创，以靖地方。业令公班第达于十一月初三日由西藏起程，计至嘉木喀尔有千余里，时值雨雪，势难速行，亦不敢稽缓。臣索琳赶办乌拉牲只，令游击纳其善等于十二月十八日带兵前赴班第达行营，抵察木多。俟明春草青时进兵，诸事与班第达酌办，以期迅速奏功。"

得旨："好，知道了。"

（高宗朝卷一○九九·页五上～下）

○乾隆四十五年（庚子）二月庚戌（1780.3.6）

又谕曰："特成额等奏称：据派出办理三暗巴贼匪之游击袁国璜报称，驻藏办事大臣索琳身故，当即派令成德带领绿营兵即日起程前往等语，所办错谬。伊系彼处将军，一闻此信，理合亲身带兵迅速前往办理三暗巴贼匪。若在文绶未到，伊署理总督之时尚有辞可说；文绶已回接任，将军又有何事而派员带兵前往？殊属不知轻重。特成额著传旨严行申饬。此时若成德业将三暗巴贼匪办竣甚妥。如尚需人，著特成额迅即调兵与班第达一同驰往，加意办理。"

（高宗朝卷一一〇〇·页二上～三上）

○乾隆四十五年（庚子）三月庚子（1780.4.25）

成都将军特成额奏："赴办三暗巴贼番，行抵巴塘，查看形势，控扼三暗巴之东南，虽距贼首安错巢穴视江卡略远，而处处毗连，可窜之路甚多，则与江卡无异，现令土司分守隘口。据现驻江卡游击袁国璜禀称：前奉差往订约处所，勒令速献赃贼之郎卡多尔结、朗金多尔结等，回称安错等称，愿将抢得之泽登、格戎二人并原马四匹先交带回，余赃照数赔还，以后不敢再扰，要保我性命才敢出来等语。查三暗巴番人素于江卡一带抢劫频仍，若再涉轻纵，终为通藏路径之害。此次办理不惟为首之安错等必得就擒重惩，即伙党亦应严究。但目下不宜遽露，已密饬镇将等即就贼番希图赔赃卸罪之中，阴行乘机诱擒之策。"

得旨："所见是。"

（高宗朝卷一一〇三·页一七下～一八上）

○乾隆四十五年（庚子）三月辛丑（1780.4.26）

又谕："据特成额奏称：据郎卡多尔结等禀称三暗巴贼匪安错情愿献出从前所抢人马，嗣后断不敢抢夺等语。三暗巴贼众胆敢在大路抢夺番子人马，今见大兵前往，又情愿将抢去马匹献出，班第达即欲照伊所恳完事，殊属非是。著寄信特成额，作为己意向班第达云：从前三暗巴贼众因抢夺尔等人马，大皇帝才派我等带兵出来，务将贼首安错等三人拿获，其余尽行殄灭，以清道路，使日后不生事端。尔初随索大人来时何不将此等情迹说明，今索大人已故，见安错又情愿将尔等人马献出，便思将就了事耶？我系成都将军，成德系总兵，带领兵众，动支钱粮，正贼并未弋获，尔等只图得物件，即行了事可乎？我等如何回奏大皇帝？尔既称达赖喇嘛爱惜众生，不忍杀害，意欲不行办理，则从前即不应带兵前来。此际必要拿获安错等贼首治罪者亦为尔等耳，尔何反出此言耶？尔如果保得三暗巴贼众嗣后断不敢为匪劫夺亦可。若再有事，我等不与闻云云，如此训示后，仍向言此际究竟作何办理之处即行作速奏闻。殄灭三暗巴贼众一事，索琳在时尚欲果决办理，索琳故后成德即欲将就了事。特成额虽奏称务将贼首拿获以示炯戒，究未果决，亦属姑容。三暗巴地方系通藏大道，特成额岂亦不知乎？贼众胆敢在大道抢夺人马，今劳师动饷，如此了局，成何事体！特成额著饬行。"

（高宗朝卷一一〇三·页一九下～二一上）

○乾隆四十五年（庚子）三月戊申（1780.5.3）

是月，成都将军特成额奏："查三暗巴境壤延袤南北五百余里，东西三百余里，群番散布，不下一千数百户。其间素行伙劫不过十之一二，余尚安分。第虑贼首见兵临势蹙，煽动余番，则办理费手。当乘此贼首仓皇、众番摇惑之顷，外慑以兵威，内离间以孤其势。臣饬令镇将等各往该贼番交界要口分头带兵驻扎，各派绿营兵弁与派出守口土兵参错列营，以便督察防维，并派觅素与贼境内熟识之头目、土兵，向三暗巴素未为匪余番谕以祸福，令其造册离异。随于十八日据班第达带领安错等所差头目壬青赍投夷禀，据称去年西藏喇嘛差人买茶回走错路，被三暗巴附近人抢劫，安错等实不知情，情愿照数偿还茶包，尽力将放夹坝之人拿送等语。查安错等如一闻臣抵江即亲来谢罪，自当分别查办，乃仅差人尝试，无论所禀真伪，不妨借以启其幸生之心，业经面谕壬青：如所禀属实，安错等尚知惧法，可即著安错等亲来候质。倘敢支延藏匿，即督兵剿捕等语。一面令其回巢，一面催调各土兵密办。"

得旨："想彼未必肯出，但当严办，毋事迟疑。"

（高宗朝卷一一〇三·页二八下～二九下）

○乾隆四十五年（庚子）四月戊午（1780.5.13）

谕军机大臣曰："特成额奏查拿三暗巴夹坝一案，讯据泽登格戎供称：在南墩地方，连茶包、人、马、驮牛都被江卡营官拿去，写信告求退还不听，因想抢江卡营官之物报仇，不料错抢了达赖喇嘛茶包、马匹等语。看来安错未必肯出，但当严办，毋事迟疑。此案特成额等办理太软，以致该贼番等迁延观望。据所叙供词内复有道路崎岖等语，亦未免有畏难之意。试思两金川径路何等险窄，我兵直捣巢穴，一举荡平，特成额彼时身在戎行，皆所目击，何以遂忘之耶？著特成额即督率将弁勒兵前进，务将此案夹坝正犯迅速全行拿获，审明于军前正法，俾各该处番众人等咸知警惕。毋再迟疑，致该番得以乘间砌筑碉楼为抗拒延喘之计，并令各处番众闻风畏惧，各思安分守法。将此由六百里发往，并谕令文绶知之。"

（高宗朝卷一一〇四·页一〇下～一一下）

○乾隆四十五年（庚子）四月庚午（1780.5.25）

成都将军特成额奏："三月二十六日据番人壬青禀称，安错、白马四郎、达罕绰吉三人已到交界地方，求汉官一员到彼，容令面诉，亲献赃贼。因即派员前往，密令设计诱擒。随据参将张芝元等带回赔偿赃物并正贼二名，又称安错等愿以亲属九人为质，永保三暗巴人不放夹坝。至达罕绰吉，系三暗巴众番于江卡春朋地方迎往崇奉，并未伙同为匪，当即谕令作速回巢，遍谕各番暨安错等早自投出，因恐绝安错等来投之路，故未将伊扣留待质。现于拜折后仍驰赴逼近贼巢之春朋、藏海一带，密率各路镇将齐临贼境，相机剿捕，无任延匿稽诛。"

得旨："所办似属得宜。今如何进兵完事速奏来。"

（高宗朝卷一一〇五·页一二下～一三上）

○乾隆四十五年（庚子）五月丙戌（1780.6.10）

成都将军特成额奏："督率各路镇将前驻春朋，瞰临贼寨。旋据游击袁国璜禀称，移营戎多后，有巴塘头人汪许带同三暗巴朗改番目乌金桑珠、宗巴番目安却珠多、白马吉等来称：番民皆种牧为生，从不偷放夹坝。因安错劫了达赖喇嘛茶包，闻将军大人带兵前来剿洗心生忧惧，后见达罕绰吉，知天朝只要剿除偷放夹坝及同安错为匪之人，便思同来投生等语。因即差书目等随同前往，查造户口。寻据德尔格忒头人泽旺劳丁、上三暗节齿头人汤旺及大喇嘛罕错等，各率番众禀恳投诚，查知素放夹坝系与江卡一带毗连之支巴、肯本、郭木三寨番人，此等既未伙同为匪，自未便一律剪除。至贼境险要以宗巴为最，次则索古垄。宗巴四围石壁峭立。

仅有一线羊肠盘曲而入。索古垄虽有三径可通，亦皆沟深箐密。若不先将两处险要趁此番众皆欲投诚之际设法安抚，并乘机派官兵直据其中，将来贼酋势窘恃为遁逃之薮，查办转需时日。因即飞饬总兵成德等遵照密办。一俟措置定局，即派副将鄂辉督兵捣其西北，成德、袁国璜带兵绕出西南，两面夹击，自可将安错等一举就擒。"

得旨："所办似得机要，勉为之。"

（高宗朝卷一一〇六·页一四下～一六上）

○乾隆四十五年（庚子）五月辛丑（1780.6.25）

成都将军特成额等奏："前经奏明派令总兵成德、游击袁国璜安抚众番，即将贼境要区占据。兹已据成德将上三暗巴之节齿番民一百六十户，袁国璜将宗巴、朗改两寨番民一百十四户，共男妇一千七百九十九名口，善加以抚驭，随派汉、土弁兵驻扎各寨。宗巴既为我兵据驻，料索古垄转盼来投，所有支巴、肯本、郭木三盗薮无难迅速搜拿，现定即日勒兵前赴达拉藏喜一带相机督办。"报闻。

（高宗朝卷一一〇七·页九下～一〇上）

○乾隆四十五年（庚子）六月庚申（1780.7.14）

又谕（军机大臣）："据文绶奏特成额现带官兵逼近贼巢，番民已皆投顺，无难即日藏事等语。所办甚妥。三暗巴素不安分，是以遣派官兵严办。如平定后，仍可照常办理，但达赖喇嘛及驻藏大臣皆与彼处隔远，势难管束。著传谕特成额、文绶等于此事办竣后，急派绿营官兵驻三暗巴就近要隘，将彼处番民严加约束。至伊等每岁应交达赖喇嘛备赏之项，即交在彼驻扎官员收存转送，再令德尔格忒土司派一能事头目协助弹压。如此办理，该番民等既可永享太平之福，而达赖喇嘛亦易得备赏之项。班第达现在军营，著特成额即当面晓谕，俟伊回京时，驻藏大臣、额尔德尼诺扪汗再谕知噶布伦等转告达赖喇嘛知之。"

（高宗朝卷一一〇八·页一二下～一三下）

○乾隆四十五年（庚子）六月癸亥（1780.7.17）

谕军机大臣等："据特成额等奏攻毁三暗巴贼巢全获安错等首伙办理情形一折，已于折内批示。此案始经发觉时，特成额等即办理过缓弱，现在虽已全获首伙各犯，并将安错正法枭传悬示，而白马四郎、达罕绰吉二人均系同谋合伙之犯，即不概予骈诛，岂可复令归巢，办理殊为错谬。著特成额等即传谕该犯：尔等本属罪应正法，今蒙大皇帝宥尔不死，实为格外殊恩。现在尚有传谕之旨，即当赴省听候。俟其到成都时，将该二犯严行监禁，毋稍疏懈，致令脱逃。至三暗巴地方既有此次抢劫之事，今经官兵剿捕完结，自应派驻绿营官兵，如现在金川等处安设流官之例，稽查弹压，益令德尔格忒土司酌派大头人协同管束。其三暗巴番人，止可听其仍留小头人零星分管地方，毋许复有大头人在彼管理事务，方为妥善。前次所降清字谕旨甚明，特成额等接到即遵照查办。若如伊等所办何以完此案乎？又，此次办理迅速竣事，自因前此金川用兵未久，德威所播，该番等俱怀畏慑，而将弁官兵亦皆系曾经出兵打仗之人，是以各知奋勉，易于集事。其副将鄂辉、参将张芝元、游击纳奇善尤为出力，甚属可嘉。著特成额等酌量奖赏，并随便送部引见。将此由六百里加紧发往，并谕文绶知之。"

（高宗朝卷一一〇九·页一上～二下）

○乾隆四十五年（庚子）六月庚午（1780.7.24）

谕曰："特成额等奏：参将张芝元素通番语，谙练番情，此次攻捕三暗巴贼番安错等首伙实心出力，不避险难等语。张芝元著加恩赏给副将职衔，遇有相当缺出，酌量补用，以示奖励。又据称：巴塘、德尔格忒土司派带土兵之大头目朗金多尔结、俄木三珠二人，遵奉调度，深入贼境，招徕番众，甚为出力等语。朗金多尔结、俄木三珠俱著加恩赏给土守备职衔，并著赏戴花翎。"

又谕（军机大臣等）："据特成额等奏筹办三暗巴、江卡善后事宜一折，已批交军机大臣速行议复矣。其折内所称：将三暗巴附近寨落拨令该土司及营官等分为管束，至支巴、肯本、郭木三处即准该番众所延之白马汪结及达罕绰吉、白马四郎在彼经理等语，所办非是。三暗巴贼番既经官兵捕剿完结，自应如金川等处安设流官之例，移驻绿营官兵稽查弹压，并令德尔格忒土司酌派大头人协同管束。如三暗巴番人，止许留小头人零星分管地方，毋得仍留大头人在彼，复致滋事，方为一劳永逸之计。节次所降谕旨甚明，特成额等接到后即应遵照办理。若如特成额等所议仍令各土司分管，则江卡一带经官兵剿定，而土地仍属之三暗巴之大土司喇嘛，殊为非理。至欲令安设喇嘛经管，无论其人未必妥协，即或现在派来之喇嘛尚属可用，而该喇嘛或有事故，又安能必其更换者均能妥协耶？所请断不可行。又据称：每岁有恩赏巴遮喇嘛银二百四十两，应给达罕绰吉、白马汪结两喇嘛查收，如遇夹坝，责令缉拿等语。更属不成事体。从前江卡一带原系该土司地方，是以设有此项银两。今该处已经官兵剿定，归入版图，设营分驻，即遇有夹坝贼番，官兵自应缉拿严办，并无须该喇嘛等出力之处，何用复有赏需，此项银两应行裁去，非惜些须银两，国家断无买人捕盗之理。至白马四郎、达罕绰吉二人系同谋济恶之犯，岂可转令回巢，听该番众迎奉，并将赏需转给收领。前已降旨，令将该二犯传唤到省，严行监禁，著特成额即遵旨速行妥办，毋致该二犯闻信藏匿，复滋事端。又，特成额另折奏请陛见一节，其意以三暗巴之事业经办竣，是以回至成都，奏请入觐。但该处善后一切正须筹酌妥办，岂可遽离该省？著特成额自行酌量，如有必须亲赴该处相机筹办之事，即亲往办理方为妥协，所请陛见之处不必行。将此由六百里加紧传谕知之。"

军机大臣等议复成都将军特成额等奏筹办江卡地方善后事宜：

"一、江卡地方业经剿定，自应酌派弁兵分防驻守。从前察木多因控制西藏，设立游击一员，千、把、外委六员，驻兵三百三十一名。今西藏敉宁已久，无庸安设多兵，应抽出兵一百名，把总、外委各一员，拨归江卡守备管理，驻防弹压。

一、江卡既添兵防驻，自宜相地筑碉，以资栖止。

一、千总胡世杰熟练番情，派令经理番地事宜，移驻江卡。营官东纳错截茶包，致滋事端，应撤带回藏。其江卡营官令郎卡多尔结充补。

一、炉厅米石起运在途，自应分别远近酌运收贮。其江卡支剩米面无多，即令该驻防守备收存，以供支领。

均应如所请办理。至每岁赏银，遵谕裁汰。又，三暗巴一带已设守备各员分驻，并令德尔格忒土司酌派大头人协同管束。其三暗巴番人，止许留小头人零星分管，该将军所请分派土司及令喇嘛经管之处，均无庸议。"从之。

（高宗朝卷一一〇九·页一〇上～一四下）

○乾隆四十五年（庚子）七月戊寅（1780.8.1）

又谕（军机大臣）曰："文绶奏拿获瞻对所属擦马所焚杀麻塘寺喇嘛各凶犯一折，办理仍属姑息。据称凶犯阿雍、达尔结二名，已据该土司将首级献出等语。阿雍、达尔结二犯系此案为首凶番，情罪最为重大，必须拿获到案，明正典刑，枭示各番，方足以肃刑章而惩凶暴。乃仅据该土司等献出首级二颗，并无人认识真伪，亦无人目睹杀死，且该土司因何将此二犯自行杀戮，又既肯将首级献出，何不即生擒献送，种种疑窦全未根究的确，遽以为实，岂不思从前庆复办理瞻对劫杀之案，先据奏称班滚业经烧毙，既班滚复出，庆复因此获罪正法，文绶宁不知之？该番等情性狡诈，最难轻信。设使阿雍等二犯尚在，文绶其能当此重戾乎？再，噶马林津一犯，既据审明系焚烧寺屋、捆缚喇嘛正犯，自应一面与特成额会衔具奏，一面即行正法枭示，又何必俟特成额回省复讯再行办理，以致凶番久稽显戮。至四郎达结、阿撒二犯，虽讯系被诱随行，并未入寺，但既经随往，即系助恶之犯，岂可轻纵。该二犯著即发遣云南烟瘴地方，以示惩儆。川省地界各番，全在该督等驾驭得宜，俾各番众畏威慑服，边徼始得永远乂宁。从前两金川之事即由阿尔泰因循姑息，办理软弱，酿成事端，致用兵数年始行剿定。今文绶办理此等案件，又复似此姑息，不当以阿尔泰为前车之鉴耶？文绶著传旨严行申饬。"

（高宗朝卷一一一〇·页五上～六下）

○乾隆四十五年（庚子）九月甲申（1780.10.6）

又谕（军机大臣）："前于六月内谕令特成额、文绶将三暗巴地方所有每年应缴达赖喇嘛商上银两，即令该处现设绿营官员查照往例收明，解交达赖喇嘛，较为省便。并著该将军等查明复奏。至今已及三月，何以特成额、文绶屡次奏办折内于此一条总未奏及？如果特成额等有办理不便之处，自应将确切情形据实陈奏；若接奉前旨遵照办理，亦应将如何交办缘由详晰复奏。乃全不提及，竟欲朦混了事，是何意见？著传谕特成额、文绥，令其即速查明，由驿奏闻。"

（高宗朝卷一一一四·页一四上～下）

○ **乾隆四十五年（庚子）九月癸巳（1780.10.15）**

谕军机大臣等："前谕令特成额等将三暗巴地方每年应交达赖喇嘛商上银两，令设立之绿营官员查照往例收明，解交达赖喇嘛，以省遣人来取，酌议复奏。特成额、文绥总未见奏到，又经传旨询问，至今亦尚未据复奏。今据恒瑞、保泰等奏：业经将此项银两代为收解之处告知达赖喇嘛，达赖喇嘛已经叩谢天恩等语。此事亦无庸查办，著传谕特成额等即遵照前旨，将每年应行解交之项如数收清，即于该处官员解银赴藏之便带往，交与驻藏大臣转行交收可也。"

（高宗朝卷一一一五·页八上～下）

六世班禅祝嘏入觐，圆寂于京师

○乾隆四十三年（戊戌）十二月壬戌（1779.1.23）

又谕（军机大臣等）："据章嘉呼图克图奏称，班禅额尔德尼情愿来京入觐等语。即照所请，著传谕留保住协同堪布诺们汗阿旺簇勒提木，赍旨前往后藏扎什伦布，允其前来。至四十五年班禅额尔德尼起程时，即令留保住照料随行。沿途一切事宜，仍会同阿旺簇勒提木妥协办理。"

（高宗朝卷一○七二·页二四上）

○乾隆四十三年（戊戌）十二月乙丑（1779.1.26）

谕军机大臣曰："……昨据章嘉呼图克图奏称，班禅额尔德尼因庚子年为大皇帝七十万寿欲来称祝。朕本欲见班禅额尔德尼，因道路遥远，或身子尚生，不便令其远涉。今既出于本愿，实属吉祥之事，已允所请。是年朕万寿月，即驻热河，外藩毕集。班禅额尔德尼若于彼时到热河，最为便益。已谕令于热河度地建庙，备其居住。至沿途应办事宜尚多，均系理藩院承办，虽为日尚宽，而早为部署，更觉从容妥当。福隆安因此事更宜早来。著将前日所发清字谕旨抄寄阅看。此旨著由六百里加紧发往，仍令将续讯紧要情节迅速复奏。"

（高宗朝卷一○七二·页二八上～下）

○乾隆四十四年（己亥）正月甲辰（1779.3.6）

谕军机大臣等："据巴图等奏：杜尔伯特汗玛克苏尔扎布，今岁年已十二，理合遵旨令其入觐，请于本年木兰秋狝时，同本部落杜尔伯特人等遣往等语。玛克苏尔扎布年已十二，自应遵朕前旨令其入觐。但明年七月班禅额尔德尼至避暑山庄瞻仰朕颜，是玛克苏尔扎布与其今岁入觐，莫若明岁前来，既可以瞻仰朕颜，又可谒班禅额尔德尼，甚属妥协。著传谕巴图等传旨令其遵行。"

（高宗朝卷一〇七五·页五下～六上）

○乾隆四十四年（己亥）正月丁未（1779.3.9）

谕军机大臣等："明年七月间，班禅额尔德尼来避暑山庄谒觐。届期朕欲遣皇六子迎接，例应有一领侍卫内大臣随往，尤须得一老成练达者方妥。永贵熟悉外藩事务，且伊原系总谙达，朕欲即令伊为领侍卫内大臣总谙达，随皇六子前往。著传谕申保，即于二月内驰驿赴乌什，到彼后传旨，令永贵速行交代起程来京。"

（高宗朝卷一〇七五·页一三上～下）

○乾隆四十四年（己亥）二月戊辰（1779.3.30）

谕军机大臣等："据向导处大臣奏称：明岁六阿哥前往岱汉地方迎接班禅额尔德尼，由京起程，出杀虎口，到岱汉地方，自岱汉经由察哈尔、多伦诺尔、克什克腾、翁牛特、喀喇沁，过赛因达巴罕，由中关至热河。所有住宿之处及行程里数，请交直隶总督、山西巡抚、察哈尔都统，经过各扎萨克，或七十里，或八十里，编定行程住宿复知等语。著照所请，传知各该处，遵照办理。但阿哥奉差出京乃常有之事，其经行地方从不修治桥道，此次当仍照常办理。至阿哥每日住宿之处，亦与朕驻跸大营不同，止须酌量可容城分，约宽长六丈地面，略为扫除，无庸过于宽大，及糜费预备。将此谕令知之。"

（高宗朝卷一〇七六·页二九下～三〇下）

○乾隆四十四年（己亥）二月戊寅（1779.4.9）

谕军机大臣等："前因章嘉呼图克图奏称，班禅额尔德尼欲于庚子年前来为朕称祝万寿，已允所请。并将一切事宜谕知留保住，令其亲赴后藏见班禅额尔德尼，面为商定，即行复奏。此旨于上年十二月初六日由六百里发往，距今已两月有余尚未复奏，殊不可解。因思初次所发谕旨印封外，有章嘉呼图克图寄班禅额尔德尼字包并木匣一件，内贮珍珠手串，系朕赐班禅额尔德尼者，附报发往，恐途中被人窥见窃取，并印封窃去，亦未可定。然此必非内地驿站遗失，自系番子地面贼番所为。著传谕文绶，速即查明十二月初六日谕旨印封于何日发交番子地方递送，按日逐站挨查。如系被窃遗失，即一面严缉贼犯，追究印封珠匣下落，一面由驿速奏；若沿途并无失误，即将何月日递交留保住之处迅速具奏。又，第二次谕留保住印封一件于正月十三日发往，以程站计之，留保住久应接奉，乃亦未见奏到。并著文绶查明，第二次谕旨印封于何日递交留保住，一并复奏。此旨著由六百里加紧发往，谕令文绶知之。附发留保住谕旨印封一件，并著文绶即速交站，由六百里加紧递交留保住。仍著文绶将查办情节迅速由驿加紧复奏。"

寻奏："现发留保住谕旨印封遵交站，由六百里驰递西藏。上年十二月初六自京发递印文珠匣，于十六日由成都接递，计程二十内即应发交番子地方，本年正月底可到藏，驻藏大臣尚未复奏，不应如此迟延。至本年正月十三第二次自京发递廷寄，于二十五日由成都接递，计程二月初十前后亦可到藏。已飞饬一路台站员弁严查两次公文包匣有无遗失迟延，分别办理。"

得旨："此后驰驿之事正多，一切留心查催可也。"

（高宗朝卷一〇七七·页三〇下~三二上）

○乾隆四十四年（己亥）三月乙巳（1779.5.6）

谕军机大臣等："前因章嘉呼图克图奏称，班禅额尔德尼欲于庚子年前来为朕称祝万寿，已允所请。并将一切事宜谕知留保住，令其亲赴后藏见班禅额尔德尼，面为商定。兹据留保住奏称：班禅额尔德尼拟于本年六月十七日自西藏起程，留驻塔尔寺，于明年由青海西宁一带行走，前至热河等语。其经由陕、甘、山西等省，俱有应行预备事宜，应令该督、抚来京面谕妥办。勒尔谨昨已准其陛见，著传谕巴延三接奉谕旨即起程来京陛见，所有山西巡抚印务即交谭尚忠暂行护理。将此由四百里谕令知之。"

（高宗朝卷一〇七九·页一四下~一五下）

○乾隆四十四年（己亥）三月甲寅（1779.5.15）

又谕（军机大臣等）："前据勒尔谨奏请陛见，已准令来京，并著将总督印务交毕沅暂署。批发奏折至今已二十余日，尚未据该督奏报起程日期，或因伊赍折家人回程未能迅速。昨留保住奏班禅额尔德尼于本年六月内即自西藏起程，至塔尔寺留住过冬。于明年由青海西宁一带行走。陕、甘两省有应行预备事宜，即须该督来京面谕妥办。著传谕勒尔谨，接奉此旨即速兼程来京。将此由五百里谕令知之。"

（高宗朝卷一○七九·页二○下～二一上）

○乾隆四十四年（己亥）五月壬子（1779.7.12）

（署陕甘总督陕西巡抚毕沅）又奏："查班禅额尔德尼从青海交界之日月山进口至塔尔寺，计程一百五十里，分作四站，该处俱有公廨、民房，只须量加修整。明春从塔尔寺至营盘水出口入贺兰山界，计程七百五十里，分作十九站，平番以南，多有公馆可住，平番以北，俱系草地，只可支搭蒙古包帐房，按站住宿。但此系明岁经行之地，尚可从容酌办。至今年到塔尔寺居住过冬，一切支应款待及备办需用物件等项头绪繁多，均需早为停当。现议章程，俟督臣勒尔谨回甘时查明妥办。"

得旨："彼尚不能回任，即回任亦未能似汝详悉料理，但不须过当太费耳。"

（高宗朝卷一○八三·页二二下～二三下）

○乾隆四十四年（己亥）六月癸丑（1779.7.13）

驻扎西宁办事副都统法福礼奏："据驻藏大臣咨称，班禅额尔德尼于本年六月十七日起程，明年二月可至热河，须先派番兵五十名、马一百匹、牛三百头赴木鲁乌苏预备随行等语。查木鲁乌苏至青海边界约二十余日路程，若止派番兵护送，恐不谙性情，未免疏懈，因与青海扎萨克商派贝子沙克都尔扎布带兵往迎，并派员外郎灵伦往来稽查。计至木鲁乌苏过河时，臣等即亲至其地，预备驼骡、舆轿等项以资接济。"

得旨："好。尔见班禅额尔德尼如何议定，速行奏闻。"

（高宗朝卷一○八四·页二上～下）

○乾隆四十四年（己亥）六月丁巳（1779.7.17）

又谕（军机大臣等）："据法福礼奏：班禅额尔德尼由塔尔寺至三眼井，沿途虽预备蒙古包帐房，而经过城市村庄，既有房屋亦应量加修整，如班禅额尔德尼愿住蒙古包即住蒙古包，愿住房屋即住房屋等语。昨勒尔谨来京陛见，据称塔尔寺至三眼井并无房屋，必须搭盖蒙古包，因降旨与其内地纷纷备办，莫若即将青海所备蒙古包直送至三眼井，再将阿拉善蒙古包更换。今阅法福礼所奏，是此一带虽不似塔尔寺、岱汉庙宇宏敞，亦俱有旅店。塔尔寺为班禅额尔德尼住居数月之地，必需大庙，岱汉系达赖喇嘛旧居之庙，并非特建，今班禅额尔德尼自西宁至三眼井所经道路不过住宿一夜，将现有之房屋略为修理即可居住，又何必塔盖蒙古包。勒尔谨身任总督，于此一事全无主见是何道理，勒尔谨著传旨严行申饬。此事若伊二人彼此推诿，断不能妥协经理。现已传谕法福礼由驿前来，著传谕勒尔谨接奉此旨即由驿前来热河，令伊等面议，由军机大臣核明，候朕指示，俟议定后再行办理亦不至迟误。"

（高宗朝卷一〇八四·页六下～七下）

○乾隆四十四年（己亥）六月壬申（1779.8.1）

谕军机大臣等："据毕沅奏备办班禅额尔德尼从青海进口经过各站住宿供顿等项一折，所办俱是，甚属可嘉，已于折内详悉批示矣。如所称平番以南多有公馆、民房可住；平番以北俱系草地，只可支搭蒙古包帐房，按站住宿等语，甚为明晰，颇得此事条理。其内地有房屋者，止须扫除洁净，并无庸另为葺治。至草地不能预备房屋，班禅额尔德尼原有带来之蒙古包帐房可以酌量妥为料理，并不必另费经营。昨勒尔谨在京时奏称，欲自塔尔寺至三眼井各站均须搭盖蒙古包之处，未能将内地、草地分晰筹办，不免过涉张皇，又与法福礼不无稍存推诿之意，总未得此事要领。业已传谕勒尔谨及法福礼俱即驰赴热河行在，再行悉心面议，候朕酌夺，并遣奎林前往查勘。今毕沅所奏，办理俱合事宜，勒尔谨未必能似此详悉料理。勒尔谨回任尚需时日，即可照毕沅所奏速为妥办，但不得过于繁费。现在奎林前往细勘其沿途公馆、民房情形，毕沅并可询之奎林妥为筹酌也。至所奏修治道路、桥梁等事，如山岭峻仄处自应量为平治，其经过桥座，实在跨临河涧者，亦应缮葺完整，若干桥平路，俱可置之不办，断不值为之垫道也。总之，此事固不可草率迟缓，致临时贻误要差，亦不宜张大浮靡，一切过于劳费，毕沅自能斟酌适中耳。将此由五百里传谕知之。"

（高宗朝卷一〇八五·页八下～一〇上）

○乾隆四十四年（己亥）六月戊寅（1779.8.7）

又谕："明岁班禅额尔德尼入觐，在岱汉庙住宿数日。著派德保驰驿前往张家口，会同常青查看岱汉庙宇。如有应行修理之处，伊二人公同酌定具奏。"

（高宗朝卷一〇八五·页二三～二四上）

○乾隆四十四年（己亥）七月丁亥（1779.8.16）

军机大臣等议复："陕甘总督勒尔谨奏称：明岁班禅额尔德尼来京觐祝，所过地方，平番以南民房、公馆可居，量加修理，平番以北俱系草地，须塔盖帐房，就甘省现有蒙古包两分轮替已足。其随从喇嘛等所需帐房，于附近各营调用。马驼等项按营派拨，预赴西宁待用。一应供支照驻藏大臣咨复办理。应如所奏，不可草率迟误，亦不得张大浮费。"从之。

（高宗朝卷一〇八六·页四下～五上）

○乾隆四十四年（己亥）七月甲辰（1779.9.2）

又谕（军机大臣等）："据伊勒图奏明年班禅额尔德尼来时，土尔扈特汗策凌纳木扎勒等情愿自备资斧前来朝贺等语，著传谕车布登扎布、明山等，如杜尔伯特、乌梁海等亦愿抒诚朝贺，著照土尔扈特自贝勒以上前来，且其游牧距热河甚近，俱著自备资斧，不必官为办理。"

（高宗朝卷一〇八七·页一五～一六上）

○乾隆四十四年（己亥）七月戊申（1779.9.6）

又谕："明岁班禅额尔德尼入觐，据哲哩木盟长齐默特多尔济等奏称：情愿帮马二千匹、驼二百只。再喀尔喀四部落亦情愿帮助马驼等语。盖因班禅额尔德尼不由伊等境内行走，各愿出其马驼，稍申敬意，俱属可行。即欲叩见班禅额尔德尼，亦足见伊等敬奉之意。著交该院，通行班禅额尔德尼自西藏前来经由之邻近盟长以及内外扎萨克等，于班禅额尔德尼来时，有各申敬意情愿帮助马驼者，均听其便。"

（高宗朝卷一〇八七·页二〇下～二一上）

○乾隆四十四年（己亥）七月辛亥（1779.9.9）

（署陕甘总督陕西巡抚毕沅）又奏："前奉谕备办班禅额尔德尼一切供顿事宜，令臣询之奎林，斟酌筹办。伏思此事，固不宜张大浮费，现饬司道择其必不可缓者预备。但班禅额尔德尼以外藩初次入觐，凡款待供帐，俱须整齐新洁，妥协适中。至沿途桥道，亦饬员略为修治，以利遄行。"

得旨："一切俱妥可嘉。"

（高宗朝卷一〇八七·页二九上～下）

○乾隆四十四年（己亥）八月己巳（1779.9.27）

谕："……明年南巡回銮后，俟北郊礼成，即启程幸避暑山庄驻跸。八月庆辰，一切仍照常年例行。若在京受贺，惟恐转多怅触，遂至山庄以避之。至于西藏班禅额尔德尼预请觐祝，实属吉祥盛事，是以允其前来，即令于山庄瞻谒，俾从其便。朕并非因其称祝，先期往就之也。恐内外臣工尚未能深喻朕意，仍有以庆典为请者，非惟不能博朕之悦，适以增朕之怀，又岂臣子爱敬之道乎？俟朕八旬大庆，则当听从诸臣称祝，此次必不允行。又前届朕六旬万寿时，古北口、热河两处曾有点缀段落、灯彩之类，本属朕所不取，明年尤当严禁。将此再行通谕知之。"

（高宗朝卷一〇八九·页三下～五上）

○乾隆四十四年（己亥）十月壬戌（1779.11.19）

伊犁将军伊勒图等奏："据理藩院咨称，明年班禅额尔德尼来朝，哲哩木盟长齐默特多尔济等并喀尔喀四部落愿捐马驼资助行走，已蒙俞允，并行知内外扎萨克等，愿捐者听，咨臣通谕所属。查伊犁所属土尔扈特、和硕特等，生计较前稍裕，而牲畜甚少，即捐助亦无大裨，且游牧处远，资送亦不能达，似不必通谕。"

得旨："嘉奖。"

（高宗朝卷一〇九二·页一三上～下）

○乾隆四十四年（己亥）十一月癸卯（1779.12.30）

又谕："明岁尚书永贵随皇六子往迎班禅额尔德尼，即著伊署领侍卫内大臣随往，且又系阿哥等总谙达，著赏穿黄马褂。"

（高宗朝卷一〇九五·页七上）

○乾隆四十四年（己亥）十一月丙午（1780.1.2）

又谕："据伍弥泰奏，明岁照料班禅额尔德尼来避暑山庄，请赏钦差大臣关防，以备沿途奏事行文钤用，庶不致迟误，亦免遗漏等语。伍弥泰等照料班禅额尔德尼住宿以及来京应办事件甚多，必有印信，一切奏咨事件方不至迟误。著照所奏，赏给钦差大臣关防一颗，发往钤用。"

（高宗朝卷一〇九五·页一三上～下）

○乾隆四十五年（庚子）二月癸酉（1780.3.29）

敕谕班禅额尔德尼："昨据伍弥泰奏称，尔喇嘛因朕南巡，率领诸僧唪经虔祝，并呈进佛尊、哈达等语，览奏欣悦。朕自京启銮沿途清吉，渡河渡江天气晴和，风恬浪静，皆尔喇嘛为朕亲诵经咒，虔作道场，精诚所致，有此吉祥也。今抵江省，特发去大哈达一个、绣僧冠一顶、朕行营佩带大荷包一对、小荷包二对、西洋鼻烟盒二个，以达朕意。喇嘛接奉时即同见朕，欢喜用之。朕欲速见喇嘛，谒胜伫切。特谕。"

（高宗朝卷一一〇一·页一一下～一二上）

○乾隆四十五年（庚子）四月甲戌（1780.5.29）

谕军机大臣等："前雅德甫到山西巡抚之任，即具折奏请迎驾，是以批饬，何必为此虚词。缘雅德前次陛辞，业经面奉训谕，到任不久，又山西尚隔直隶一省，毋庸越境远迎，批示显然。乃雅德今日奏到，竟于四月十八日将巡抚关防及盐政印信交藩司谭尚忠护理，并令前往岱汊，照看筵宴班禅额尔德尼一切事宜等语。更属非是，已于折内批示。雅德此来，实属错会朕旨，况伊既将巡抚、盐政篆务交谭尚忠接护，何以又令前往岱汊？与其令谭尚忠前往，何如伊即亲身往办耶？雅德现已降旨调为陕西巡抚，似此错谬，朕深虑伊不能胜任也。雅德著传旨严行申饬，并传谕该抚于何处接奉此旨即行速回山西，办理岱汉筵宴之事。仍遵前旨俟喀宁阿到晋，再赴陕西新任。"

（高宗朝卷一一〇五·页一八下～一九下）

○乾隆四十五年（庚子）五月壬午（1780.6.6）

哈萨克汗阿布赉子色德克素勒坦等八人及班禅额尔德尼来使堪布伊什巴尔珠布迎驾瞻觐，各赐冠服有差。

（高宗朝卷一一〇六·页九下）

○乾隆四十五年（庚子）五月癸未（1780.6.7）

赐扈从王公大臣并哈萨克汗阿布赉子色德克素勒坦等八人及班禅额尔德尼来使堪布伊什巴尔珠布等食。

（高宗朝卷一一〇六·页九下～一〇上）

○乾隆四十五年（庚子）五月庚寅（1780.6.14）

谕："今年系朕七旬万寿，班禅额尔德尼前来热河朝觐筵宴，于过朕万寿节后再行进哨，未免太迟。即晓谕各该处，将今岁进哨停止。"

（高宗朝卷一一〇六·页二八下）

○乾隆四十五年（庚子）六月甲寅（1780.7.8）

谕军机大臣曰："班禅额尔德尼入觐，所有经过各省预备供顿，一切经费自应据实开销。著传谕各该督、抚，于耗羡盈余及各闲款内酌量先行动拨，毋庸开支正项钱粮。即事竣后，亦只须造册奏交理藩院、内务府会同核销，拨给广储司银两归款，均毋庸具题报部。将此传谕直隶、山西、陕西、甘肃各督、抚知之。"

（高宗朝卷一一〇八·页四下～五上）

○乾隆四十五年（庚子）七月丁酉（1780.8.20）

班禅额尔德尼自后藏入觐。上御依清旷殿召见，赐坐，慰问，赐茶。

（高宗朝卷一一一一·页四上）

○乾隆四十五年（庚子）七月辛丑（1780.8.24）

　　杜尔伯特汗玛克苏尔扎布等四人、土尔扈特郡王色楞等二人入觐，上御卷阿胜境召见。并同班禅额尔德尼及扈从王公大臣、蒙古王公、贝勒、额驸、台吉杜尔伯特亲王车凌乌巴什、土尔扈特贝子沙喇扣肯及回部阿奇木伯克贝子色提巴尔第等十一人、喀什噶尔四品噶匝纳齐伯克爱达尔之子乌鲁克等三人、金川木坪宣慰司嘉勒灿囊康等四十四人赐食。

（高宗朝卷一一一一·页一〇下～一一上）

○乾隆四十五年（庚子）八月戊午（1780.9.10）

　　上御卷阿胜境，赐班禅额尔德尼及扈从王公大臣、蒙古王公、贝勒、额驸、台吉杜尔伯特汗玛克苏尔扎布等五人、土尔扈特汗策凌纳木扎勒等九人、乌梁海散秩大臣伊素特等三人、回部郡王霍集斯等及阿奇木伯克贝子色提巴尔第等十一人、喀什噶尔四品噶匝纳齐伯克爱达尔之子乌鲁克等三人、金川木坪宣慰土司嘉勒灿囊康等四十四人宴。

（高宗朝卷一一一二·页一七下～一八上）

○乾隆四十五年（庚子）十月戊申（1780.10.30）

　　上御保和殿，赐班禅额尔德尼等宴，赏赉有差。

（高宗朝卷一一一六·页四上）

○乾隆四十五年（庚子）十一月庚辰（1780.12.1）

　　又谕："今派博清额于明年护送班禅额尔德尼金塔前往穆鲁乌苏地方。伍弥泰即将钦差大臣关防移交博清额，至穆鲁乌苏时将关防移交福禄至藏，俟恒瑞来京之便带回。伍弥泰带来兵十名一并赏给驰驿。"

（高宗朝卷一一一八·页七上）

○乾隆四十五年（庚子）十一月癸未（1780.12.4）

　　谕曰："博清额于明年护送班禅额尔德尼金塔至扎什伦布地方，事竣，即往前藏更换恒瑞来京。保泰系新到之人，博清额办事历练，所有印务交博清额掌管，凡事俱统率办理。"

又谕曰："博清额现在派往驻藏，所有都察院左都御史事务，著绰克托兼署。"

（高宗朝卷一一一八·页一〇上～下）

○ 乾隆四十六年（辛丑）正月癸未（1781.2.2）

敕谕达赖喇嘛等曰："朕统御万方，抚临亿兆，惟期寰宇众生共享太平，宏敷教化。尔喇嘛仰体朕意，阐扬经典，深堪嘉尚。朕蒙上天庇佑，身体安和。尔讲肄精勤，体候想亦安善也。班禅额尔德尼前以庆祝七旬万寿起程来京，节次遣散秩大臣、副都统等携带御用朝珠、鞍马等物沿途宴劳，并命皇六子同章嘉呼图克图等迎往赏赉。于七月二十一日至热河朝见万寿节，班禅额尔德尼率领众呼图克图等诵经祝厘。于九月初二日来京，叠加赏赉。每遇朝见，意甚欣悦，并无欲归之语。十月二十九日闻其身体发热，即遣医诊视。知花痘见苗，朕复亲临看视。忽于十一月初二日圆寂，虽本性如如、去来一致，而笃诚远来，未能平安回藏，朕心实为悼惜。尚卓特巴忠克巴呼图克图系班禅额尔德尼之兄，而大绥绷乃其高弟，著加恩赏给忠克巴呼图克图额尔德木图诺们汗之号，赏给大绥绷扎萨克喇嘛职衔默尔根堪布之号。俟百日唪经事竣，于二月十三日护送班禅额尔德尼灵榇起程，并遣理藩院尚书博清额、乾清门侍卫伊噜勒图等送至扎什伦布。扎什伦布所属人众皆赖尔喇嘛照管，务须仰体朕怀，加意约束，善为教养，此即为吉祥善事矣。"

（高宗朝卷一一二二·页九上～一〇下）

○ 乾隆四十六年（辛丑）五月丁酉（1781.6.16）

谕："著署理侍郎副都统留保住照料班禅额尔德尼金塔，送往穆鲁乌苏，回至西宁驻扎办事，换诺穆浑来京。"

（高宗朝卷一一三一·页一九下）

○ 乾隆四十七年（壬寅）十二月甲子（1783.1.4）

又谕："……今思前因班禅额尔德尼来京庆祝，于热河建造扎什伦布庙，有需用金两及金如意等件以备颁赏。其时各督、抚即有呈进备赏金器者，以作加赏班禅之用，因量为赏收。此系朕失检点处。或督、抚等即借此名色向属员勒索，亦未可定。现在此事已过，不可不严行饬禁。嗣后各省督、抚除年例呈进土贡物件外，概不许呈进金器。……"

（高宗朝卷一一七〇·页五下～六下）

册封八世达赖，赐金册金印、玉册玉宝

○乾隆四十五年（庚子）八月甲戌（1780.9.26）

敕谕班禅额尔德尼曰："尔以朕七旬万寿来京祝嘏，朕询及达赖喇嘛呼毕勒罕学业，尔奏称呼毕勒罕年现长成，深明经典。朕闻不胜欣喜，特派大臣、呼图克图赍持金册往封。兹以尔教训呼毕勒罕学习经典，奉持清戒，广扬释教，使番民蒙福，朕甚嘉焉。故特颁赏币物，尔其祗受。嗣后宜仰体朕心，扶持达赖喇嘛，大兴黄教，为天朝亿万年延洪称庆。特谕。"

（高宗朝卷一一一三·页一七上～下）

○乾隆四十五年（庚子）十月乙卯（1780.11.6）

谕达赖喇嘛呼毕勒罕曰："班禅额尔德尼因朕七旬万寿祝嘏来京，经朕问及，据奏尔年渐长成，深明经典，可兴黄教。闻奏不胜欣喜。朕俯临亿兆，中外视为一体，尔能奉持法律，普度群生，宜加优奖。尔前世荷蒙圣祖仁皇帝厚恩赏给金印敕封，令尔勤习经典，亦宜锡以金印敕封，俾大兴黄教，祝国裕民，以绵我大清亿万年无疆之景运。其都伯特事宜，仍照前世率领属下妥协办理。尔宜仰体朕心，始终勿怠。所有金册、银缎等物，俱交副都统乌尔图纳逊等前往赏赉。"

（高宗朝卷一一一六·一七上～下）

○乾隆四十八年（癸卯）八月庚午（1783.9.7）

赐达赖喇嘛玉册玉宝。敕曰："国家海宇清晏，民物粉宁，抚育中外，振兴黄教。自宗喀巴崇阐宗风，宣扬梵律，尔达赖喇嘛乃宗喀巴之法嗣、根敦噜布八转世身也。凤慧圆成，性身常住，十方供养，华夏皈依。先是顺治年间，五转世达赖喇嘛来京瞻觐，恩礼崇隆。自兹四世咸倾心依向，

广布教乘，宠渥有加焉。尔达赖喇嘛教演禅宗，诚殷唪祝，普天福寿，永世吉祥，诚国家道洽重熙，休和之盛事也。以尔性体纯全，法源广布，朕甚嘉焉。兹特加殊礼，锡之玉册玉宝。尔其祇领，供奉于普陀宗乘之庙，永镇法门，逢国庆典用之章奏。其余奏书文移仍用原印。尔膺兹宠锡，其益励清修，宏宣宗乘，副朕阐扬梵教、福佑群生至意，以广布尔前世达赖喇嘛之善缘，寿世福民，用光我国家亿万年之休命。钦哉。"

（高宗朝卷一一八六·页九下～一〇下）

调遣金川屯练番兵讨剿甘肃回民滋事，进剿台湾林爽文起事

○乾隆四十六年（辛丑）闰五月癸卯（1781.6.22）

钦差大臣公阿桂奏："据四川总督文绶咨称，派令维州协副将李天佑带领屯练兵于五月初七、八日起程，计算头二起兵可于二十三日以前皆到，乃竟毫无音信。经节次严催，头起屯练于二十九日酉刻始抵兰州，李天佑所带二起之兵尚无确信，玩延至此，请将该副将革职，发往伊犁效力赎罪。"

得旨："彼因有罪，革职令其军前效力赎罪，若再不奋勉，即于军前正法可也。"

（高宗朝卷一一三二·页六上～下）

○乾隆四十六年（辛丑）闰五月甲寅（1781.7.3）

又谕："此次调赴甘省剿捕逆回之四川屯练降番土兵甚属勇往出力，著加恩于甘省藩库内各赏给一月钱粮，以示鼓励。"

（高宗朝卷一一三二·页一九下）

○乾隆四十六年（辛丑）六月癸巳（1781.8.11）

谕："据阿桂等奏，本月十五日令海兰察、明亮率同乾清门侍卫并侍卫章京等，带领奋勇官兵、屯练降番及阿拉善兵预备埋伏，令海禄等带兵策应，舒亮等各由本卡进攻。乘密雨时，出贼不意将板捆土袋抛入贼壕，我兵勇气百倍。哈当阿率领降番首先跳入壕内，与贼搅杀，并用挠钩钩开土袋板片、一面抛掷火弹、一面踊身而上剿杀贼众，占得贼卡、贼壕俱经拆毁填满。……此外受伤各员弁及阵亡被伤之官兵等，均著阿桂等查明，

照例给与优恤。至此次川省降番尤为鼓勇先登，内受伤者，著阿桂先行赏赉，其余一概再行赏给一月钱粮，以示奖励。……"

（高宗朝卷一一三五·页一一上～一二下）

○乾隆四十六年（辛丑）七月癸丑（1781.8.31）

谕曰："据阿桂等奏歼擒逆回余党净尽一折，逆匪负隅固守，官兵得以全数剿杀，竟无一名漏网，实堪称快。除海兰察等已于阿桂等前次奏捷时交部从优议叙外，所有此次打仗阵亡之司鞍果伦察，著加恩照蓝翎侍卫例给与恤典；屯练土外委郎卡太，并照土千总例议恤。受伤之屯练巴图鲁土把总郎思甲，著加恩以土守备用。此外受伤各员弁及阵亡被伤官兵，著阿桂等查明照例优恤。至军机处司员户部员外郎舒濂亦带有箭伤，著加恩赏戴花翎。其屡次打仗奋勇受伤之头等侍卫穆塔尔，前已赏给二品顶带，再加恩遇有四川管理降番之副将缺出，交该督酌量题补。"

（高宗朝卷一一三六·页二九上～下）

○乾隆四十六年（辛丑）七月庚申（1781.9.7）

又谕："前据阿桂等奏歼擒逆回余党，所有在事出力员弁，业经降旨分别加恩恤赏。兹据阿桂复查明前次打仗时汉、土弁兵内……撒拉尔土司韩光祖、屯练巴图鲁蓝翎土把总阿旺、蓝翎土把总雍中依沙斯俱带兵打仗，奋勇杀贼，韩光祖等俱著加恩赏戴花翎；屯练土千总阿朋、土外委雍中朋、帛噶尔角克土千总阿结别斯满、土千总安多尔节次打仗，杀贼受伤，雍中朋等俱著加恩赏戴蓝翎，以示优奖。"

（高宗朝卷一一三七·页一四上～下）

○乾隆四十六年（辛丑）八月戊子（1781.10.5）

又谕（军机大臣）："据章嘉呼图克图奏称：沿边附近循化等处一带地方喇嘛寺庙多有回人滋扰，甚有将庙宇残毁者，现在苏四十三等歼戮净尽，将来喇嘛可以安居等语。新旧教名色虽分，种类则一，伊等素不信佛，其残毁寺庙之人是否即系苏四十三等新教，抑并有旧教之人，著传谕阿桂、李侍尧查访具奏，并密谕各土司韩煜等将伊手下人时加管束，毋令滋生事端。仍当不动声色，令其潜消默化，各安本业。如有滋事者，该土司不时禀报，设法查办。总在该督等平日抚绥兼施，敉宁边境，即黄教亦得课诵梵修，不致受其扰累。若喇嘛滋事，亦不可袒护也。"

（高宗朝卷一一三九·页八上～下）

○乾隆四十九年（甲辰）五月丙子（1784.7.9）

谕军机大臣等："前已有旨谕保宁选派四川屯练番兵一千名，带领赴甘协剿。今据傅玉等奏请调取屯练番兵二千名，兵势愈盛则剿捕愈为得力。著保宁即遵照办理。其原派之一千名，保宁即带领穆塔尔等星即起程赴甘，其续调之一千名，著酌派干练副将统领前往。"

（高宗朝卷一二〇七·页二三下）

○乾隆四十九年（甲辰）六月庚子（1784.8.2）

谕："此次甘省剿捕逆回调取四川屯练降番及阿拉善蒙古兵丁，长途跋涉不无劳费，所有屯练降番著赏给一个月钱粮，阿拉善兵著赏给银一千两，即著福康安于甘省库项内动拨，交保宁、旺沁班巴尔分别赏给。又据保宁奏穆塔尔现在病中，闻甘省调兵即起身前往，甚属急公。穆塔尔前已赏给二品职衔，著再赏给散秩大臣衔并元宝一个，以示朕体恤戎行优加奖励之至意。"

（高宗朝卷一二〇九·页三上～下）

○乾隆四十九年（甲辰）十月乙酉（1784.11.15）

谕："据保宁奏川省屯土各兵如遇邻省征调，请照绿营征兵之例酌给夫马一折，所奏是。川省屯练降番兵丁因从前甘省苏四十三滋事及本年剿灭石峰堡逆回，两次俱经征调会剿，该兵丁等由松潘一带远赴军营，俱能踊跃抒诚急公趋事。但因向来征调系在口外地方，程站不远，一切背负骑驮自行备办，未经议给夫马。今既由邻省檄调，该兵丁等跋涉维艰，自应照绿营兵丁之例一体给与夫马，以昭体恤。现在军务告蒇，该兵丁等俱整旅回川，嗣后每遇有邻省调派之事，著给予夫马，俾利遄行，以示优恤屯番之至意。"

（高宗朝卷一二一六·页七下～八上）

○乾隆五十二年（丁未）八月丁酉（1787.9.13）

又谕（军机大臣等）曰："川省屯练降番素称趫捷，前经调往甘省剿捕逆回，甚为得力。著保宁即于屯练降番内挑选二千名，并拣派曾经行阵奋勇出力之将领张芝元等分起带领，从川江顺流而下，由湖北、江南、浙江一路前赴闽省。所有沿途应用船只，及一切应付事宜，并著舒常、李世杰、琅玕等预为筹备，免致临时迟误。"

（高宗朝卷一二八六·页三上～下）

○乾隆五十二年（丁未）八月己未（1787.10.5）

钦差协办大学士陕甘总督办理将军事务福康安奏："臣遵旨在途拆阅常青等奏折，知南、北两路官兵尚未得手，所称兵力不足，似属实在情形。现虽有添调之浙粤官兵陆续配渡前往，但该兵丁等向未出征，恐不能十分得力。……所有前奉谕旨令贵州、湖北、湖南各挑备兵二千并四川屯练降番二千，恳饬各督、抚速拨赴闽，听候调用。"

得旨："即有旨谕，毋畏难，毋多虑，勉力行之，以全朕用人颜面。"

（高宗朝卷一二八七·页一一下～一二下）

○乾隆五十二年（丁未）八月辛酉（1787.10.7）

又谕（军机大臣等）："台湾剿捕贼匪自常青接办后，续调官兵不为不多。……福康安既有屯练兵二千，又得此黔省兵丁，是此四千劲兵，可抵他省四万，加以节次续调之兵，军威已属壮盛。福康安亦可安心镇静，坚持定见，力图奏绩，不必再存畏难怯懦之见。"

（高宗朝卷一二八七·页一九下～二〇下）

○乾隆五十二年（丁未）十月戊戌（1787.11.13）

又谕曰："成都将军鄂辉现在带领四川屯练兵丁赴台湾剿捕贼匪，鄂辉久历行阵，于军旅较为谙习，亦著授为参赞，协同福康安筹办进剿，以期迅奏肤功。"

（高宗朝卷一二九〇·页七下～八上）

○乾隆五十三年（戊申）二月壬子（1788.3.26）

谕军机大臣等："……再，四川屯练降番屡经调派，此次随同官兵征剿更为出力，现已有旨令军机大臣酌议，将川省额设土外委四十名，照从前金川之例，每名每年加给银二两。其屯练兵丁即将此次随征之一千五百名作为定额，令该督等按每名每月给银五钱。其余一千五百名俟有缺出，以次拔补。并将此次随征之降番五百名作为新屯练，每名每月给银五钱，其余番丁亦以次挑补。俱作为定例，俾出力兵丁得以永邀恩赏。著传谕鄂辉，即将现在加恩之处传集该屯练降番明白宣示，咸使闻知，俾益加感激，踊跃思奋。并著李世杰、成德于川省土弁降番一体晓谕知悉，以示鼓励。"

（高宗朝卷一二九九·页四上～五上）

○乾隆五十三年（戊申）二月癸丑（1788.3.27）

谕军机大臣等："随征屯练降番屡次打仗，或有阵亡者，尤堪悯恤。著福康安、鄂辉传集该番众等，俟回川后于军机大臣议准二千额数之外，再将阵亡人等子弟各赏给（银）一两、钱粮一分，以示格外体恤。若伊等家属先有闻知，未免哀悼，俟将来撤兵后，再行传谕李世杰等遵照办理。"

（高宗朝卷一二九九·页六上～下）

○乾隆五十三年（戊申）五月甲子（1788.6.6）

四川总督李世杰奏："川省屯练土外委四十名，蒙恩各赏银二两。查有新设者十名，亦同派赴台湾，请一体赏给。"从之。

（高宗朝卷一三〇四·页四下）

○乾隆五十三年（戊申）五月丁丑（1788.6.19）

又谕："前因四川屯练降番派往台湾剿捕贼匪甚为出力，已将额设土外委加给银两，而瓒拉、促浸两处土弁未经赏给。此次该土弁等带领降番随同官兵征剿均属奋勇，所有瓒拉、促浸额设土守备六员、土千总九员、土把总十六员、土外委四十六员俱著照屯练土弁之例，分别赏给钱粮，以示奖励。"

（高宗朝卷一三〇五·页二下）

乾隆帝谕令确勘促浸、儹拉二水源流；派员前赴青海，穷溯河源，编纂《河源纪略》

○乾隆四十一年（丙申）二月丁乙卯（1776.4.1）

又谕（军机大臣）："据刘秉恬奏，促浸水源来自松潘口外，经过从噶克、党坝而入其境，水势颇觉深阔。儹拉之水发源于孟笔山、巴朗拉等处，水源不远，水势亦比促浸较小。两水均系自东北而趋西南，至明正司所辖之章谷地方汇而为一等语。该二处水源大小不同，而所趋方位均在西南，据称至章谷地方汇而为一之处，是否无误，并此水现系何名，下流究归何处，其境距川省内地不远，所有水名及水势源委自无难确勘而知。查《一统志》载，宁远府属有若水，源出西番，至会理州西与金沙江合，亦名泸水。今刘秉恬折内所称促浸、儹拉二水会归之处是否即系泸水与金沙江合流，抑系别为一水，著文绶、桂林确查具奏。再，据刘秉恬奏称，该处临河一带可以开矿采金，是以一则呼为金川，一则呼为小金川等语。该处雍中喇嘛寺现有大金顶，则产金自属不妄。若果产金沙，恐该处众番及内地奸民前往偷采，聚众滋事，自宜严查饬禁。设金沙果多，又不如官为勘验试采之为愈。今两金川之地现议设镇安营，此等事宜亦总督、提督所宜留心办及者，并著文绶、桂林详细查明，妥酌具奏。将此一并传谕知之。"

（高宗朝卷一〇〇二·页三七上～三八上）

○乾隆四十七年（壬寅）二月丁亥（1782.4.2）

谕军机大臣等："本日据章嘉呼图克图奏称，河神素来灵应，从前康熙、雍正年间曾因堵筑工程差官至西宁虔申祈吁，得以蒇工等语。现在北岸要工屡有变动，朕斋心默祷，以祈天佑神助，并经传谕阿桂等不可稍存怨尤之念。但念阿桂连日在工，不免昼夜焦急，兹特遣伊子阿弥达驰往西宁，同留保住并章嘉呼图克图之弟吹卜藏呼图克图恭诣河源致祭，仰祈神佑，庶得迅奏成功，合龙喜音当即在旦夕也。将此仔[传]谕阿桂知之，仍将日内筹办事宜迅速驰奏，以慰廑念。"

命乾清门侍卫阿弥达驰驿前往西宁，致祭河神。

（高宗朝卷一一五一·页一四上～一五上）

○乾隆四十七年（壬寅）七月己酉（1782.8.22）

命馆臣编辑《河源纪略》。谕："今年春间，因豫省青龙冈漫口合龙未就，遣大学士阿桂之子乾清门侍卫阿弥达前往青海，务穷河源，告祭河神。事竣复命，并据按定南针绘图具说呈览，据奏星宿海西南有一河，名阿勒坦郭勒，蒙古语阿勒坦即黄金，郭勒即河也。此河实系黄河上源，其水色黄，回旋三百余里穿入星宿海。自此合流至贵德堡，水色全黄，始名黄河。又，阿勒坦郭勒之西有巨石高数丈，名阿勒坦噶达素齐老，蒙古语噶达素北极星也，齐老石也。其崖壁黄赤色，壁上为天池，池中流泉喷涌，酾为百道，皆作金色，入阿勒坦郭勒，则真黄河之上源也。其所奏河源颇为明晰。从前康熙四十三年皇祖命侍卫拉锡等往穷河源，其时伊等但穷至星宿海，即指为河源，自彼回程复奏，而未穷至阿勒坦郭勒之黄水，尤未穷至阿勒坦噶达素齐老之真源。是以皇祖所降谕旨并几暇格物编，星宿海一条亦但就拉锡等所奏，以鄂敦他腊为河源也。今既考询明确，较前更加详晰，因赋河源诗一篇叙述原委。……所有两汉迄今，自正史以及各家河源辨证诸书，允宜通行校阅，订是正讹，编辑《河源纪略》一书，著四库馆总裁督同总纂等悉心纂办，将御制河源诗文冠于卷端。凡蒙古地名、人名译对汉音者，均照改定正史，详晰校正无讹，颁布刊刻，并录入《四库全书》，以昭传信。特谕。"

御制河源简明语曰："予既为河源诗并按语，既读《宋史·河渠志》有文，命辑《河源纪略》有谕，兹以体大物博，考今证古，不无费辞，虽彼此细勘事则明，恐毫厘稍差义乃紊，兹为简明之语，庶因提要而便览。盖河源究以张骞所探蒲昌海盐泽及汉武所定昆仑为是，虽《山海经》《水经注》皆略具其说。《山海经》刘歆称伯益所著，本无所据，《水经注》则桑钦、郦道元，皆张骞后人，实祖其说而广之，以致于烦文。且昆仑在回部，原出玉也，独未明揭伏流至青海，于阿勒坦噶达素之天池而出耳。历唐宋以至元，乃有鄂敦淖尔为河源之语，鄂敦为蒙古语，汉语即星宿海也。彼时虽未考至天池，而中国之河源实由此颇见梗概矣。溯伏流以至蒲昌海盐泽，非河源而何，星宿海亦盐泽之伏流，至青海而出为清水，黄河挟之以流，始为微淡，后为纯黄，是二水本一源，至中国出地为二色，而终归于一。若夫曲折纤细，则见近所为诗文及纪略之书，独叙其简明崖略如此。"

（高宗朝卷一一六〇·页三四下～四三上）

○乾隆五十年（乙巳）九月乙亥（1785.10.31）

谕："前命阿弥达前往青海迤上穷溯河源，旋京具图呈览。随御制河源诗文，并令馆臣编辑《河源纪略》，录入《四库全书》，以昭传信。四库书中从前言河源者甚多，从未有探本穷源以及方向山川皆能符合者。近偶阅《河防述言》一书，卷首冠以河图，朕详加检阅，内所载源流方向、山川形势与阿弥达所奏相符。此图为张霭生所著，其书则采述陈潢议河之言，汇辑成编，颇为精当。因思河源之说从来疑信参半，历数千百年今始考询明确，而张霭生之图在数十年之前适与今图吻合，乃其书没而不彰，非所以扬善志美也。著四库馆总裁即将《河防述言》一书录入《四库全书》，附于《靳辅治河奏绩》一书之后，以示朕博采群言，片长必录之至意。"

（高宗朝卷一二三九·页二四下～二五下）

六世班禅转世灵童迎入扎什伦布寺

○ 乾隆四十九年（甲辰）正月丁酉（1784.2.1）

谕："前拟本年六月初四日仲巴呼图克图等迎请班禅额尔德尼之呼毕勒罕入寺，朕方欲遣员赍送赏贺物件，适据博清额等奏：仲巴呼图克图、绥绷堪布等称，据达赖喇嘛拉穆吹忠选得八月十三系上吉之日，奏请改期迎请等语，深惬朕怀。班禅额尔德尼前世广敷黄教，诚切皈依，又感激朕恩，寻即转世。既据达赖喇嘛检查，应于八月十三迎请入寺，是日值朕寿辰，允称祥瑞。除令赍送赏件侍卫改期起程外，此旨著交达赖喇嘛阅看，并传谕仲巴呼图克图、绥绷堪布知之。"

（高宗朝卷一一九六·页一〇下～一一上）

○ 乾隆四十九年（甲辰）三月丙戌（1784.3.21）

又谕："朕以本年八月十三日仲巴呼图克图等迎请班禅额尔德尼之呼毕勒罕入扎什伦布寺，因赏呼毕勒罕法衣、铃杵、如意、数珠、缎匹、玻璃磁器等物，派出乾清门侍卫伊噜勒图同果莽呼图克图赴藏赍送。并赏达赖喇嘛如意、数珠、缎匹、玻璃磁器等物，锡以册宝，俱著伊噜勒图等赍往，各宣谕赏给。仍谕绥绷堪布等，前世之班禅额尔德尼感曼殊师利大皇帝天恩转世甚速，大皇帝甚为嘉悦。今以呼毕勒罕入寺，特命往贺，尚其感戴皇恩益加谨恪。入寺之后，著博清额等将呼毕勒罕性情举止情形详察密奏。"

（高宗朝卷一二〇〇·页二下～三上）

酌订达赖、班禅年班朝贡贡使过境章程

○乾隆五十年（乙巳）四月己亥（1785.5.28）

又谕："昨因向来前后藏喇嘛年班来使进京途中偶有遗失物件，地方官惧干处分，辄厚为赔偿，致启诈冒之渐，已降旨严行饬禁矣。但闻喇嘛经过地方，不特来使等不知自爱，多有贪诈妄为之事，即派出护送之笔帖式、领催及喇嘛所带之黑人等，往往借伴差为名借端讹索，地方官惟求无事，滥行应付，以致不肖之徒得遂所欲，年甚一年沿途滋事妄为，尤属不成事体。在地方州县等或不知政体，各存回护，而督、抚乃封疆大吏，何亦不能仰体朕意，漫无约束任令赔偿？此非特为属员消弭处分起见，其意竟系任听恣纵妄行，以致酿成事端，激朕嫉厌喇嘛，将来不令进京，地方得省其照料。岂知本朝德威所被四夷宾服，即卫藏不远万里向化而来，朕所以厚加赏赉者，无非绥辑番众、厚往薄来之意，断不肯因一二喇嘛不知自爱即断绝前后藏年班进京之人。而封疆大臣竟不知大体，甚而有意因循酿事，使无知之徒几疑本朝或踵元季尊崇喇嘛之陋习，有是理乎？所有从前办理不善之沿途各督、抚，俱著传旨严行申饬。嗣后喇嘛来往经过地方，其应如何酌定应付章程，俾不至滋事、冒诈之处，著军机大臣会同理藩院详悉妥议。"

寻议："一、西藏来使往来向例派委笔帖式率领催沿途照料，官职较小，途间呼应不灵。嗣后应添派理藩院主事，或题署主事带同领催，令其沿途照料。理藩院于接准驻藏大臣咨报来使启程时，先行知照经过各省，令各该督、抚于文职内酌派同知、通判一员，武职内酌派都司、守备一员，届期带领兵役各在本省一路弹压，护送出境交代。倘沿途仍有遗失包裹等事，即著护送之主事及随同护送官员转交经过地方官勒限严缉。寻获时仍作速交付来使；倘不能获，即将护送官员及该地方官一体议处。

一、向例来使回藏所有备办驮送包裹并领催骡头均由理藩院票发京师五城地方雇觅。自京至西安骡价向由理藩院全行给发，骡夫自西安至西宁系护送之笔帖式沿途按站给发。嗣后骡价全交护送之理藩院主事领出，照西安至西宁之例沿途按站支给。倘中途骡头疲乏，该地方官雇觅，其价银仍由该主事给发，不得派累地方。

一、来使经过驿路，文武各员催令按站前进，仍报明出境、入境日期。倘所过之境各该员任其耽延，一经发觉即照铜铅过境不能实力催趱之例，分别办理。

一、来使准令驰驿，有由四川来京、回藏者，其须用骡头及内地沿途护送一切事宜，均照年班来使之例一体办理。其由打箭炉抵藏，应行令四川总督饬经过之各塘汛官兵不得滥行供应。仍加意护送，以免遗失。

一、嗣后驻藏大臣应知照达赖喇嘛并仲巴呼图克图等，每年来使务择安分老成稍知礼法者，即跟随亦必挑取驯良之人。倘中途不遵法度，滋扰地方，许护送之主事会同地方官查办惩儆。"从之。

（高宗朝卷一二二九·页一九下～二三上）

○乾隆五十年（乙巳）四月戊申（1785.6.6）

又谕："前因前后藏喇嘛年班进京往来经过地方易滋事端，已屡降谕旨明切晓谕。兹命军机大臣会同理藩院将应付各事宜酌定章程具奏，应如所议办理。惟派员护送一节，该衙门原奏在京派理藩院主事一员，沿途派同知通判一员等语。主事、同知等官职分尚小，犹不足以资弹压，著改派理藩院郎中或员外郎一员照料护送。其经过地方，著该抚拣派道员一员，会同武职沿途防护，庶呼应既灵，约束更易，不致借端滋事。历观史册，汉唐宋明之世，于外国之使往往上下相蒙，曲意优容，以致恣睢横肆，此汉人畏缩之性，恐生边衅而更致大患者不可胜数。今我朝中外一家，德威远被，四夷罔不宾服，岂肯反效汉人畏缩之为？即卫藏不远万里向化而来，朕抚驭番夷，加恩赏赉，如果来使喇嘛等不知自爱，有滋事妄为之处，朕亦可将伊等治罪以示惩儆。经过地方官又何所畏惮而不严加约束乎？若封疆大吏不知大体，有意因循，外间无识之徒不几疑本朝于喇嘛过事尊崇，如元季之庇护番僧致有詈骂割舌、殴打截手之事乎？更复成何事体！为此再行明切晓谕，嗣后各该督、抚于卫藏来使喇嘛过境时，即照理藩院奏定章程妥为照料，并饬护送道员等实力弹压，令其妥速出境，毋致滋生事端。其于依限出境日期，仍令派出之道员禀报，该省督、抚即据实奏闻。倘有仍前玩愒滋事之处，朕必将派出之道员治罪。将此通谕知之。"

（高宗朝卷一二二九·页四九下～五一上）

○乾隆五十一年（丙午）十月乙丑（1786.12.15）

谕军机大臣等："理藩院奏：据照看西藏来使堪布之理藩院郎中灵伦呈报，经过直隶地方，并未派委道员前来，亦无营汛大员照料，止有外委一员，与定例不符等语。西藏喇嘛过境时，前经降旨令各该督、抚派委道员护送，以资弹压。今各省俱照奏定章程派委护送，何以直省止派微末武弁，殊违定例。即或该省道员现有承办事件，不能分身前往，岂无知府、同知等官可以派令代往？况营员中亦有参、游大员，尽可派令护送，何至仅派外委。如果该督业经派有大员，而该员竟玩诿迟延，未经前往，即应据实查参。倘该督并未派委，岂刘峨因要犯未获，遂至诸事废弛遗忘耶？著该督据实明白回奏，勿得稍存回护，将此谕令知之。"

（高宗朝卷一二六七·页一九上～下）

○乾隆五十二年（丁未）十一月壬申（1787.12.17）

谕军机大臣等："本日巴延三奏报前藏达赖喇嘛遣使过境日期一折，内称'夷使'字样，甚属错谬。国家中外一家，况卫藏久隶版图，非若俄罗斯之尚在羁縻，犹以'外夷'目之者可比，自应以来使堪布书写为是。乃一任庸劣幕友混行填写夷使字样，率尔具奏，巴延三于此等陈奏事件全不留心寓目，何至糊涂若此，著传旨严行申饬。"

（高宗朝卷一二九二·页二五下～二六上）

廓尔喀借端侵入西藏，清廷调派军队进藏堵剿

廓尔喀侵扰聂拉木、济咙、宗喀等地，鄂辉、成德率满汉兵丁、屯练番兵进藏

○乾隆五十三年（戊申）七月丁亥（1788.8.28）

又谕（军机大臣）："据庆麟等奏：巴勒布廓尔喀属下头目苏尔巴尔达布等西向沮木郎部落掳掠，复东向我边入寇，现在前后藏俱各严备等语。巴勒布地方距后藏甚近，今苏尔巴尔达布等跳梁起衅，若向聂拉木、济咙、宗喀等处滋扰，此系卫藏所属地方，理应派兵堵御。第班禅额尔德尼年齿尚幼，而仲巴呼图克图亦系出家之人，难免震惊。著雅满泰即酌带绿旗兵暨达木额鲁特兵前赴扎什伦布，将班禅额尔德尼加意抚慰。与仲巴呼图克图等商议，所有后藏与巴勒布接壤之处俱宜力为守御。其前藏地方亦著庆麟等严加防范。再，雅满泰抵彼后，若聂拉木、济咙、宗喀一有挫失，即先将班禅额尔德尼迁移前藏，方为妥协。倘更需川兵，著一面咨行调取，一面奏闻。此时庆麟等惟应预筹万全，善加驻守。有何信息，即速奏闻。"

又谕："巴勒布地方迤东与卫藏聂拉木、济咙、宗喀三处接壤，若巴勒布抢夺沮木郎部落，复敢东向后藏边界滋扰，则不得不用兵堵截擒拿。现已降旨，令雅满泰速往后藏驻扎，相机妥办。恐该处兵力不敷，已谕令庆麟、雅满泰一面奏闻，一面知照李世杰等调用。李世杰、成德接奉此旨，可即于四川各标营并明正、里塘、巴塘、德尔格尔番兵内就近预调兵三四千名，不动声色，妥为备办，一接庆麟、雅满泰知会，即速前往应用。鄂辉、张芝元已令其即日起程回任，俱著驰驿兼程行走。如竟有需内地兵力接济之处，即交鄂辉带领张芝元等久经行阵者统率前往，预备剿除堵御。"

（高宗朝卷一三〇九·页四八上～四九下）

○乾隆五十三年（戊申）七月戊子（1788.8.29）

谕军机大臣等："据庆麟等奏：济咙、聂拉木二处已被巴勒布抢占，惟宗喀尚在固守，卫藏兵力不敷堵截，已飞咨川省调拨驻防绿营官兵应用等语。所办甚是。川省距前藏较近，想朕昨降谕旨到时，该督等自早已接准庆麟咨会。著再传谕李世杰、成德，即于该省驻防满兵内添派五百名，仍遵昨旨于绿营及番兵内就近酌调共三四千名。建昌镇总兵穆克登阿带领凯旋官兵回川，此时自已早到。即著成德与穆克登阿带领各兵迅速赴藏，帮同堵剿。昨已有旨令鄂辉驰驿迅回川省，著再传谕该将军，星夜遄赴成都。如到时堵剿诸务尚未完竣，即著速赴前藏接办。成德此时著带印前往，俟鄂辉到彼，再换回在省弹压。如鄂辉察看现调各兵不敷堵剿，不妨据实奏闻，再带二三千名前往应用，以期迅速蒇事。"

（高宗朝卷一三〇九·页五〇上～五一上）

○乾隆五十三年（戊申）七月己丑（1788.8.30）

谕军机大臣等："里塘、巴塘、德尔格尔等处番兵久未檄调，现派赴藏防堵，恐伊等不知出兵大有便利，未能踊跃从事。上年屯练降番派往台湾协剿，节次得赏颇多，此张芝元所深知者。而该总兵于里塘番情尤为熟悉，著传谕该总兵趱行前往，面向该番兵等传知：尔等奉派赴藏协剿，现在既可得盐菜、口粮等项，将来事竣后复可仰邀优赏。番兵等知有利益，自必争先效命，该总兵即可带往应用也。"

又谕："里塘、巴塘、德尔格尔等处番众向来善放夹坝，今将该处番众调派前往，不特现在可资其力，将来粮饷运往亦可免被夹坝情事。但明正之兵易于调拨，里塘、巴塘、德尔格尔番众久未征调，非屯练降番可比。张芝元熟悉该处情形，除已另降谕旨，令其迅速回川明白晓谕外，并著李世杰、成德先于调拨时亦一体遵照，明切晓示。"

（高宗朝卷一三〇九·页五一上～五二上）

○乾隆五十三年（戊申）八月庚寅（1788.8.31）

谕军机大臣曰："李世杰等奏：接准庆麟等咨会，业于屯练降番内挑拨一千二百名，合之驻防绿营，共三千名，并经分起起程。自应令其迅速前往。朕又思明正番众尚易于调拨，至巴塘、里塘、德尔格尔三处惯放夹坝，又久未徼调，究恐其滋事。倘该督等现调各兵，西藏尚不敷堵剿；又有续行咨调之处，仍宜于驻防绿营及屯练降番内按数挑拨。若屯练降番不敷拨用，宁可于驻防旗兵及绿营续拨，不必用巴塘、里塘番众矣。至官兵过境，内地有州、县应付，而自打箭炉出口，距藏尚不下五千里，道路弯远。况巴勒布夷众若见现调官兵声势壮盛，畏惧逃窜，原不值兴师追捕。倘竟敢抗拒侵犯，又不得不厚集兵力堵御剿除。所有口外应备各事宜，在在需员经理。著传谕李世杰即先派明干道府数员前往打箭炉口外，分段管理，妥为筹办，用利军行。且恐口外一带郭罗克穷番有抢劫情事，所有办送粮饷，并当多派弁兵沿途护送，毋稍疏虞。再，西藏距川省既远，所需银两、火药等项，自须由内地拨往。其口粮、草束若概由内地解送，岂不需费浩繁，亦从无是理，自应在藏内粮台就近采买。从前曾办有成案，除交军机大臣查奏外，并著李世杰即详细查明，将如何筹备方为妥协之处，酌议速奏，以期有备无患。"

（高宗朝卷一三一〇·页一下～三上）

○乾隆五十三年（戊申）八月壬辰（1788.9.2）

又谕（军机大臣等）："昨因西藏现有堵剿巴勒布贼众之事，该处距打箭炉尚不下五千余里，道路弯远，粮草等项输送维艰。连日以来，朕为此事正切廑怀，本日又据庆麟等奏前后藏地方因闻有巴勒布聚众滋扰，商贩至者已觉稀少。该处所存粮食，尚不足供藏内现有兵丁五百名之用等语。藏内所存粮食，就现有兵丁五百名已不敷用，兹又由内地添调官兵三千名前往，该兵丁等远赴西藏协剿，其所带口粮，想止敷途次口食之用，必不能宽余携带。若到彼处，皆于藏内取给，岂不立虞缺乏！倘由内地发往，不特需用浩繁，且恐缓不济急，所关匪轻。朕意或于口外一带就近采办青稞、糌粑、面食等项，或较市价量为增给，俾商贩民番等知有利益，自必争相踊跃，希图售卖得利，可资源源接济。著再传谕李世杰，即设法筹备，断不可使官兵等有缺食之虞。"

又谕："据庆麟奏，廓尔喀贼势尚非精锐，惟西藏番众素性懦弱，戴绷等起身延缓，致聂拉木、济咙二处被贼抢掠。今贼匪有前进之信，所调内地之兵离藏较远，接济粮饷倍为紧要。著庆麟、雅满泰遍行晓谕前后藏附近村庄：今征剿廓尔喀贼人，原为救济尔等，丝毫并无扰累。惟需用兵粮甚多，必须向尔采买。尔等有积贮粮、面、糌粑食物，速行售卖，勿得妄生疑惧。庆麟等即动用库帑，按照时价稍增，多方鼓励，小民图利，自必争先出售。再，巴勒布前来滋扰，路途遥远，我兵堵御防守，更当筹画万全，可与班第达等商酌，慎密办理。再，闻喀喇乌苏现有三十九部落番兵，汉仗尚好，平日惯于猎围，调用自可得力。庆麟、雅满泰当速行酌调数千名，用资堵剿。如果奋勇出力，朕必照屯练降番之例加倍施恩。再，折内称罗布理一路亦有贼兵，庆麟至彼访问实信。如罗布理一路贼匪果向萨喀前进，即善为保护班禅额尔德尼同抵前藏，勿致稍有惊恐。"

（高宗朝卷一三一〇·页七下～九下）

○ 乾隆五十三年（戊申）八月癸巳（1788.9.3）

又谕（军机大臣等）曰："成德等带兵远赴西藏协剿，不特所带口粮谅止敷途次日食之用，即火药、铅弹等项恐亦不能多为携带，势须在后陆续运送，以资接济。维时大兵已过，解送之人无多，设穷番等竟于中途有抢劫情事，更属不成事体。朕意尚须派一大员，带兵三四百名，于口外适中之地驻扎，弹压稽查，方为妥协。著传谕李世杰，即飞札与成德商酌，或于成德、穆克登阿二人内酌留一人，或于带兵之副将内酌派一员，在彼驻扎。倘伊等因现需带兵赴藏协剿，未便留驻，即著李世杰于内地各营副将、参将内拣派一员带兵三四百名，星赴口外适中之地驻扎，往来查察。并令声言在后尚有大兵前进，使穷番闻风畏惧不敢出放夹坝，所送粮饷、火药等项不致疏虞，此为最要。再，巴勒布不过么么小丑，一经大兵堵剿，自不致久肆鸱张。设该夷众等恃其犷悍，竟敢侵犯至藏，达赖喇嘛、班禅额尔德尼俱系大喇嘛，不便仍往前藏，致被惊扰。自应照雍正年间，移至泰宁地方居住。该处旧有庙宇，惟当将达赖喇嘛、班禅额尔德尼住房量为糊饰洁净，备其栖止，以资安禅。"

又谕："昨因庆麟等奏到筹办接济军饷，已谕庆麟等鼓舞西番人等，令其踊跃出售矣。因思巴勒布贼寇无多，虽抢占济咙等处，去前藏尚属甚远，岂能突来侵犯，即不晓事之商人或恐贼来掳掠躲避不前，断无不愿官为采买之理。此非庆麟预留地步,即系畏难推诿。现据李世杰奏,打箭炉至藏九十余站,运粮必分二百站,行走不能迅速。该处所有绿营兵五百、达木之蒙古兵五百并四川发往兵一千,共二千余兵,所需粮饷,仍著庆麟等从本处采买。但西番人素性愚蒙,若不明白晓谕,不免疑惧观望。今特明降谕旨,译写番字,寄交庆麟,遍行晓谕。一面即动支库帑,比平日采买之价略加增益,庶小人慕利,自必踊跃前来纷纷出售矣。再,达赖喇嘛商上存粮亦必不少,庆麟等即同班第达商酌,与商上管事之尚卓特巴等妥议,将所用粮石先行估价给银,俟事竣再行买补。即班禅额尔德尼商上亦有存粮,著与仲巴呼图克图及该处尚卓特巴等妥议,谕将商上现有之粮接济兵食。俾得奋勇攻贼,及早击退,即班禅额尔德尼亦无须移驻前藏;倘吝惜不肯发出,一时未能藏事,将来所存粮饷徒供贼人掳掠,何若支给兵丁照数给价。庆麟、雅满泰当速遵谕旨,妥为办理。"

谕唐古忒人众曰:"达赖喇嘛、班禅额尔德尼数世居藏,广兴黄教,受朕深恩,历有年所。即西藏黄、黑番众安居乐业,亦已久矣。今因巴勒布等侵犯藏界,抢掠聂拉木、济咙二处,尔黄、黑番众理宜竭力支持,剿退贼匪。第念尔等习于便安,久不知有兵戎之事,忽遇此举,势必张皇无措,朕甚悯之!今特调内地官兵赴藏讨贼,无非保护尔等奠安卫藏之意。尔等更当欢欣鼓舞,多聚粮食,以期兵食充足,克日藏事。但尔等皆识见愚蒙,或借此图利,囤积居奇,或闻信惶惑,不敢出售,均未可定。兹特晓谕尔等,若有收藏米、面、糌粑及可作行粮之牛、羊等物,概行发出售卖,用济兵饷,不惟尔等可沾厚利,大兵不虞乏食,成功迅速,岂不甚善!且巴勒布贼众虽经抢掠聂拉木、济咙二处,与前藏相去甚远,又何恐惧之有?尔等若将所存粮食藏匿不售,官兵运饷不继,不能保护尔等,惟有将达赖喇嘛、班禅额尔德尼移驻泰宁地方,贼众如何肆虐于汝,亦只置若罔闻。彼时尔等岂惟不能获利,且致受害无穷,悔无及矣!尚其熟思利害,激发天良,黾勉从事,功成之日,朕将施厚恩于尔等焉。"

又谕曰:"庆麟虽未历练,人尚明白。雅满泰前在喀喇沙尔驻扎,办事亦知勤奋。今为巴勒布贼众无端侵藏抢掠聂拉木、济咙等处,伊等调兵预备一切,虽尚不致偾事,但究未经历行阵,朕甚廑念。今特缮写檄文,晓谕祸福,译出番字发去。檄谕巴勒布部落廓尔喀等曰:'前经驻扎边境之第巴等报称,尔属下首领苏尔巴尔达布整军前抵我境,将聂拉木、济咙两处抢掠。此两处虽边外氆尔之区,原系藏中旧属,非尔之地,从前五辈达赖喇嘛时,尔等侵夺济咙,经达赖喇嘛发兵夺回。今尔整顿兵旅,谅系与他部起衅,不意滋扰藏界,犹欲向宗喀前来,殊出情理之外。尔巴勒布部落不过边隅小部,理宜守法安居,以享升平之福。乃如此妄行蠢动,大圣皇帝虽至仁至慈,体上帝好生之德,似此狡焉思逞之徒亦断不容稍为轻赦,必发大兵歼戮剿除。前者如大小金川滋衅,经大圣皇帝特发劲旅,全境荡平。即如藏中前被准噶尔侵夺时,大圣皇帝不惟恢复藏地,且将准噶尔阖属及回部诸城全行剿灭。今岁复生擒台湾贼首,土宇廓清,我大国兵威尔岂茫无闻见耶!今尔或一时昏昧,若及早引罪退兵,献还两处,大圣皇帝仁慈洞烛,不加深究,或可曲邀宽宥,诚为尔等之福。倘不深思利害,一意肆行,不知悛止,本都统已备兵数万,统领前进,并续调数十万兵,一经举动,大兵全至,尔部落可须臾尽灭。彼时即恐惧哀恳撤兵,势亦不能中止。岂惟将聂拉木、济咙等处全行收复,必将尔阖部亦如两金川、准噶尔、台湾之尽行荡除,不遗余孽,方足以昭天讨。兹念数十年来,尔部尚属宁静,且往来贸易者络绎不绝,与尔等大有利益,今无故跳梁起衅,自非尔之本意,必系属下匪徒就中取利,唆使妄行。本都统不教而杀,心有不忍。是以明白宣示,谕尔檄文。尔接阅此书,须往复熟筹,速行退兵,将聂拉木、济咙等处全行献出。否则大兵一发,尔等靡有孑遗,追悔莫及。尚其详审利害,毋自贻伊戚也。'著传谕庆麟、雅满泰,接到檄文后,即钤用印信,与班第达等商酌,选派能员速交巴勒布夷目。并将巴勒布接奉檄文作何举动,有何言语,及现在如何调兵堵御,戴绷等详报何信,班禅额尔德尼曾否移驻前藏,一并迅速驰奏。"

(高宗朝卷一三一〇·页一〇下～一六下)

○ 乾隆五十三年(戊申)八月甲午(1788.9.4)

谕军机大臣等:"昨寄庆麟发交廓尔喀檄文内尚有未到之处:'如雍正年间,巴勒布之叶棱雅木布、库库木等两次遣使抒诚纳贡,嘉其恭顺诚信,恩赏便蕃。今之廓尔喀者,乃雅木布之呢尔巴也。当伊侵扰三部之时,即应兴师问罪,特以三部本属微弱,且究系外番之事,故未深究。廓尔喀理宜安分静守，何得复行侵扰！卫藏、济咙等处，地方虽小，乃系天朝疆界，一经蠢动，天讨必加。今若畏罪投诚，将济咙等处恭顺奉回，大圣皇帝备极仁慈，尚可谅加宽宥。若仍昏愦无知，逞其螳臂，必致大兴劲旅，歼戮无遗。尔等若倚恃路远，尤为冒昧。试思伊犁等处回城，道路如何险远，天朝俱经剿灭，尔等跳梁小丑，更何难一举歼擒！维时非特不能保其部落，且不能稍延残喘。'可将此译写速寄庆麟等，一并添入檄谕内，交与巴勒布。如何登答，即速奏闻。"

（高宗朝卷一三一〇·页一八下～一九下）

○乾隆五十三年（戊申）八月己亥（1788.9.9）

谕军机大臣等："巴勒布在后藏边界聚众滋扰，抢夺聂拉木、济咙二处地方后，其宗喀一处尚在固守，距后藏甚远。看来庆麟等办理此事，不免失之张皇，内地官兵似可不至续需调拨。前派出之满、汉兵丁并屯练降番共三千名，已据李世杰奏，先将绿营兵一千名令成德带往，其余二千名暂缓出口。著传谕鄂辉，于驰抵成都后若尚未得西藏剿捕完竣之信，即于此二千名内，酌带五百名或一千，速往藏内接办，换回成德，在省弹压。如鄂辉驰抵成都或于途次已得西藏剿捕将完及贼匪业经逃窜之信，不特预备之兵二千名应行饬令回伍，即鄂辉亦可不必前往，徒滋跋涉也。"

（高宗朝卷一三一〇·页二四上～二五上）

○乾隆五十三年（戊申）八月癸卯（1788.9.13）

谕军机大臣等："据庆麟奏行抵后藏保护班禅额尔德尼，并查看唐古忒等情形，及噶布伦、戴绷等所报各信。看来巴勒布并非强横，庆麟、雅满泰若素娴军旅，一闻巴勒布侵扰之信，自应处以镇静，密为防范。今戴绷将结等甫至胁噶尔即杀贼首一名、贼众三名，夺回抢去牲畜，并称所调唐古忒兵足资抵御，可见贼匪并无能为。但藏内唐古忒等懦怯无能，当巴勒布贼众侵扰时，庆麟即当激励伊等奋勇剿杀，断不可畏惧退避。今庆麟奏仲巴呼图克图告称：前代达赖喇嘛书内，遇有军旅之事免派札什伦布各兵等语，甚属可笑。设非藏地用兵，札什伦布所属自可不行征调。今巴勒布抢掠济咙等处系后藏边界，相逼已近，札什伦布岂能自保耶？庆麟未能即加斥责于彼，已属错谬，乃止谕伊等静守，尤足增其畏葸之心，著申饬。庆麟务遵节次所降谕旨，晓谕唐古忒人众，令其振奋剿杀，迅速藏事。"

又谕："据庆麟、雅满泰奏报派兵赴藏堵剿巴勒布，杀贼数名，并夺获牲畜数十等语。巴勒布被官兵以寡击众，剿杀退败。看来贼众无能，亦无大志，不值大办。著传谕鄂辉、李世杰即将续派官兵五百名停止前往。至成德前经带兵一千前赴西藏，计此等不过甫至打箭炉，行走未远。并著传谕成德，沿途留心探听，并与庆麟等迅速酌商。如所带官兵已离藏不远，或乘巴勒布剿败之时带兵奋力追剿，将抢去聂拉木、济咙二处地方全行收复，俾贼人丧胆，不敢复犯边界，一劳永逸，固属甚善；若官兵行走，距藏尚遥，约计到时巴勒布早经远遁，则所带官兵一千名竟可无庸前往，致滋烦费。至内地办理军需等项，此时亦可无庸多为筹备。并著李世杰探明确信，彼此相商，酌量办理。若该处事已完竣，即可停止备办，以节虚糜。"

（高宗朝卷一三一〇·页三一上～三三上）

○ 乾隆五十三年（戊申）八月丁未（1788.9.17）

又谕（军机大臣）："前因庆麟等奏巴勒布聚众滋扰，将附藏交界之济咙、聂拉木二处地方抢占，恐藏内兵力不敷，是以谕令李世杰于四川内地满、汉官兵及番兵共调三千名，预备前往协剿。又恐屯练降番距打箭炉较远，并令就近于明正、巴塘、里塘、德尔格尔各番兵内酌量檄调。旋据李世杰奏：藏内防御之兵已有一千二百名，加以唐古忒兵丁，已不为少，且庆麟等究未得贼实信，似毋庸遽行多调。将所派绿营兵一千名先令成德带往，其余满汉屯兵共二千，请暂缓出口等语，朕方以该督尚有主见，所奏为是。今该督因接奉初降谕旨，又复纷纷派调。殊不知彼时朕乃初得庆麟等奏巴勒布抢占聂拉木、济咙之信，尚未悉贼匪实在情形。李世杰驻扎成都，先得藏内信息，既有请将二千兵丁暂缓出口之奏，即不应复令起程。况已调屯练降番一千二百名，又何必更派明正、巴塘、里塘、德尔格尔之兵？此举泥于遵旨，未免失之张皇无定见矣！明正、巴塘、里塘各番兵一时既未必遽能调齐，而张芝元到川亦尚需时日。著传谕李世杰，接奉此旨，如续派各番兵或尚未起程，或起程而行走不远，可即飞檄停止；如早经起程，离藏不远，又不可拘泥撤回，使番兵徒劳跋涉，更属不成事体。该督总当就近探听藏内信息，酌量情形。如该处剿捕业经完竣，不特续派番兵不必前往，即佛智、穆克登阿带往之满、汉官兵皆可停止前进；如该处剿捕事宜未经完竣，尚须内地兵力协剿，而各兵丁行走又已将抵藏，则不如听其到彼，将贼众痛加歼戮，俾知畏惧，不敢再犯边界，以期一劳永逸。李世杰务当权其缓急轻重，妥协筹办，不可仍前拘泥，以致漫无定见迹涉张皇也。"

（高宗朝卷一三一一·页五上～七上）

○乾隆五十三年（戊申）八月辛亥（1788.9.21）

谕军机大臣等："据李世杰奏：接奉谕旨，将明正、里塘、巴塘、德尔格尔所调之兵停止，但里塘、巴塘各土司近年尚属安静，不难调集，今若复行停止，恐番性多疑，转生疑虑，恳将此项番兵仍行调用等语。所办甚是。又据庆麟奏：后藏胁噶尔地方被巴勒布贼众万余围扰，现催调藏兵尚未到齐等语。是该处正资内地兵力协剿，李世杰接奉前旨，并不拘泥停止，仍请调往办理，所见甚属可嘉。所有前调之满、汉兵丁及屯练降番三千名，又续调明正各番兵一千名，想当星速前往矣！成德先已带兵启程，著传谕该提督，务即赶赴后藏帮同堵剿。佛智、穆克登阿亦当带兵迅速行走，以资接济。鄂辉更应昼夜兼程，以便驰抵川省，即行星赴后藏，带兵剿捕。前有旨令鄂辉抵藏后，即换回成德，在成都弹压一切。但军营领兵大员多一人自多一人之力，成德久经军旅，著即留于彼处，帮同鄂辉带兵进剿，毋庸复回成都。其提督印务，朕当另派人署理。至口粮等项，察木多以东，既经李世杰派员妥为经理不至缺乏，其察木多以西至藏内地方，只可仿照乾隆六年之例，就近于纳囊采买，谅可无误军糈也。所有办理暨行走各情形，及成德所带头起官兵于何时可以抵藏之处，仍各迅速复奏，以慰廑念。"

（高宗朝卷一三一一·页一二上～一三下）

○乾隆五十三年（戊申）八月壬子（1788.9.22）

谕曰："成德现在带兵前赴西藏协剿，所有四川提督印务，著观成驰驿速行前往署理。"

谕军机大臣等："本日据成德奏屯兵遣用较为得力，所带一千名官兵内已减留汉兵二百名，调派屯练二百名前进。所办更好。如屯练降番尚可多带，或派出之里塘、巴塘各番兵可以就近带往，不妨尽数多带备用，自更得力。该提督于八月十一日已抵茹提，计此时业距藏不远。著再传谕成德，惟当趱紧遄行，星速赴藏。巴勒布人众虽据庆麟等奏约有万余，但胁噶尔仅有喇嘛、黑人等三四百名尚能固守，可见贼匪之无能为。但绿营兵丁剿贼亦不能坚定，惟在成德善为策励调度。即屯练降番及明正各番兵等亦当加之鼓舞，方资其力。且该番兵等素性敬佛，成德可即向其宣谕以藏内为达赖喇嘛、班禅额尔德尼驻锡之地，今巴勒布贼众滋扰，达赖喇嘛、班禅额尔德尼俱不能宁居。尔等素奉佛教，正当趁此出力，杀退贼众，可以护法安禅，功德尤大，造福更甚。将来事竣后，大皇帝又必优加奖赏，尔等更可仰邀恩典等语。如此剀切晓谕，各番兵既思护持佛法，又知有优赏利益，自无不踊跃欢欣争先效命。如鄂辉未到之先，成德即能迅奏肤功，朕自当优加恩奖。该提督务宜奋勉妥办，以副委用，承受朕恩。鄂辉、张芝元途次亦当星夜兼程行走，以便迅速到彼，再带续调之兵迅往会同成德剿贼，以冀克期藏事。其口粮等项，昨据李世杰奏，已派员妥为预备。本日据成德奏：于附近明正土司之控萨、白利、玛克舒霍耳、伯喺古、绰倭霍耳、东果尔、瓦述、德尔格式等土司，令其帮同接替应付。各土司素皈正教，闻知官兵赴藏防卫，无不遵从。又，革布什咱土司亦告恳帮应。其察木多以西，令官兵自行裹负就近觅食等语。所办皆好，甚为妥协。控萨、白利各土司既可接替应付，而革布什咱土司并愿告恳帮应，著李世杰即传知该土司以尔等素奉佛教，今官兵前赴西藏，系为防卫达赖喇嘛、班禅额尔德尼。各土司帮同接替，应付粮运，并有告恳帮应者，殊为恭顺急公可嘉。将来剿贼完竣后，大皇帝自必特加恩赏。俾各土司倍加踊跃输将，东台一带挽运自更裕如也。"

又谕："据李世杰奏：巴勒布既滋扰后藏连界地方，该处缓急情形难以悬揣。固不可多糜兵力，致费周章，似亦须量予增加，裨得迅速藏事，请将前调之第二起满汉官兵及屯练降番共二千名仍接续进发，俾壮声威等语。该督能相机妥办，并不拘泥遵旨，所见甚是，实属可嘉。惟所称前调之明正、里塘各番兵一千名，令其仍前预备听候调遣之处，现在藏内正资内地兵力协剿，所有续派之番兵一千名竟当即速前往，何必复行听候，以致迟延乎？又据奏，西藏道途险远，挽运维艰。前接庆麟等咨会，当即查明该处郡王波罗鼐之时曾经就近买米例案，咨复查办等语。藏内就近采买，从前既有成案可遵，乃庆麟等未经更事，一经烦难便手忙脚乱，实属错误。除严饬庆麟等速行采买供应外，但李世杰仍当竭力妥办，不可倚恃伊二人，以致或有缺乏。现据该督奏已拨米一万二千三百石赶运打箭炉，并挨站赶运直抵西藏，足敷兵食之用。所办可谓尽心。且郭罗克距西藏尚远，又经李世杰派兵护送，无虞抢掠，所办甚是。又据奏，转运米石、军火在在需银，请先于备贮军需项下动用，事竣另行归款等语。此项银两既为备贮军需而设，自当即行动用，俟事竣另筹归款。"

又谕曰："李世杰奏：接准庆麟等筹办接济内地兵丁粮石，即将从前郡王波罗鼐就近在本处采买之案查出咨行等语。庆麟、雅满泰向未更事，一闻巴勒布信息即茫然不知所措。从前接济内地兵糈，均由本地采买，乃庆麟不但以内地派往之兵艰于支应，即该处现有之兵亦无口粮可买具奏，显系并未检查旧案，畏难退缩，预留地步。庆麟、雅满泰身系蒙古世仆，竟如此张皇失措，反不如李世杰以汉大臣尚能静镇处事妥协办理，是何意见？著严加饬行，令其速查旧案，商同班第达遵照谕旨，开导各屯庄第巴、僧俗人等，俾知出粮售卖可期获利。倘吝惜不行出卖，难保无虞。且内地派往之兵实因保护达赖喇嘛、班禅额尔德尼及安抚众唐古忒人等，伊等即当感奋。如此通行晓谕，自能宽为备办，断不可仍前畏难，推诿从事。"

又谕："现因巴勒布贼匪滋扰后藏边界，四川省派调满、汉官兵及屯番各兵前往协剿，军糈最关紧要。著传谕巴延三、海宁即于该省藩库存贮银两内，就近各通融动拨银五十万两，派委妥员速行解赴四川，以备应用。如该二省剩存银两不敷公用，亦即速行奏闻，以便另筹拨款。"

（高宗朝卷一三一一·页一三下～一七下）

○ 乾隆五十三年（戊申）八月癸丑（1788.9.23）

谕军机大臣等："州[川]省现有应办军需事务，李世杰驻扎成都，距藏较远，于筹办一切究恐鞭长莫及。省城现无应办要务，又有藩臬在省，足资照料。朕意打箭炉为兵丁粮饷出口之处，且地当适中，该督何不移往驻扎。该处距藏稍近，消息易通，可以就近调度，而内地亦无难兼顾，且使口外人众知有总督在彼，威势较大，更足以壮声援而资策应。将此由六百里加紧传谕知之。"

又谕："巴勒布贼匪滋扰后藏，成德、鄂辉先后带兵赴剿。鄂辉著授为将军，成德著授为参赞大臣，协力妥办，以期迅速藏事。"

又谕曰："庆麟奏，巴勒布贼抢占宗喀，复围胁噶尔之寨。又有贼来普穷结营，唐古忒兵撤回在春对地方。庆麟照料班禅额尔德尼由扎什伦布北山蒙古地方扬巴津一路行赴前藏。虽是遵旨办理，但唐古忒兵甚属懦怯，贼至并不奋力剿杀，即星散逃避。庆麟宜严行惩责，令其奋勉守御，乃轻听所报，谓贼可疑，是先示伊等以懦怯矣。又据称，贼掠宗喀之后，由巴桂塘一路往胁噶尔会齐。是贼并非据守宗喀，唐古忒兵理宜仍往宗喀，蹑贼之后，虽不能一举歼擒，亦可力图克复，并分围困胁噶尔之贼势。庆麟何反将懦怯之语引导戴绷等耶？庆麟祖班第素称能事，何以生此无用之孙？甚为愧之！再，庆麟照料班禅额尔德尼到前藏后，即当遣回扎什伦布。前藏有雅满泰，诸务尽可办理，何用庆麟在彼？明系庆麟借端径回前藏，将后藏委一无用之仲巴呼图克图，遂谓与己无涉。倘扎什伦布又被贼人占据，朕必将庆麟从重治罪，断不轻恕。成德不久即至后藏办理用兵杀贼事宜，庆麟、雅满泰不可妄为掣肘。庆麟著在后藏保守，雅满泰著驻前藏接应军粮。若有贻误，惟二人是问。"

（高宗朝卷一三一一·页二〇上～二二上）

○ 乾隆五十三年（戊申）八月甲寅（1788.9.24）

又谕（军机大臣等）："据成德奏：明正、巴塘、里塘俱在口外，现在承办应付乌拉，德尔格尔在打箭炉西南，亦派令帮应乌拉，俟顺道经过时，各该土司及掌事头人前来谒见，面加明切晓示调拨，俾知共相踊跃，俟其派定番兵，即催令速行等语。所见甚是。现在宗喀虽已被巴勒布抢占，而胁噶尔地方仅有喇嘛、黑人三四百名在彼看守，所有卡寨碉楼并未被贼攻破，可见贼匪之无能。况后藏地方为班禅额尔德尼驻锡之地，其扎什伦布碉楼比之胁噶尔自必更加十倍坚固，谅可固守无虞。虽据成德奏口外至藏程途遥远，兵丁俱系步行，约计九月底可以抵藏。著再传谕该提督，务当昼夜趱行，愈速愈妙。计成德到藏之时，该处必尚不至失事。况贼又无能，一经官兵痛加歼戮，自必望风畏窜。但不可以贼既窜回，即为完结，亦当将贼匪所抢济咙、聂拉木、宗喀三处地方全行收复，并使贼知所畏惧，不敢再犯边界，方可藏事。成德务宜勉为一切，以副委用。仍著鄂辉加紧行走，以期迅速到川，带兵前往。"

（高宗朝卷一三一一·页二三上～二四上）

藏族僧俗官员的袭封

川陕等土司头人袭职

○乾隆四十年（乙未）九月庚戌（1775.9.29）

以故四川松茂道属党坝长官司索诺木弟策旺丹怎……各袭职。

（高宗朝卷九九〇·页八上～九上）

○乾隆四十一年（丙申）三月庚辰（1776.4.26）

（定西将军协办大学士尚书公阿桂等）又奏："查土妇扎什纳木前于扫荡噶喇依时投出，伊子诺尔布湛都尔实为该处头人，番众归心，所有革布什咱土司应令承袭。其土司印信先为金川夺去，现于噶喇依官寨内刨得，当于二十七日陈设印信，传集扎什纳木母子并革布什咱各头人宣示谕旨，令其祇领。该土司母子感激流涕，各土司见之，无不咨嗟悦服。"报闻。

（高宗朝卷一〇〇四·页二一下～二二下）

○乾隆四十二年（丁酉）十二月戊戌（1778.1.4）

以故四川松茂道属大定河坝土千户苏文仪子尚荣……各袭职。

（高宗朝卷一〇四六·页六上～下）

○乾隆四十四年（己亥）七月癸未（1779.8.12）

以故四川中郭罗克押落寨土千户麻克苏尔衮布子索朗丹巴并陆翁土百户拉衣呷子玉沙衣袭职。

（高宗朝卷一〇八六·页二下）

○乾隆四十八年（癸卯）七月丙午（1783.8.14）

又谕："阅留保住查奏，前辈东科尔呼图克图圆寂后，四川地方出有呼毕勒罕一人，因不明确，其徒俱未往迎。又，西宁陇窝地方出有呼毕勒罕一人，其徒以旧有经卷、铃杵等物与看，皆能认识，且能呼各徒名字，业经迎到寺中坐床，现今在藏学艺。前班禅额尔德尼来时，又称去年四川所出呼毕勒罕属真。伊二人究竟不知孰真孰假，著传谕章嘉呼图克图查明，并将二人所学孰胜之处遇便奏闻。"

（高宗朝卷一一八五·页三上～下）

○乾隆四十八年（癸卯）十二月丙寅（1784.1.1）

谕："据特成额奏：明正土司甲勒参德沁之嫡母喇章，又瓦寺土司桑朗荣宗之亲母麦麦吉，俱属苦节，该土司等恳请旌表，惟年例未符，可否准旌请旨等语。喇章、麦麦吉等以番妇守节殊属可嘉，著加恩准予旌表，以示怀柔番部一视同仁之至意。"

（高宗朝卷一一九四·页一六下～一七上）

○乾隆四十九年（甲辰）正月丙辰（1784.2.20）

调任成都将军特成额、四川总督李世杰奏："东科尔呼图克图遣回本处住持，管束番民。臣等派都司张维伴送，并令传集四土百户番众暨紧邻竹窝、春科等土司剀切宣谕。据该四土百户等佥称实在感激，竹窝、春科等土司亦称实在欢幸，断不敢稍有侵凌。其原派长官司阿克温布，据称情愿仍回西宁，臣等已咨西宁大臣妥为管束。"

得旨："嘉奖。"

（高宗朝卷一一九七·页二二上～下）

○乾隆四十九年（甲辰）闰三月戊午（1784.4.22）

以故四川毛（革）阿按寨土千户沙克嘉子郎哥扎化、故四川口外合坝夺杂寨土百户噶独亚克子王庆保……各袭职。以四川巴塘头人成彩春平为巴塘副土司。

（高宗朝卷一二〇二·页六下～七上）

○乾隆五十一年（丙午）三月乙巳（1786.3.30）

四川松茂道属毛（革）阿按寨土千户郎哥扎化故，无子，以其叔出纳孝袭职。

（高宗朝卷一二五〇·页二上）

○乾隆五十一年（丙午）三月壬戌（1786.4.16）

四川松茂道属七布寨土千户郎塔尔故，子早卒，以其孙郎卡革勒袭职。丢骨寨土千户查得孝故，无子，以其弟郎仲布袭职。

（高宗朝卷一二五一·页三上）

○乾隆五十一年（丙午）十一月己丑（1787.1.8）

以故四川松茂道属麦杂蛇湾寨土千户安干子拆旺亚……各袭职。

（高宗朝卷一二六九·页六下）

○乾隆五十二年（丁未）五月己丑（1787.7.7）

以故四川拈佑恶革寨土百户汪扎尔子拆旺蚌袭职。

（高宗朝卷一二八一·页一九上）

西藏贵族袭爵、袭职

○乾隆四十三年（戊戌）三月壬午（1778.4.18）

谕："据留保住奏：辅国公珠尔默特旺扎勒病故，其原给敕书并无世袭罔替字样，今可否仍令伊子诺尔布朋苏克承袭，请旨遵行等语。珠尔默特旺扎勒之父车布腾原系镇国公，因被伊弟珠尔默特那木扎勒无故戕害，是以特加恩将伊子珠尔默特旺扎勒赏给辅国公。今珠尔默特旺扎勒病故，著加恩仍令伊子诺尔布朋苏克承袭辅国公爵。"

（高宗朝卷一〇五三·页九下～一〇上）

○乾隆四十七年（壬寅）十月戊寅（1782.11.19）

谕："据博清额奏，噶布伦公班第达坠马伤肋，请解任调理等语。班第达在噶布伦职任办事有年，今年力就衰，身婴废疾，著加恩准其原品休致。由京赏给朝珠一串、大缎二匹、大荷包一对、小荷包一对。其噶布伦员缺，著扎萨克台吉索诺木旺扎勒补授；索诺木旺扎勒员缺，著伊什旺对补授；伊什旺对员缺，著博清额拣选应放人员补授。"

（高宗朝卷一一六六·页三一上～下）

○乾隆四十八年（癸卯）正月甲午（1783.2.3）

谕军机大臣等："据博清额等奏称：噶布伦公班第达业经勒休，所遗员缺，接奉另行拣放谕旨，拣选得公班第达之子丹津班珠尔等三人，请旨拣放，并请令新授噶布伦仍按资格列于喇嘛噶布伦噶勒藏纳木扎勒之次，学习办事等语。此事理所必然，岂有将新放之噶布伦转令在旧噶布伦之前办事之理。朕前以达赖喇嘛代噶布伦公班第达陈请将伊公爵令伊子丹津班珠尔承袭，仍授为噶布伦，盖缘达赖喇嘛年幼不晓事体，袒护班第达，所以代为陈请，今既不允其请，班第达必有含怨情形，达赖喇嘛亦或别有言语，曾经降旨令博清额详密奏闻，而博清额折内并未及此，只以噶布伦序次先后请旨，殊属不知事体轻重。博清额在军机行走多年，何至糊涂如此。著传旨严行申饬。此事仍令留心询访密奏。"

（高宗朝卷一一七二·页四上～五上）

○乾隆五十二年（丁未）三月辛卯（1787.5.10）

谕曰："据留保住奏，伊至后藏，将赏班禅额尔德尼呼毕勒罕之父巴尔丹敦珠克公爵谕旨宣示，并准照仲巴呼图克图代巴尔丹敦珠克所请，给予顶戴，回任之后方知错误，移咨撤回所给顶戴，自行请罪等语。留保住既知未经奏闻遽与之非，惟当奏请认罪而已，何必撤回，甚属错误。著严行申饬外，仍交部严加议处。雅满泰此时如已到藏，即将留保住错误之处转行晓示仲巴呼图克图等，仍照所请，给予顶戴。雅满泰若尚未到，留保住接奉此旨，即将伊业经错误已蒙申饬仍行议处之处晓示。所给顶戴，仍令照前戴用。"

（高宗朝卷一二七七·页一七上～下）

驻藏大臣及其他驻藏官员的任免、奖惩

○乾隆四十年（乙未）十月己卯（1775.10.28）

谕曰："伍弥泰、福德、诺穆亲俱已年久，理应更换。著赏给留保住副都统衔，更换伍弥泰驻藏办事。……"

（高宗朝卷九九二·页六下）

○乾隆四十三年（戊戌）十一月辛亥（1779.1.12）

又谕："嗣后派往西北两路、回城及藏内办事各弁兵赏借银两，只准按照品级借给一年俸饷。著为令"。

（高宗朝卷一〇七一·页二二下）

○乾隆四十四年（己亥）八月戊辰（1779.9.26）

以总理西藏事务副都统衔留保住为正黄旗蒙古副都统。……

（高宗朝卷一〇八九·页三下）

○乾隆四十五年（庚子）二月庚戌（1780.3.6）

谕："据恒瑞奏称，索琳于正月初三日行抵拉里山，忽中风痰，于是日申刻病故，其灵柩交伊子台费英阿护送来京等语。著如恒瑞所请，加恩照从前赏给副都统常在例，动支帑银三百两赏交伊子，护送灵柩来京。所遗员缺，著保泰即速驰驿赴藏，协同恒瑞办理事务。"

谕军机大臣等："索琳病故，所遗员缺，已派保泰前往，但藏内正在需人之际，保泰接奉此旨，毋庸前来行在请训，即速驰赴。再，向来赴藏换班大臣均携带赏赐达赖喇嘛礼物一分，保泰此去甚急，著由大内领大哈达一方，带往彼处，问讯达赖喇嘛，并晓谕云：'向来换班大臣，大皇帝俱交下赏物一分，带来赏给达赖喇嘛。今因大皇帝巡幸江南，一闻索大人之事即令我自京迅速前来，未诣行在，是以未带赏物。惟奉旨问讯达赖喇嘛，带来大哈达一方。'将此传谕保泰知之。"

（高宗朝卷一一○○·页一上～二上）

○乾隆四十六年（辛丑）闰五月辛亥（1781.6.30）

又谕（军机大臣）："据恒瑞等参奏，西藏拉里管理粮饷之县丞高大业短发兵饷，亏空库项钱粮，请革职严审，俟审明后具奏等语。驻藏管理粮饷，自应派同知、通判等官前往，以专责成，何仅派一县丞经理？以致克扣兵饷，亏空库项，种种不法，皆系此等微末之员不顾颜面所致。现在班禅额尔德尼灵塔即日归藏，并有换班驻藏兵丁经过拉里，应行各事宜均关紧要。著文绶选派明干妥员，速赴该处接管，毋得迟误。"

（高宗朝卷一一三二·页一四下～一五上）

○乾隆四十六年（辛丑）六月庚寅（1781.8.8）

又谕："据恒瑞奏称，审明管理拉里钱粮县丞高大业亏缺库银八千五百五十八两是实，请将高大业即于该处正法。其长随李升拟斩，送成都监候等语。县丞高大业胆敢亏缺库银，既经审明，仍行请旨，殊属拘泥。著交恒瑞即将高大业于藏地正法示戒。长随李升拟斩，送成都监候，入于本年情实。再，高大业系文绶遣往拉里管理钱粮之人，亏缺库银皆由文绶办理不善所致，应著文绶赔补。"

（高宗朝卷一一三五·页一○上～下）

○乾隆四十七年（壬寅）正月甲寅（1782.2.28）

西藏办事大臣博清额奏："西藏额设笔帖式二员，今裁一员，不敷缮写，若由部挑往，未免纷烦，请令成都将军于满兵内拣选能写清字者四人，遣其来藏，在印房学习行走。将藏内驻防绿营兵裁汰四名，即以所余口粮支给，三年更换。择行走勤慎者，咨该将军坐补印务笔帖式。"

得旨："允行。"

（高宗朝卷一一四九·页一下～二上）

○乾隆四十七年（壬寅）十一月丙午（1782.12.17）

以镶黄旗汉军副都统恒山保为正蓝旗满洲副都统，西藏办事大臣博清额为镶黄旗汉军副都统。

（高宗朝卷一一六八·页二七上～下）

○乾隆四十八年（癸卯）二月乙亥（1783.3.16）

又谕曰："保泰驻藏年满，庆麟系巴禄之子，尚可造就，著前往更换。庆麟接奉此旨，即速来京请训，再行前往。保泰俟庆麟到藏后来京。"

（高宗朝卷一一七四·页二五下）

○乾隆四十八年（癸卯）二月丙子（1783.3.17）

又谕（军机大臣等）："昨派庆麟赴藏更换保泰，并调文常补京口之缺。文常未到以前，著武德礼前往京口暂署，庆麟即来京请训。"

（高宗朝卷一一七四·页二六下～二七上）

○乾隆四十八年（癸卯）三月壬寅（1783.4.12）

又谕曰："庆麟派出藏差，著照例赏银二百两治装。"

（高宗朝卷一一七六·页二〇上）

○乾隆四十九年（甲辰）十一月庚辰（1785.1.9）

谕："博清额驻藏业经三载有余，留保住熟习藏务，著伊前往领办，更换博清额来京。留保住员缺，著福禄调补，驻扎西宁办事。……留保住即行赴藏，更换博清额。"

（高宗朝卷一二一九·页二五上～下）

○乾隆五十年（乙巳）六月乙酉（1785.7.13）

谕："理藩院尚书博清额前在军机章京上行走，旋擢卿贰，宣力年久。此次前往西藏驻扎办事已阅数载，因念其年力未衰，特命来京供职，以资倚任。兹闻溘逝，殊堪悯恻，除已由藏赏银三百两料理丧事外，所有应得恤典，著该部察例具奏。"

（高宗朝卷一二三二·页二一上～下）

1655

○乾隆五十一年（丙午）闰七月庚辰（1786.9.1）

调镶红旗汉军都统阿扬阿为镶白旗蒙古都统。以西藏办事大臣留保住为镶红旗汉军都统。

（高宗朝卷一二六〇·页二九上）

○乾隆五十一年（丙午）八月己未（1786.10.10）

谕曰："……雅满泰著往西藏办事，更换留保住回京。庆麟乃系公爵，在藏既久，著庆麟领办事件。雅满泰系蒙古人，数年以来亦曾历事，务须协同庆麟和衷商议办事。……"

（高宗朝卷一二六三·页八下～九下）

○乾隆五十一年（丙午）九月戊子（1786.11.8）

又谕："凡遣往新疆大臣等所兼京缺既已均不开出，嗣后驻藏办事大臣等缺亦著不必开出。"

（高宗朝卷一二六五·页八下）

朝贡与封赐

八世达赖

○ 乾隆四十二年（丁酉）十二月壬子（1778.1.18）

敕谕达赖喇嘛之呼毕勒罕曰："达赖喇嘛系西方各寺宇供养之大喇嘛，从前数世即承受国恩。兹尔呼毕勒罕勤学经典，朕甚嘉焉。又进献佛像等物，朕已鉴其诚悃，嗣后宜益加黾勉，安辑众生，则朕愈加欢慰，而汝亦承朕恩于不替矣。特赐玉如意一柄、珊瑚数珠一串、珐琅花瓶一对、红玻璃供器五件、大荷包一对、小荷包四对、红锦二匹、红漳绒二匹、玻璃灯一座、坐褥靠背一副、龙缎一匹、蟒缎一匹、各色大缎二十匹、大哈达十条、小哈达四十条、五色哈达十条，交来使堪布囊苏赍往。尔其祗领，钦遵朕训，毋忽。"

（高宗朝卷一〇四七·页七下～八下）

○ 乾隆四十五年（庚子）正月癸未（1780.2.8）

敕谕达赖喇嘛呼毕勒罕："朕统御万邦，抚绥天下，只期寰海苍生共享升平，益宏黄教。尔呼毕勒罕仰体朕意，振作释宗，精勤经卷，意念虔诚，如前世之达赖喇嘛阐扬释教，推演宗风，以祝三宝，朕甚嘉悦。兹遣使恭进丹舒克请安，具见真诚。朕仰荷天眷，禔躬安好，谅尔体履自必清吉。黄教攸系，冀望甚殷，尔其勤习诸经，恢宏前业，普济群生，广垂释氏之鸿慈，以副朕优待黄教至意。勉之敬之，勿怠厥志。所有赏赐交来使发去。特谕。"

（高宗朝卷一〇九八·页六上～下）

额尔德尼诺们汗阿旺簇勒提木

○乾隆四十八年（癸卯）八月甲子（1783.9.1）

又谕（军机大臣等）曰："博清额等奏：堪布额尔德尼诺们汗阿旺簇勒提木恭祝万寿，于藏之萨拉寺旁建造寺院，请锡嘉名等语。阿旺簇勒提木感激朕恩，虔修庙宇，恭祝万寿，深堪嘉奖！著赏名'寿宁寺'，并缮写四体字样。所有佛殿扁额，朕亲书'祥轮普护'四字，悬挂殿前。并铃杵一、海螺一、大哈达一，博清额接到时即行赏给。并将嘉悦谕旨一并晓谕知之。"

（高宗朝卷一一八六·页六上）

○乾隆五十一年（丙午）四月戊寅（1786.5.2）

谕曰："章嘉呼图克图掌印多年，阐扬黄教，安抚众生，留心经律，昨据佛尔卿额奏称呼图克图于四月初二日圆寂等语，朕心深为悼惜！著制造金塔一座，从其素愿，永于镇海寺供设，一切事宜妥为照料。并于前藏施银一千两，后藏施银五百两，交留保住、阿旺簇勒提木，令为熬茶诵经费用。此项银两即动用该处库项。至所管印信，亦从其遗言，令阿旺簇勒提木掌管。闻阿旺簇勒提木每有欲来京师之愿，前因彼处事关紧要，未从其请。今值呼图克图之事，留保住奉到此旨，即令其急速前来，并将此旨谕令阅看。"

（高宗朝卷一二五二·页八上～下）

金川土司等

○乾隆四十四年（己亥）六月戊午（1779.7.18）

谕军机大臣等："据特成额等奏明年带领番子来京朝觐，拟仍由内地行走等因一折。前降旨令该土司等由边外行走，原因伊等性不耐热，曲加体恤之意。今特成额等既称由番境至青海西宁等处，道路纡折，且经由蒙古游牧地方，土司等必须自备口粮骑驮，均属费力等语，自应令其仍由内地行走。但前此所称早至京师在西山各庙居住之说，断不可行。西山本不甚凉爽，而令番子等在彼闲住数月，尤属无谓。著传谕特成额于明岁五月初，带领朝觐各番自成都起身，沿途按计程站酌量缓行，到京时亦不必令其又至西山住庙，即起程前赴热河，总于七月二十外到此可也。"

（高宗朝卷一〇八四·页七下～八下）

○乾隆四十四年（己亥）十二月辛未（1780.1.27）

上幸瀛台，年班库车阿奇木伯克二等台吉鄂斯璊等、金川瓦寺土司桑郎荣宗等瞻觐。

（高宗朝卷一〇九七·页六上）

○乾隆四十四年（己亥）十二月丁丑（1780.2.2）

上御重华宫，赐年班库车阿奇木伯克二等台吉鄂斯璊等及金川瓦寺土司桑郎荣宗等茶，赏赍有差。

（高宗朝卷一〇九七·页一〇上）

○乾隆四十五年（庚子）正月癸巳（1780.2.18）

赐扈从王公大臣，蒙古王公、台吉，直隶官员及回部郡王、台吉并金川土司等食。

（高宗朝卷一〇九八·页二〇下）

○乾隆四十五年（庚子）正月甲午（1780.2.19）

赐扈从王公大臣，蒙古王公、台吉，直隶官员及回部郡王、台吉并金川土司等茶果。

（高宗朝卷一〇九八·页二〇下～二一上）

○乾隆四十五年（庚子）七月甲午（1780.8.17）

金川木坪宣慰司嘉勒灿囊康及土司、土舍、头目等四十四人入觐。

（高宗朝卷一一一一·页三下）

○乾隆四十五年（庚子）七月庚子（1780.8.23）

上御万树园大幄次，赐班禅额尔德尼及扈从王公大臣，蒙古王公、贝勒、额驸、台吉，杜尔伯特亲王车凌乌巴什、土尔扈特贝子沙喇扣肯及回部阿奇木伯克贝子色提巴尔第等十一人，喀什噶尔四品噶匝纳齐伯克爱达尔之子乌鲁克等三人，金川木坪宣慰司嘉勒灿囊康等四十四人宴。赏赉冠服、金银、缎匹有差。

（高宗朝卷一一一一·页一○上～下）

○乾隆四十五年（庚子）七月辛丑（1780.8.24）

杜尔伯特汗玛克苏尔扎布等四人、土尔扈特郡王色楞等二人入觐，上御卷阿胜境召见。并同班禅额尔德尼及扈从王公大臣，蒙古王公、贝勒、额驸、台吉，杜尔伯特亲王车凌乌巴什，土尔扈特贝子沙喇扣肯及回部阿奇木伯克贝子色提巴尔第等十一人，喀什噶尔四品噶匝纳齐伯克爱达尔之子乌鲁克等三人，金川木坪宣慰司嘉勒灿囊康等四十四人赐食。

（高宗朝卷一一一一·页一○下～一一上）

○乾隆四十五年（庚子）七月壬寅（1780.8.25）

乌梁海散秩大臣伊素特等三人入觐，上御卷阿胜境召见。并同扈从王公大臣，蒙古王公、贝勒、额驸、台吉，杜尔伯特汗玛克苏尔扎布等五人，土尔扈特郡王色楞等三人及回部阿奇木伯克贝子色提巴尔第等十一人，喀什噶尔四品噶匝纳齐伯克爱达尔之子乌鲁克等三人，金川木坪宣慰司嘉勒灿囊康等四十四人赐食，至乙巳皆如之。

（高宗朝卷一一一一·页一三下）

○乾隆四十五年（庚子）八月戊申（1780.8.31）

上御卷阿胜境，赐扈从王公大臣，蒙古王公、贝勒、额驸、台吉，杜尔伯特汗玛克苏尔扎布等五人，土尔扈特郡王色楞等三人，乌梁海散秩大臣伊素特等三人，回部郡王霍集斯等及阿奇木伯克贝子色提巴尔第等十一人，喀什噶尔四品噶匝纳齐伯克爱达尔之子乌鲁克等三人，金川木坪宣慰司嘉勒灿囊康等四十四人食，至辛亥皆如之。

（高宗朝卷一一一二·页二上～下）

○乾隆四十五年（庚子）八月戊午（1780.9.10）

上御卷阿胜境，赐班禅额尔德尼及扈从王公大臣，蒙古王公、贝勒、额驸、台吉，杜尔伯特汗玛克苏尔扎布等五人，土尔扈特汗策凌纳木扎勒等九人，乌梁海散秩大臣伊素特等三人，回部郡王霍集斯等及阿奇木伯克贝子色提巴尔第等十一人，喀什噶尔四品噶匝纳齐伯克爱达尔之子乌鲁克等三人，金川木坪宣慰土司嘉勒灿囊康等四十四人宴。

（高宗朝卷一一一二·页一七下～一八上）

○乾隆四十五年（庚子）八月己未（1780.9.11）

上御澹泊敬诚殿，扈从王公大臣官员及蒙古王公、贝勒、额驸、台吉，杜尔伯特汗玛克苏尔扎布等五人，土尔扈特汗策凌纳木扎勒等九人，乌梁海散秩大臣伊素特等三人，回部郡王霍集斯等并阿奇木伯克贝子色提巴尔第等十一人，喀什噶尔四品噶匝纳齐伯克爱达尔之子乌鲁克等三人，金川木坪宣慰司嘉勒灿囊康等四十四人行庆贺礼。命随至卷阿胜境赐宴。至壬戌皆如之。

（高宗朝卷一一一二·页二〇上～下）

○乾隆四十五年（庚子）十月壬子（1780.11.3）

谕：“川省各土司自金川底定后，令其每年轮班入觐，俾伸瞻就悃忱。本年为朕七旬万寿，伊等情愿来京随班叩祝，经提督明亮带领前至热河，各加赏赉，仍令明亮带领分起回川。兹据明亮奏称土司等均已行抵西安，天气晴和，沿途宁帖，无不欢呼感悦等语。此国家柔远绥遐之道，伊等目睹内地幅员之广阔、人民之富饶，回归土境自必转相告语，同心向化。乃昨据嵇璜奏称：土司等此来，见天朝恩赏优渥，班秩尊严，视本处地方官渐生玩忽。此虽虑及国家体统乎？或者隐为地方官护送有赔累乎？何不明言，然总所谓知其一未知其二也。中国抚驭远人全在恩威并用，令其感而知畏，方为良法。若如明季汉官，当外藩恭顺则藐忽而虐侮之，或且勒索滋弊，及其有事则又畏惧而调停之，往往激变率由于此。各土司原属内地管辖，虽有曾赏一二品顶戴者，其谒见地方官仪节自有一定体制，即如西藏班第达虽系公爵，见驻藏大臣亦当跪见致敬。此则中外之体，分所宜然,不容紊越。该将军、督、提等务宜随事留心,饬谕各属于该土司等体恤固宜周至,而等威亦不可凌替,又不可蹈明季汉官陋习,以期经久无弊。至于护送赔累,则地方大吏所司何事,不宜查办乎?历观往代,中国筹边所以酿衅,未有不由边吏凌傲姑息、绥驭失宜者。此实绥靖边隅、抚驭外人之要务,不特川省为然,即直隶、山陕、云贵、闽粤等省凡与边境毗连之处,各该督、抚等均宜时刻留心督率文武,体朕此旨,永远遵奉,以昭我国家中外同仁之治。将此通谕知之。"

(高宗朝卷一一一六·一二上～一三下)

○乾隆四十五年(庚子)十月甲寅(1780.11.5)

谕:"昨因嵇璜奏称川省土司入觐见天朝恩赏优渥,班秩尊严,恐视本处地方官渐生玩忽,殊未喻朕柔远绥逺之道,已明降谕旨矣。揆嵇璜之意,或因地方官应付赔累起见,果尔何不明言。且该土司等由伊土境起身前至省城,一切俱系己力,地方官本无应付之事。若由成都至京,沿途又有额设驿站。其支给分例,俱准开销官项,况又分起行走,并不至用逾定额,该地方官有何赔累?若伊等支应供给有心糜费,并任听家人、胥役浮冒开销,亦其自取,督、抚等何难据实查办,而转以赔累为辞乎?因思土尔扈特及回城伯克来京,亦未必无此等浮议,亦当一概令其不来朝谒乎?盖此皆由各驿站马匹本不敷定额,并多疲瘦不堪应用者,一遇差务稍多即形支绌,转借口于供应赔累,以饰其克减驿站马干之咎,实为外省恶习。朕屡降谕旨严切饬禁,但恐地方官视为具文,不知悛改,著再明切申谕各督、抚,严饬管驿大小各员,务期马匹足额膘壮,如有短少疲瘦,立即严参示儆。若二三年后朕特派大臣往查,仍有此等情弊,惟该督、抚是问,且必重治管驿官之罪,不能稍为宽贷也。将此通谕知之。"

(高宗朝卷一一一六·一四上～一五下)

○乾隆四十九年(甲辰)九月辛未(1784.11.1)

谕军机大臣等:"前据保宁等奏:本年轮值川省头班土司入觐,李世杰及总兵马镇国均系应入千叟宴之人,即可带领进京等语。其派出土司名数,尚未据开单具奏,此时应行入觐各土司自早经派定。著传谕保宁、李世杰即将此次派出者俱系何人并品级、年岁开列清单，及该土司等约于何时在成都起身之处，迅速先行复奏。"

（高宗朝卷一二一五·页四上）

○乾隆四十九年（甲辰）十月戊子（1784.11.18）

又谕（军机大臣）："据保宁等奏，本年入觐土司名数开单进呈，其单内所开土司、土舍并头人、土守备等共四十余名，人数何以较上届为多。且该土司等到京后，非系尽应入宴之人，单内未经分注明晰。至土妇有从前在军营出力者，其遣来头人亦应与宴。著传谕保宁、李世杰等，即将该土司等何人应行入宴及何人不应入宴之处详悉开单，并注明品级、年岁、有无功绩，开列清单具奏。"

（高宗朝卷一二一六·页一三下～一四上）

○乾隆四十九年（甲辰）十二月壬寅（1785.1.31）

金川木坪宣慰司中勒参纳木卡及土司、土舍、头目等三十一人于西华门外瞻觐，命随至瀛台，赐茶。

（高宗朝卷一二二一·页六下）

○乾隆四十九年（甲辰）十二月甲辰（1785.2.2）

上御抚辰殿大幄次，赐蒙古王公、额驸、台吉等及年班回部阿克苏四品伯克迈玛第敏等十二人、金川木坪宣慰司甲勒参纳木卡及各土司、土舍头目等三十三人宴。

（高宗朝卷一二二一·页七下～八上）

○乾隆五十二年（丁未）正月辛未（1787.2.19）

上御紫光阁，赐蒙古王、贝勒、贝子、公、台吉，年班回部伯克……并金川土司等宴。

（高宗朝卷一二七二·页一下～二上）

○乾隆五十二年（丁未）正月丁丑（1787.2.25）

上御山高水长大幄次，赐蒙古王、贝勒、贝子、公、台吉，年班回部伯克……并金川土司等宴。

（高宗朝卷一二七二·页一五下）

○乾隆五十二年（丁未）十月辛亥（1787.11.26）

又谕（军机大臣等）："据保宁等奏酌定年班进京各土司名数一折，内称除新疆杂谷各屯土弁员半已派赴闽省，余饬留巢防守，免其赴京等语。川省各路土司革布什咱等处久隶版图，与内地土司无异。该督于折内用'留巢'字样，措词殊属不通。巢字名目，系指匪徒聚集处所而言，今各土司归顺已久，何得称巢？其屯练兵丁系属官地，更不得称留巢，如是则该督岂非巢长乎？保宁不谙文理，一任庸劣幕友率意填写，殊属非是。著传谕保宁嗣后奏牍务须留心检点，勿再仍前失当。"

（高宗朝卷一二九一·页五上～六上）

○乾隆五十三年（戊申）正月壬申（1788.2.15）

上御紫光阁，赐蒙古王、贝勒、贝子、公、台吉及回部阿奇木伯克等并金川土司……等宴。

（高宗朝卷一二九六·页一五上）

赈灾、免赋

○乾隆四十年（乙未）八月丁酉（1775.9.16）

赈恤甘肃皋兰、河州、狄道、渭源、金县、靖远、循化厅红水县丞、沙泥州判、安定、固原、盐茶厅、张掖、抚彝厅、山丹、东乐县丞、武威、平番、古浪、永昌、镇番、庄浪、灵州、中卫、西宁、碾伯、大通、巴燕戎格厅、肃州、高台、安西等三十一厅、州、县本年旱灾、雹灾饥民，并予缓征。

（高宗朝卷九八九·页一一下～一二上）

○乾隆四十年（乙未）十月庚寅（1775.11.8）

蠲免甘肃皋兰、狄道、金县、安定、会宁、抚彝、山丹、东乐、古浪、平番、宁夏、中卫、西宁、大通、肃州、河州、高台等十七州、县、厅乾隆三十九年水、雹、霜灾额赋有差。

（高宗朝卷九九三·页三上）

○乾隆四十一年（丙申）五月甲午（1776.7.9）

又谕（军机大臣等）曰："王亶望奏甘肃兰州、巩昌、平凉、西宁、宁夏等各府、州属于四月十一二日得有细雨，尚未沾透，民情望雨甚殷，现在设坛祈祷，若旬日间得雨，于田禾尚有裨益等语。前毕沅亦经奏及，王亶望此奏距毕沅所奏又六七日，尚未得雨，恐旱象已成。甘肃土瘠民贫，若雨泽稍愆，闾阎生计即倍形艰窘。且该省又有被霜、被雹之处，虽已经播种翻犁，亦借雨膏滋长，未识近日曾否均沾渥澍，朕心深为轸念。著传谕毕沅即将现在有无得雨、田禾情形若何，据实速行复奏。若业已成灾，不可不急筹抚恤。勒尔谨现已在途，著该督迅速趱程回任，督同藩司等确查被灾各属，妥协筹办，务期贫民口食有资，勿致稍有失所。此旨著五百里发往，仍著将曾否得雨及勘办情形若何，迅速由驿复奏，并传谕王亶望知之。"

（高宗朝卷一〇〇九·页九下—一〇上）

○乾隆四十一年（丙申）六月丙午（1776.7.21）

又谕（军机大臣等）："据毕沅奏，甘省本年入夏以后雨泽缺少，各属禾苗受旱，业已成灾。除被旱稍轻之处，统归秋成勘办，其被旱较重之兰州、巩昌、平凉、凉州、甘州、西宁、肃州、秦州等各府州所属节候已迟，不能补种秋禾，现饬道府亲往查勘等语。甘省盼雨已久，今虽于十二、十四日两次得雨二三寸，于田禾未必有济，看来旱象已成。被灾州、县约二十余处，所有乏食贫民亟须及早抚恤。勒尔谨此时自已回任，善为妥办。著传谕该督即将被旱各处切实查勘，所有应行抚恤之处，即董率各属实心妥协经理，务使闾阎均沾实惠，毋致稍有失所。仍将如何查办情形，据实复奏。并谕毕沅知之。"

（高宗朝卷一〇〇·页一一下～一二上）

○乾隆四十一年（丙申）七月庚寅（1776.9.3）

谕军机大臣曰："文绶奏：据阜和营游击等禀报，打箭炉一带连日大雨，六月二十六日亥时，明正司地方海子山大水陡发，冲倒南门，城内文武衙署、监狱、兵房冲去数百间，化为石滩，淹毙兵民甚多。又据荣经县详称，六月二十七日，山水暴发，沿山沟河多被冲压，即日自省起程亲往查办等语。看来此次打箭炉被水情形较重，文绶既亲身前往，即著查明，实力抚恤，毋致失所。至打箭炉城内存贮钱粮、军火、器械甚多，其炉关税务亦属紧要，文绶到彼，应将钱粮、军火、器械及关税库贮、衙署等项作速清理。其存贮米石内，查明如有被水浸湿者，即行捞取，亦可酌量搭放赈恤。至该处系通藏冲途及赴番地要路，其城垣、仓库官署、营房均宜速行修葺。但炉城旧基适当山水顶冲，虽水发非常有之事，但既修葺城垣，自应悉心相度，择其地势较高不当山水顶冲处所，将城垣另行移建，为一劳永逸之计，并著文绶妥速筹办。将此由五百里传谕文绶知之，仍将作何办理情形迅速复奏。"

（高宗朝卷一〇一三·页六下～七下）

○乾隆四十一年（丙申）八月甲子（1776.10.7）

赈恤甘肃皋兰、金县、狄道、渭源、靖远、沙泥州判、红水县丞、陇西、安定、会宁、通渭、平凉、隆德、静宁、固原、盐茶厅、抚彝厅、张掖、山丹、武威、永昌、古浪、平番、灵州、西宁、秦州、肃州、高台、河州等二十九厅、州、县本年水、旱、霜、雹灾民，缓征新旧额赋有差。

（高宗朝卷一〇一五·页一三下）

○乾隆四十一年（丙申）十月乙巳（1776.11.17）

谕军机大臣等："据文绶等奏打箭炉被水冲失皋和营存贮兵饷等项银一万余两，饬令游击岳潘等派出弁兵挖出银四千一百三十余两等语。该弁兵等搬运积石，挖至二丈有余，颇为出力，著该督酌量奖赏，以示鼓励。至此项冲失银两仅刨出十分之四，其未得者为数尚多，恐附近居民潜行刨取，或所派之兵丁等私下捡存，俱未可定，仍著该督等严饬委员督率弁兵，再行加意跟寻刨挖，毋致日久迷失，将此传谕知之。"

（高宗朝卷一〇一八·页一一下～一二上）

○乾隆四十一年（丙申）十二月丙午（1777.1.17）

赈恤甘肃皋兰、金县、狄道、河州、渭源、靖远、沙泥州判、红水县丞、陇西、安定、会宁、通渭、平凉、隆德、静宁、固原、盐茶厅、抚彝厅、张掖、山丹、武威、永昌、平番、古浪、灵州、西宁、秦州、肃州、高台等二十九厅、州、县、分防州判、县丞本年旱灾贫民。

（高宗朝卷一〇二二·页一五下～一六上）

○乾隆四十二年（丁酉）八月己酉（1777.9.17）

赈恤甘肃皋兰、河州、渭源、金县、靖远、红水县丞、安定、会宁、平凉、静宁、固原、隆德、华亭、张掖、山丹、武威、永昌、镇番、平番、西宁、碾伯、大通、巴燕戎格、泾州、肃州、安西、玉门、陇西、漳县、灵州、中卫、狄道三十二厅、州、县、卫本年旱灾贫民，并予缓征。

（高宗朝卷一〇三九·页二下～三上）

○乾隆四十二年（丁酉）十二月癸丑（1778.1.19）

赈恤甘肃皋兰、金县、狄道、河州、渭源、靖远、红水县丞、陇西、安定、会宁、漳县、平凉、静宁、隆德、固原、华亭、张掖、山丹、武威、永昌、镇番、平番、灵州、中卫、巴燕戎格、西宁、碾伯、大通、泾州、肃州、安西、玉门等三十二厅、州、县本年被旱灾民。

（高宗朝卷一〇四七·页八下～九上）

○乾隆四十三年（戊戌）七月乙巳（1778.9.8）

又谕（军机大臣等）："户部议驳文绶题报打箭炉关税数目比较上三届均属短绌，应令该督作何分赔之数查明具奏等语。所驳甚是，已依议行矣。打箭炉关税，前于乾隆四十一年六月猝被山水，是以征收短缺，至四十二年四月，该处已经修葺，商贩往来即应照旧，或当较盛于前，何得仍比上届被水之额所增无几，自应查明正署经管月份，按数令其赔补。但署任系四川地方官，而此案又系文绶题报，未便专令该督查办。著传谕富勒浑、刘秉恬会同文绶，将此案秉公确查，分别何员任内应赔若干，据实具奏，候朕再降谕旨。"

赈恤甘肃皋兰、红水县丞、金县、渭源、循化、陇西、宁远、安定、会宁、通渭、漳县、平凉、静宁、隆德、固原、合水、武威、镇番、平番、灵州、花马池州同、泾州、镇原、灵台、清水、肃州、高台、安西、玉门、敦煌、狄道、河州、靖远、沙泥州判、岷州、洮州、中卫等三十七厅、州、县本年旱灾饥民。

（高宗朝卷一〇六三·页五下～六下）

○乾隆四十三年（戊戌）十月丙子（1778.12.8）

蠲免甘肃皋兰、金县、狄道、河州、渭源、靖远、红水县丞、陇西、安定、会宁、漳县、平凉、静宁、隆德、固原、华亭、张掖、山丹、武威、永昌、镇番、平番、灵州、中卫、巴燕戎格、西宁、碾伯、大通、泾州、肃州、安西、玉门等三十二厅、州、县乾隆四十二年旱灾地亩额赋有差。

（高宗朝卷一〇六九·页一四上～下）

○乾隆四十三年（戊戌）十一月庚戌（1779.1.11）

又谕（军机大臣等）："据兵部奏川省补制额设炮位一案，其交存打箭炉炮八十七位从前被水冲失，现在刨获未及三分之一，且此项铁质尚新，即遭水冲，何致全行损坏，饬交该督详查实在情形复奏一折，已依议行矣。此项炮位新铸者多，虽被水一冲，亦不应全行损坏不堪应用。至于铁质甚重，即大水亦不能冲其远去。况据称顽石堆累之下刨获二十三位，则其余未获炮位安知不并埋于顽石之下，自应饬令所属，督率兵役上紧打捞，务须多获，不得任外省习气惮劳避事。著传谕文绶即速委员实力妥办，毋稍疏懈。仍将如何办理缘由，先行据实复奏。将此由四百里传谕知之。所有兵部原折并著抄寄文绶阅看。"

寻奏："严饬兵弁打捞，又于下流水石内挖获沉压炮三位。"

得旨："览。"

又批："足见以前未实力。"

（高宗朝卷一〇七一·页一八上～一九上）

○乾隆四十三年（戊戌）十二月辛酉（1779.1.22）

赈恤甘肃宁夏、宁朔、平罗、秦州、秦安、庄浪、安化、正宁、环县、抚彝、张掖、古浪、西宁、盐茶厅、礼县、山丹、永昌等十七厅、州、县本年水、旱、雹、霜灾贫民，并蠲缓额赋有差。

（高宗朝卷一〇七二·页一九下）

○乾隆四十四年（己亥）四月壬申（1779.6.2）

赈甘肃庄浪县丞、盐茶厅、安化、正宁、环县、抚彝厅、张掖、山丹、永昌、古浪、宁夏、宁朔、平罗、西宁、秦州、泰安、礼县等十七州、县、厅本年雹、水、霜灾饥民。

（高宗朝卷一〇八一·页三下）

○乾隆四十四年（己亥）八月辛未（1779.9.29）

赈恤甘肃皋兰、河州、狄道、金县、靖远、红水县丞、陇西、安定、会宁、通渭、岷州、平凉、静宁、隆德、固原、盐茶厅、张掖、山丹、武威、永昌、古浪、平番、西宁、碾伯、泾州、秦州、清水、肃州、安西、玉门、渭源、中卫、环县、洮州、东乐等三十五厅、州、县虫、雹、水灾贫户,并蠲缓本年额赋有差。

(高宗朝卷一〇八九·页九下)

○乾隆四十四年(己亥)十月壬戌(1779.11.19)

西藏办事大臣恒瑞等奏:"恭奉恩诏普免天下钱粮,西藏那克舒三十九家番子等应交马银三百九十一两有奇,请照乾隆三十六年普免恩旨一体蠲免。"从之。

(高宗朝卷一〇九二·页一三上)

○乾隆四十五年(庚子)八月戊辰(1780.9.20)

户部议复:"陕甘总督勒尔谨奏称,甘省皋兰、金县、狄道、靖远、河州、华亭、安定、会宁、漳县、洮州厅、文县、西宁、武威、平番、山丹、泾州、肃州等厅、州、县夏田被旱成灾,陇西县被雹成灾,应分别赈恤,缓征新旧正借钱粮。……应如所请。"

得旨:"依议速行。"

(高宗朝卷一一一三·页九下~一〇上)

○乾隆四十五年(庚子)十月壬戌(1780.11.13)

蠲免甘肃皋兰、河州、狄道、渭源、金县、靖远、红水县丞、陇西、安定、会宁、岷州、通渭、洮州厅、平凉、静宁、隆德、固原、盐茶厅、环县、张掖、山丹、东乐县丞、武威、永昌、古浪、平番、中卫、西宁、碾伯、秦州、清水、泾州、肃州、安西、玉门三十五厅、州、县并灵州属之下马关营乾隆四十四年水灾地亩额赋。

(高宗朝卷一一一七·页二上~下)

○乾隆四十五年(庚子)十二月丙辰(1781.1.6)

赈恤甘肃皋兰、河州、狄道、金县、靖远、会宁、陇西、安定、漳县、洮州厅、华亭、山丹、武威、平番、西宁、文县、泾州、肃州等十八厅、州、县本年水灾饥民。

（高宗朝卷一一二〇·页一七下～一八上）

○乾隆五十一年（丙午）二月庚寅（1786.3.15）

谕军机大臣等："据保宁等奏：打箭炉口外噶达城地方有雍正年间建造惠远庙一所，年久未修，上年冬间，又因地震，致多坍损，现确加勘估，除大殿四层共三百余间及大门、二门等处仍照旧整理外，其僧房可减去六十三间，另盖二百间，已足资僧众诸番栖息等语。雍正年间，因准噶尔尚未平定，西藏一带防其滋扰，是以于噶尔当地方建造惠远庙一所，给达赖喇嘛居住。今准噶尔地方久经平定，中外一家，卫藏咸归版籍，达赖喇嘛远住西藏，其在庙住持者不过每年派出之堪布喇嘛暨徒众人等，此时补行修建殿宇，自无庸沿旧规式过于宏敞，即所需住房亦无须二百间之多。著传谕保宁等，另委妥员前往撙节勘估，止须略存旧规，足敷现在喇嘛人等居住，量为酌减建盖，不必照前宽大，致滋闲旷糜费也。将此传谕保宁、李世杰遵照妥办，并令将原有地盘图样及酌减补建图样各绘一分呈览。"

（高宗朝卷一二四九·页一上～二下）

○乾隆五十一年（丙午）五月辛未（1786.6.24）

谕："据保宁奏，打箭炉化林坪、泸定桥等处于五月初六、七等日同时地震，城垣衙署、兵民房屋均有倒塌，人口亦有伤毙，现在驰赴各该处亲加查勘等语。此次打箭炉一带地震情形较重，该处系出藏南路要口，为官员兵民聚集之地，所有城垣衙署被震倒塌者，应即确估修理。至民间坍损房屋，并伤毙人口，情殊可悯，署该督等即行详悉查明，照例分别抚恤。即土司若同被灾，亦当量为周恤。该部知道。"

（高宗朝卷一二五五·页二二下～二三上）